Maja Göpel

Wir können auch anders

Maja Göpel

WIR KÖNNEN AUCH ANDERS

Aufbruch in die Welt von morgen

Unter Mitarbeit von Marcus Jauer

Ullstein

Wir verpflichten uns zu Nachhaltigkeit

- Klimaneutrales Produkt
- Papiere aus nachhaltiger Waldwirtschaft und anderen kontrollierten Quellen
- ullstein.de/nachhaltigkeit

Lektorat und redaktionelle Mitarbeit:
bookTRade U.G., Berlin, Tanja Ruzicska

MIX
Papier
FSC FSC® C014496

ISBN: 978-3-550-20161-5

Wenn nicht anders vermerkt, stammen die Übersetzungen der englischsprachigen Zitate von der Autorin.

Gesetzt aus der Minion Pro
Satz: LVD GmbH, Berlin
Druck und Bindearbeiten: GGP Media GmbH, Pößneck

Für Mimi.
Ich habe so viel von dir lernen dürfen.

Inhalt

Wer ist eigentlich wir?

Das größte Abenteuer der Menschheit

»Hoffnung gründet auf der Annahme, dass wir nicht wissen, was geschehen wird, und dass in der Weite der Ungewissheit Raum zum Handeln ist. Wenn Sie die Ungewissheit anerkennen, erkennen Sie, dass Sie in der Lage sein könnten, die Ergebnisse zu beeinflussen – Sie allein oder Sie in Zusammenarbeit mit ein paar Dutzend oder mehreren Millionen anderen. Hoffnung ist eine Umarmung des Unbekannten und des Unwissbaren, eine Alternative zur Gewissheit der Optimisten und Pessimisten.«[1]

Rebecca Solnit, Schriftstellerin

Die Welt verändert sich, das tut sie immer. Wir alle wissen das. Manche dieser Veränderungen können wir leicht akzeptieren, andere bedauern wir oder sperren uns dagegen. Manche können wir kaum erwarten und arbeiten mit aller Kraft daran, dass sie eintreten. Andere erschüttern und verunsichern uns zutiefst. Aber egal, um welche Veränderungen es geht, wir meinen, wir hätten ein Gefühl dafür, mit welcher Geschwindigkeit und in welchem Ausmaß sie üblicherweise eintreten. Wir sind daran gewöhnt, dass sich nach einer gewissen Zeit das Bekannte wieder weitgehend herstellen lässt. Wir sind nicht gewohnt, dass wir morgens das Handy einschalten, und die Welt, wie wir sie kennen, ist über Nacht ins Rutschen gekommen. Doch genau das scheint seit einiger Zeit immer häufiger zu passieren.

Auf einmal bedroht die Pleite einer US-amerikanischen Bank die Weltwirtschaft und zeigt die Verletzlichkeit des internationalen Finanzsystems. Flutet ein Tsunami das Kernkraftwerk im japanischen Fukushima und wirft die Frage nach zukunftsfähigen Energiesystemen neu auf. Verlassen die Briten die Europäische Union und stellen die politische Integrationsgeschichte des ganzen Kontinents infrage. Brennen in Brasilien, Australien, Russland ganze Regionen, reißen unkontrollierbare Fluten in Deutschland, Belgien und den Niederlanden Hunderte Menschen in den Tod. Stürmen Anhänger von Donald Trump das Kapitol, um seine Abwahl mit Gewalt zu verhindern. Legt ein Virus, das in China offenbar von einer Fledermaus auf den Menschen übergesprungen ist, die Welt lahm. Überfällt Russland die Ukraine und bringt den Krieg als Mittel der Politik nach Europa zurück.

Aber auch: Schafft es ein unbekanntes Mädchen aus Schweden auf einmal, dass Millionen von Menschen überall auf der Welt für Klimaschutz auf die Straße gehen. Rücken Bewegungen wie *Black Lives Matter* oder *MeToo* all das ins Licht, was über Jahre und Jahrzehnte unterdrückt, verschwiegen oder hingenommen wurde. Produzieren Wind und Sonne zum ersten Mal mehr Strom als Kohle und Gas. Werden Verbrennermotoren als schädliche Produkte verboten. Verpflichtet das Bundesverfassungsgericht die Bundesregierung zu mehr Klimaschutz mit der Begründung, dass die Freiheit kommender Generationen nicht weniger zählen darf als unsere Freiheit heute. Wird bei den Vereinten Nationen und internationalen Gerichtshöfen eingefordert, einen Ökozid als Verbrechen anklagen zu können. Nimmt die europäische Bevölkerung Millionen Geflüchtete aus Kriegs- und Krisengebieten auf.

Zwar geschehen Dinge dieser Tragweite nicht jeden Tag und in einigen Regionen der Welt häufiger als in anderen. Wir halten es aber inzwischen nicht mehr für ausgeschlossen, dass Dinge dieser Tragweite jeden Tag geschehen *können*. Wir sehen in ihnen keine Ausnahme mehr, die wir als Einzelfall ablegen, und ab morgen läuft das Leben wie gewohnt weiter. Unser Glaube daran, dass das, was übermorgen sein wird, sich als kleine Modifikation dessen darstellt, was heute ist, trägt nicht mehr. An manchen Tagen überfordert uns das. Wir wollen so schnell wie möglich zu einer Normalität zurückkehren. Doch das Gefühl dafür, was diese Normalität überhaupt war oder sein soll, kippelt.

Sind nicht all diese Krisen, die sich heute zeigen, Ausdruck davon, dass schon vorher etwas nicht mehr normal gewesen sein kann?

Wachen wir nach solchen Ereignissen tatsächlich in einer anderen Welt auf? Oder doch nur in unserer Welt, deren schleichende Veränderungen wir bisher nur nicht sehen wollten oder ausreichend berücksichtigt haben?

In unserer Welt heute spüren wir fast täglich, dass der Druck für Veränderungen auf viele Bereiche unseres Lebens so zugenommen hat, dass weitermachen wie bisher keine Option mehr ist. Schauen wir ehrlich hin, wirken viele unserer bisherigen Überzeugungen, Routinen und Selbstverständlichkeiten wie aus der Zeit gefallen. Und wir sehen, dass Krisen auch die Chance eröffnen, lange beobachtete Risiken und viel diskutierte Probleme tatsächlich anzugehen. Ein Energiesystem austauschen zum Beispiel, Mobilität neu organisieren, Landwirtschaft anders gestalten, soziale Lasten anders verteilen. Fortschritt nicht mehr mit Wirtschaftswachstum verwechseln. Und eine Weltordnung anstreben, die dem Ziel der gerechten Entwicklung, das allen internationalen Deklarationen und Chartas voransteht, auch gerecht werden könnte. Dass der Status quo ins Wanken geraten ist, darin sehen viele nicht nur eine Bedrohung, sondern auch das Signal für einen Aufbruch. Doch in welche Normalität genau der Aufbruch führt, ist in weltweit vernetzten Gesellschaften schwer zu prognostizieren. Zur Frage, welcher Weg dorthin der beste sei, stehen verschiedene Positionen im Raum: Technologie werde es lösen oder der Konsumverzicht, die Märkte oder der Staat. Oft treten sie gegeneinander an, aber nicht miteinander ins Gespräch.

Wenn die Zukunft so unklar und so weit offen erscheint, ist auch der eigene Platz darin schwer vorauszusehen. Das kann Unsicherheiten und Ängste wecken, manchmal Wut. Ein gängiger Weg, mit diesen Gefühlen umzugehen, ist es, Schuldige dafür zu finden und sich von ihnen abzugrenzen. Von jenen, die sich am System bereichern und sich in den bestehenden Strukturen maximal gewinnbringend eingerichtet haben. Aber auch von jenen, die im Angesicht der sich abzeichnenden Gefahren Strukturen verändern wollen und dabei Privilegien und Bequemlichkeiten infrage stellen. Oder von jenen, die etwas ganz anderes für richtig halten oder vielleicht noch nicht einmal die Sicht darauf teilen, was die drängendsten Probleme sind.

Einerseits leben heute große Teile der Menschheit mit mehr Dingen, mehr Möglichkeiten, mehr Freiheiten als je eine Generation vor uns. Andererseits beuten wir den Planeten schneller aus, als er sich erholen kann. Und gleichzeitig nehmen die gut dokumentierten Ungerechtigkeiten zwischen Arm und Reich, Nord und Süd, Schwarz und Weiß, Mann und Frau nicht ab, sie werden zum Teil sogar wieder größer. Je mehr sich die Sorge Bahn bricht, dass wirklich Grenzen des Wachstums erreicht werden könnten, desto schwerer scheint das Teilen zu werden. Stattdessen wächst die Produktion noch mehr, und es bleibt keine Zeit für Regeneration, weder für Mensch noch Umwelt. Die sozialen Unwuchten, die unsere Lebensweise produziert, wirken wie das Spiegelbild der ökologischen Schäden, die sie hinterlässt. Wir kommen nicht ins Gleichgewicht. Wir sind Gefangene eines Systems, von dem wir uns Freiheit versprochen haben und aus dem wir jetzt den Ausgang nicht mehr finden.

Dabei haben wir Ideen, wie wir anders leben, wirtschaften, konsumieren und kooperieren könnten. In meinem letzten Buch habe ich dazu eingeladen, sich diese Ideen genauer anzugucken und dafür ein paar alte Überzeugungen zu verabschieden, die unsere Gesellschaften bis heute prägen. Als diese Überzeugungen vor rund 250 Jahren entstanden, mögen sie zur damaligen Wirklichkeit und ihren Herausforderungen gepasst haben. In unserer heutigen Welt mit fast acht Milliarden Menschen und einem rapide angestiegenen Ressourcenverbrauch verursachen sie viele der Krisen, die wir überall sehen. Deshalb war mir daran gelegen, aufzuzeigen, wie wir unsere Welt neu denken sollten. In diesem Buch geht es mir um das Handeln, das aus diesem neuen Denken folgen kann – und meiner Meinung nach auch muss. Ich möchte den Blick vom Rückspiegel auf den Horizont lenken, die Hoffnung in den Mittelpunkt stellen und den Forscher:innengeist in uns auf Hochtouren bringen, damit wir gemeinsam über uns hinauswachsen. Denn ich habe das Gefühl, dass uns für den Aufbruch in die Welt von morgen weniger die Ideen fehlen als vielmehr die Überzeugung, dass wir sie auch umsetzen können. Womöglich fehlt das Vertrauen, die ersten Schritte zu wagen, und die Zuversicht, dass viele bereit sind, sie mitzugehen. Oder der Mut, an den tiefen Strukturen und großen politischen Rahmenbedingungen unserer gesellschaftlichen Entwicklung zu drehen. Wir unterschätzen uns selbst. Und übersehen, dass die Dinge längst begonnen haben, sich zu drehen, und wir uns einmischen sollten.

Unsere Gesellschaften stehen inmitten von Veränderungen, wie sie in der Geschichte der Menschheit bisher wohl nur die Erfindung des Ackerbaus oder die Entstehung von Feudalismus, Industrialisierung und Kapitalismus mit sich brachten. Umbrüche dieser Dimensionen werden als Große Transformationen bezeichnet. Sie stehen im Fokus einer Forschungsrichtung, bei der Kolleg:innen aus den unterschiedlichsten Disziplinen Erkenntnisse über frühere Umbrüche dieser Größenordnung zusammentragen, um strategisch versierter auf die heutigen einzuwirken. Ihre Erkenntnisse können uns dabei helfen, dass wir uns von der wachsenden Komplexität nicht erschlagen fühlen und Veränderungen nur reaktiv erdulden, sondern sie besser antizipieren und navigieren lernen. Dass wir weniger nach Wegen suchen, ausgediente Strukturen noch einmal zu flicken, sondern die Kraft für Lösungen aufbringen, die zwar kurzfristig anstrengende Umbauten mit sich bringen, dafür in Zukunft aber besser tragen können.

»Das wahre Kriterium der Reform«, schrieb der Philosoph und Sozialpsychologe Erich Fromm, »ist ihr Realismus, ihr echter ›Radikalismus‹. Es geht darum, ob sie an die Wurzeln geht und die Ursachen zu ändern versucht – oder ob sie an der Oberfläche bleibt und sich nur mit den Symptomen befasst.«[2]

Ich habe mich für den radikalen Weg entschieden. Das Buch, das dabei entstanden ist, hat drei Teile, die vom großen Ganzen zum Individuellen führen. Sie sind entlang dreier Leitfragen aufgebaut.

Wie können wir in der komplexen Welt, in der wir heute leben, Dinge wenden? Und wie kann uns die Forschung dabei helfen, Lösungen für das 21. Jahrhundert zu entwickeln?

Wo müssen wir ansetzen, um die Strukturen unserer Gegenwart so zu verändern, dass sie der Erreichung unserer Ziele besser dienen, statt ihnen im Weg zu stehen?

Wer kann diese Veränderungen anschieben? Die Politik? Die Wirtschaft? Die sogenannten Eliten? Wer ist mit diesem Wir gemeint, von dem alle reden, wenn es darum geht, etwas zu verändern?

Eine Große Transformation zu einer besseren Welt für alle ist das größte Abenteuer der Menschheit. Sie wird aus lauter kleinen Schritten bestehen – aber ohne eine klare Orientierung und die unermüdliche Begeisterung für das Mögliche wird sie nicht gelingen. Das habe ich auch aus den vielen Zuschriften, Anregungen und Hinweisen aus allen Bereichen der Gesellschaft gelernt, die ich auf mein vorangegangenes Buch und auf meine Arbeit für die Initiative Scientists4Future erhalten habe. Sie haben mir gezeigt, was real schon alles möglich und wer alles im Aufbruch ist. Dieses Buch ist auch ein Produkt des Austausches mit vielen, vielen Menschen, die ich auf diesem Weg kennenlernen durfte. Keine:r von ihnen behauptet, dass unsere heutige Zeit eine einfache sei oder der gesellschaftliche Wandel leicht. Aber sie haben alle die Überzeugung, dass es Zeitpunkte gibt, an denen man etwas verabschieden muss, damit Raum für Neues entstehen kann. Wir müssen ein paar Dinge anders machen. Wir können das aber auch.

UNSER BETRIEBSSYSTEM

»In komplexen Systemen sind Beziehungen der Schlüssel. Verbindungen oder Beziehungen bestimmen, wie komplexe Systeme funktionieren; eine Organisation besteht aus ihren Beziehungen und nicht aus ihrem Flussdiagramm. Und diese Erkenntnis ist entscheidend für das Verständnis, wie sich komplexe Systeme von einfachen oder komplizierten Systemen unterscheiden.«

Frances Westley, Brenda Zimmermann, Michael Quinn Patton, Transformationsforscher:innen[1]

Die Geschichte von Tanaland

»Alles, was wir tun oder auch nicht tun, hat Auswirkungen auf das Ganze. Denn wir alle sind Mitschöpfer. Wir können natürlich die Welt nicht beliebig ändern, aber wir tragen mit unseren Entscheidungen immer zum Gesamten bei. Aus dieser Erfahrung der Teilhabe erwächst uns die unverbrüchliche Verantwortung für die Bewahrung dieser Welt.«

Hans-Peter Dürr, Physiker[2]

Tanaland ist ein Landstrich irgendwo in Ostafrika. Mitten durch das Gebiet fließt ein Fluss, der in einen See mündet. Es gibt Wald, eine größere Steppe, Zebras, Leoparden, Affen und außerdem zwei Dörfer, in denen Menschen leben – die Tupis und die Moros. Die Tupis sind Bauern. Ihr Dorf liegt am Ufer des Sees, umgeben von Gärten und Obstbäumen. Die Moros dagegen sind Hirten. Sie sind in der Steppe zu finden, wo sie mit ihren Rinder- und Schafherden von Wasserstelle zu Wasserstelle ziehen. Außerdem gehen sie zur Jagd. Das Leben in Tanaland ist hart, aber es ist möglich.

Als der deutsche Psychologe Dietrich Dörner Mitte der 1970er-Jahre zwölf Student:innen die Chance gab, als Entwicklungshelfer:innen die Situation in Tanaland zu verbessern, gingen sie mit großem Handlungsspielraum ans Werk. Sie durften Wald roden, Brunnen bohren, Staudämme bauen, Traktoren kaufen, Kunstdünger und Insektenvernichtungsmittel einsetzen, Ärzt:innen anwerben oder die ganze Gegend elektrifizieren, wenn sie meinten, dass das helfe. Unter den Student:innen waren Agrarwissenschaftler:innen und Biolog:innen, aber auch Psycholog:innen und Jurist:innen – und obwohl die fachlichen Hintergründe derart unterschiedlich waren, hatten alle mit dem, was sie anpackten, zunächst Erfolg.[3]

Bessere medizinische Versorgung senkte die Kindersterblichkeit, und die Bevölkerungszahl wuchs. Dünger steigerte die Erträge in der Landwirtschaft, es gab mehr Essen für alle, und seitdem die Leoparden streng bejagt wurden, gediehen auch die Schafherden. Nach kurzer Zeit sah es für die frischgebackenen Entwicklungshelfer:innen so aus, als hätten sie die Lage im Griff und die drängendsten Probleme gelöst. Umso überraschter waren sie, als sich bald verheerende Hungersnöte einstellten und die Bevölkerungszahl schrumpfte. Nach einer Weile ging es den Tupis und den Moros schlechter als vor dem Eingriff der Studierenden. Und am Ende hatten fast alle Student:innen Tanaland gründlicher heruntergewirtschaftet, als das jede kolonialistische Ausbeutung geschafft hätte, wie schon der *Spiegel* 1975 bemerkte.[4] Dabei hatten sie genau das Gegenteil vorgehabt.

Sie haben noch nie von diesem Tanaland gehört?

Das können Sie auch nicht. Tanaland ist nur eine Computersimulation, mit der Dörner untersuchen wollte, wie gut Menschen darin sind, komplexe Probleme zu lösen, und woran es liegt, wenn sie – wie zu sehen war – nicht besonders gut darin sind. Denn vor allem das war das große Rätsel dieses Experiments.

Warum funktioniert etwas, das gerade noch großartige Erfolge zeigte, plötzlich nicht mehr? Warum macht jeder Versuch, ein Problem auf dieselbe Art zu lösen, es ab irgendeinem Punkt nur schlimmer?

Wir alle kennen Beispiele für diese »Logik des Misslingens«, wie Dörner sie nannte. Schaffen es frisch verliebte Paare oftmals, jede Meinungsverschiedenheit mit Verständnis und Zuneigung entweder zu klären oder aber nicht so wichtig zu nehmen, gelingt das vielen Paaren mit der Zeit immer schlechter. Oder kürzer: Was uns zunächst sehr an unseren Partner:innen reizte, reizt uns nun womöglich zu sehr. Und während viele Menschen beim Berufseinstieg die Erfahrung machen, dass sie schnell aufsteigen, solange sie bereit sind, sich rund um die Uhr einzusetzen, merken sie ein paar Jahre später, dass sie mit derselben Methode eher einem Burn-out näher kommen als dem nächsten Karriereschritt. Die Faustregel »Viel hilft viel« hilft eben nur bedingt. Schauen wir beispielsweise auf die fossilen Brennstoffe: Klar haben wir in den zweihundert Jahren, seitdem wir Energie aus Kohle und Erdöl gewinnen, unfassbaren Wohlstand erzeugt – zugleich steuern wir aber mit dieser Art der Energiegewinnung immer schneller auf fundamentale Krisen zu. Erst Boom, dann Kollaps.

Woran liegt das?

Die Student:innen, denen es nicht gelang, Tanaland in eine stabile Zukunft zu führen, scheiterten nicht, weil sie dafür spezielle Fähigkeiten gebraucht hätten, über die sie nicht verfügten. In der Computersimulation ging es vielmehr darum, den »›gesunden Menschenverstand‹ auf die Umstände der jeweiligen Situation einzustellen«, wie Dörner es ausdrückte. Nicht anders, als wir es bei vielen Alltagsproblemen eben auch tun müssen.[5]

Als die Student:innen erkannten, dass die Lebensmittelversorgung in Tanaland auch deshalb so schlecht war, weil Affen und Mäuse einen Teil der Ernte fraßen, bekämpften sie diese mit Gift. Daraufhin machten sich die heimischen Leoparden, die bisher Affen und Mäuse gejagt hatten, über die Schafe her. Als die Student:innen sodann die Leoparden töteten und deren Felle verkauften, um mit dem Erlös mehr Rinder anzuschaffen, führten die anwachsenden Herden zur Überweidung der Steppe. Außerdem explodierte nun die Zahl der Mäuse und Affen wieder. Als die Student:innen Brunnen bohrten, um Felder zu bewässern, stiegen die Ernteerträge und die Bevölkerung wuchs, woraufhin sie noch mehr Brunnen bohrten. In der Folge sank der Grundwasserspiegel, die Brunnen versiegten, die Felder verdorrten und die Menschen verhungerten.

Wie die Student:innen in diesem Experiment handeln die meisten Menschen überall auf der Welt immer wieder nach erlernten Routinen, die ihnen naheliegend erscheinen. Und immer wieder sind sie überrascht, dass aus der Lösung von heute das Problem von morgen wird.

Das klingt nach einem Teufelskreis?

Wäre es ein Teufelskreis, würde das bedeuten, dass wir keine Möglichkeit hätten, daraus auszubrechen. Es würde bedeuten, dass wir nicht anders könnten, als zu scheitern. Aber so etwas wie einen unveränderbaren Teufelskreis gibt es nicht. Stattdessen gibt es komplexe oder sogar hochkomplexe Probleme – und oft muss es erst richtig scheppern, bis wir lernen, sie auch als solche zu betrachten und anders mit ihnen umzugehen. Als Teufelskreis erleben wir sie erst, wenn wir genau das nicht tun. Scheitern wir nämlich daran, ein komplexes Problem zu lösen, reicht es oft nicht aus, die gleiche Strategie nur noch effizienter zu verfolgen. Vielmehr geht es dann darum, die Strategie selbst auf den Prüfstand zu stellen. Und, vielleicht noch wichtiger, unser Verständnis des Problems.

Genau das zeigt uns das Tanaland-Experiment.

Am Anfang nahmen sich die Student:innen noch Zeit, bevor sie eine Entscheidung trafen. Sie stellten Fragen, versuchten, sich zu orientieren, die Zusammenhänge zu verstehen, und hatten Erfolg. Je länger sie aber die Simulation bespielten, umso weniger fragten und dachten sie nach, dafür trafen sie immer mehr Entscheidungen und wurden darin immer schneller. Ab einem gewissen Punkt wichen sie nicht mehr von ihrem einmal gefassten Plan ab, ganz egal, welche Nachrichten sie über die Situation der Menschen in Tanaland erhielten.

Ein Teilnehmer hatte zum Beispiel beschlossen, die Steppe zu bewässern, um Anbaufläche zu gewinnen. Zu diesem Zweck entschied er, einen langen Kanal zu verlegen, in den er Flusswasser einspeisen wollte. Dabei stieß er auf unzählige Hindernisse, mal fehlte Material, mal lief die Koordination schief. Als schließlich eine Hungersnot ausbrach, hatte der Mann so viel in seine Idee investiert, dass er den Hunger, den er eigentlich hätte verhindern sollen, ignorierte. Denn jetzt hatte er andere Probleme: Er wollte den Kanal fertig bekommen. Überhaupt nahmen viele Student:innen die immer wiederkehrenden Nachrichten über Hungersnöte, die sie durch ihre Entscheidungen ausgelöst hatten, zunehmend gleichgültig oder sogar zynisch auf. Am Ende glaubten einige von ihnen, die Tupis und die Moris seien selbst schuld, dass sie hungerten. Andere vermuteten, ihr Professor habe die Simulation absichtlich so programmiert, dass die Aufgabe unlösbar war. Jedenfalls hatten sie nicht mehr das Gefühl, dass die Lösung für das Problem noch in ihrer Hand liege.

Zuerst Aktionismus, dann Konfusion und Ärger, weil es nicht läuft. Am Ende Projektemacherei, Schuldzuweisungen, Dienst nach Vorschrift oder Flucht in Verschwörungstheorien. Ein Blick in unsere Gesellschaft, und wir sehen: Überall ist Tanaland.

Wo ist denn dann bitte der Weg aus dem sogenannten Teufelskreis?

Wenn wir es mit einem komplexen Problem zu tun haben, sind wir es gewohnt, analytisch zu verfahren: Wir zerlegen das Problem in seine Teile, untersuchen jedes für sich und finden die Schwachstelle. Danach tauschen wir aus, was nicht mehr funktioniert, bauen alles wieder zusammen und erwarten, dass der Fehler behoben ist. Nach dieser Methode erklären wir uns auch gerne die Welt. Wir zerlegen sie in ihre Bausteine und glauben, wenn wir alle Einzelteile gut verstanden haben oder »heile« machen, wird sich das große Ganze wie die Summe der Teile verhalten – und deshalb auch berechenbar sein. Nur geht die Rechnung leider nicht auf.

Eine Partei tauscht einen Vorsitzenden nach dem anderen aus, aber egal mit wem, sie gewinnt einfach keine Wahlen mehr. Eine neue Straße wird gebaut, um andere Strecken zu entlasten, aber schon bald ist auch sie verstopft, ohne dass der Stau woanders abgenommen hätte. Ein Manager kuriert seinen Burn-out in einer Klinik und fühlt sich bereits am ersten Tag im Büro wieder urlaubsreif, wenn er auf seinen vollen Terminkalender sieht.

Bei all diesen Beispielen steckt der Fehler nicht in einem der Teile, weshalb man ihn auch nicht durch eine detailorientierte Analyse zu packen bekommt, die den Ursprung der problemhaften Entwicklung auf ein fehlerhaftes oder fehlendes Teil reduzieren will. Denn es ist die *Beziehung* der Teile zueinander, ihr Zusammenwirken, das eine bestimmte Dynamik und eine Entwicklung vorantreibt, die unerwünschte Ergebnisse oder Fehler hervorbringen. Will man das ändern, muss man zuerst dieses Zusammenwirken verstehen. Sonst sieht man nur Bäume, aber keinen Wald.[6] Nur Autos, aber keinen Verkehr. Nur Menschen, aber keine Gesellschaft. Einzelne

Elemente, aber nicht das Zusammenspiel. Es ist aber dieses Zusammenspiel, in dem die Qualität der Elemente entsteht und ihr Verhalten eine Richtung bekommt. Natürlich sind Individuen und Teile wichtig. Aber Entwicklung entsteht in Beziehung. Und eine Gruppe ineinandergreifender Beziehungen ergibt – ein System.

Ein System, schreibt Donella Meadows, eine Pionierin des Verständnisses komplexer Systeme, ist »ein Satz von zusammenhängend organisierten Elementen oder Einzelteilen, die in einem Muster oder einer Struktur so miteinander *verbunden* sind, dass ein charakteristischer Satz von *Verhaltensweisen* entsteht, der oft als ›Funktion‹ oder ›Zweck‹ des Systems bezeichnet wird«.[7] Ihr Grundlagenwerk – der Originaltitel lautet *Thinking in Systems* – wird in diesem Buch immer wieder Referenz sein.[8]

Komplexe Systeme begegnen uns im Alltag überall. Oft fallen sie uns erst dann auf, wenn sie nicht mehr funktionieren. Wir sagen Wirtschaftssystem, Finanzsystem, Ökosystem, Gesundheitssystem oder Herz-Kreislauf-System. Aber es ist erst die Fehlfunktion – die Rezession, der Absturz an der Börse, das Bienensterben, die Triage, der Herzinfarkt –, die uns klarmacht, dass unsere Existenz von etwas gehalten und getragen wird, das wie selbstverständlich im Hintergrund funktioniert. Beim Auto ist es die Panne, in der Beziehung der Streit, in der Demokratie die Radikalisierung, in der Weltanschauung der Zweifel – wenn wir ihn denn zulassen.

Wenn man einmal weiß, worauf man achten muss,

dann entdeckt man um sich herum überall Systeme – und sich selbst als Teil davon.[9]

Wo kommen das Wasser, die Nahrungsmittel, der Sauerstoff her, durch die unser Körper sich am Laufen hält? Wie werden aus den Substanzen, die Menschen wiederum ausscheiden, erneut sauberes Wasser, gesunde Nahrungsmittel und Sauerstoff? Sicher nicht ohne die Systeme, die wir gerne Umwelt nennen und deren Verschmutzung und Zerstörung wir systematisch vorantreiben. »Mitwelt« scheint der deutlich passendere Begriff, um den Bumerangeffekt zu verdeutlichen, dem wir uns damit aussetzen.

Obwohl die Existenz von Systemen etwas so Offensichtliches ist, haben wir unser Wissen darum mit der Zeit aus den Augen verloren. Stattdessen hat sich eine reduktive Herangehensweise durchgesetzt, die die Welt immer spezialisierter auseinandernimmt. Die eher ganzheitliche Sicht, die vor dem Zeitalter der Aufklärung und der Moderne gängig war, verlor sich und gewann erst nach dem Zweiten Weltkrieg, als es immer leistungsfähigere Computer gab, wieder zunehmenden Anklang in der westlichen Wissenschaft.[10]

Der Computer machte es möglich, auch komplexe Systeme modellhaft nachzubauen, sie mit riesigen Datenmengen zu füttern und durchzuspielen, wie sie auf Eingriffe reagieren. Die Welt als Ansammlung von Systemen zu sehen, heißt allerdings für Wissenschaftler:innen und Gesellschaften, die es gewohnt sind, reduktiv zu denken, einen erweiterten Blick auf die Welt einzunehmen und die Muster, mit denen wir unser Zusammenleben interpretieren und organisieren, zu ergänzen. Und in einigen Fällen eben auch, sie radikal auf den Prüfstand zu stellen. Diese Prüfung vollzieht sich – wie jeder grundlegende Wandel oder Paradigmenwechsel – nicht von heute auf morgen und fühlt sich viel mühsamer an, als weiterhin kurzfristig funktionierende Lösungen für ein vermeintlich gut verstandenes Problem zu finden. Dafür ist der Lohn für diese Mühe umso größer: Sie zeigt uns den Weg aus dem Teufelskreis.

In vielen wissenschaftlichen Disziplinen – von der Medizin bis zur Soziologie, von der Umweltwissenschaft bis zur Pandemiebekämpfung und Digitalisierung – ist es mittlerweile gang und gäbe, die jeweiligen Probleme oder Fehler im Kontext der Systeme zu untersuchen, in die sie eingebettet sind. Nur auf der gesellschaftlichen Ebene fällt uns das noch sehr schwer. Da zerlegen wir das Große und Ganze immer noch in einzelne Aspekte, die wir in vermeintlich universell gültige Schablonen pressen: Markt oder Staat. Wachstum oder kein Wachstum. Ökologische Ziele versus soziale Ziele. Globaler Norden versus globaler Süden. Auf diese Weise läuft die Antwort auf viele Konflikte auf ein Entweder-oder hinaus, ein Nullsummenspiel des Lagerdenkens.

Was ich in diesem Buch zeigen möchte, ist, dass es sich lohnt, auch in unseren Alltagsdiskussionen und gesellschaftlichen Strukturen eine systemische Sicht und Organisationsweise zu stärken. Systemisch denken heißt übrigens auch, über Grenzen und Grenzziehungen nachzudenken – mit der Aussage »Alles hängt nun mal mit allem zusammen« kommen wir ja nicht weit, wenn wir strategisch handeln wollen. Aber die systemische Sicht ist eine evolutionäre, das heißt, sie bedenkt grundsätzlich, dass die Zukunft sich dynamisch in viele Richtungen verändern kann und dass jeder gelebte Moment nur einer von vielen ebenso möglichen Momenten ist. Deshalb sind Begrenzungen auch nicht hermetisch geschlossen, sondern veränderbar. Wir leiten sie aus einer Beschreibung des jeweiligen Problems ab und suchen – wie wir sehen werden – sogar bewusst nach ihnen. Systemisch wird also weder so getan, als gäbe es keine Grenzen für bestimmte Entwicklungen, da alles sich irgendwie ersetzen lässt, noch werden eindeutig quantifizierte, langfristige, lineare Ergebnisprognosen aufgestellt. Vielmehr geht es den evolutionären Systemwissenschaften darum, mögliche Entwicklungsmuster zu verstehen und zu beeinflussen.

Mit einer systemischen Herangehensweise verwandelt sich also auch unsere Perspektive darauf, an welcher Stelle wir eingreifen möchten, wenn wir komplexe Probleme und ihre Ursprünge verändern wollen. Und mit der neuen Perspektive ändert sich auch unsere Vorstellung davon, wie das möglich ist. Wir weiten das Spektrum der möglichen Strategien und Lösungen. Und das mir vielleicht Wichtigste: Wir fangen an, unsere Aufmerksamkeit auf die Strukturen zu lenken, mit denen wir unser Zusammenwirken organisieren und das Verhalten einzelner Teile oder Elemente beeinflussen. So gelingt es uns, weniger Schuld bei einzelnen Teilen zu suchen und vielmehr sogenannte *system traps*, Strukturfallen, zu finden, die uns einen Teufelskreis vorspiegeln.

Solchen *system traps*, die sich durch alle Bereiche unseres Lebens ziehen, ist der zweite Teil dieses Buches gewidmet, während uns der dritte Teil wieder dorthin führt, wo Veränderung beginnt: zu uns selbst. Denn in meiner Sicht auf die Welt werden es nicht die künstliche Intelligenz und die Technologierevolution sein, die unsere Zukunft positiv gestalten. Auch sie sind ja nur Ausdrucksformen dessen, was Menschen sich vorstellen. Künstliche Intelligenz führt aus, wofür Menschen sie programmiert haben – und gelegentlich schalten Menschen sie auch mal wieder ab. Die Wurzel gesellschaftlicher Entwicklung liegt also in uns selbst. Sie zu verstehen ist auch eine viel spannendere Aufgabe, als unser Heil in Maschinen zu suchen. Voller Lebendigkeit. Und Lernen. Denn »wir können einem System nicht unseren Willen aufzwingen«, schreibt Donella Meadows, aber: »Wir können darauf hören, was das System uns wissen lässt, und dabei entdecken, wie seine Eigenschaften und unsere Wertvorstellungen im Zusammenspiel etwas viel Besseres hervorbringen können, als wir je allein mit unserem Willen schaffen könnten. Wir können Systeme weder beherrschen noch sie enträtseln. Aber wir können mit ihnen tanzen!«[11]

Das mag in Krisenzeiten ernüchternd sein, wo es doch gerade Steuerung und Kontrolle sind, nach denen wir uns sehnen, wenn Dinge aus dem Ruder laufen – ich denke da beispielsweise an die in der Pandemie so oft beschworene »Normalität«, zu der zurückzukehren sei. Ein systemischer Blick auf die Gegenwart zeigt aber, dass auch diese Normalität ein dynamisches Entwicklungsgefüge ist.

Ob das Ausmaß an sozialen und ökologischen Nebenwirkungen von etwas »normal« ist, ist eher eine politische Diskussion. Wissenschaftlich betrachtet ändert sich das, was heute ist, morgen sowieso. Eine vorübergehende Stabilität der Routinen und Abläufe sollte eben nicht mit dem Funktionieren einer Maschine verwechselt werden. Gesellschaften funktionieren nicht wie eine Maschine, auch nicht wie eine sehr komplizierte. Und komplexe Systeme sind mit ihrem gewissen Maß an Eigenleben nicht das Gleiche wie komplizierte Systeme.

Die systemische Perspektive lehrt uns, dass es »normal« ist, zu erwarten, dass die Lösungen von heute die Probleme von morgen sein werden. Dass es keine universellen Blaupausen gibt, keinen großen Plan, der, einmal gefasst, für immer trägt und gegen jede Veränderung zu verteidigen ist. Dass es sinnvoll ist, Strukturen schrittweise möglichst frühzeitig an das Ziel anzupassen, das wir letzten Endes erreichen wollen – und im Übrigen immer mal wieder zu hinterfragen, was genau das eigentlich ist. Sie zeigt uns auch die Grenzen von Prognose, Management und Kontrolle, insbesondere wenn wir zu lange zu wenig aufgepasst oder sich aufbauende Probleme übersehen haben und im gefühlten Teufelskreis stecken. So kommen wir vom Machbarkeitswahn zur Demut, vom Nullsummenspiel zur Koevolution, von der Abspaltung zur Verbundenheit. Aus den *system traps* ins Tanzen.

Schön und gut, sagen Sie, aber auch Tanzen braucht ein paar Angaben zu Rhythmus und Schrittfolgen. Gibt es denn gar keine Anhaltspunkte?

Es gibt sie. Wer mit einem komplexen System zu tun hat, sollte – legen wir die Definition von Donella Meadows zugrunde – vor allem drei Merkmale im Blick haben: erstens seine vernetzte Gestalt, zweitens seine zeitliche Dynamik und drittens seine sogenannte Bestimmung, sein Ziel oder seinen Zweck (im Englischen heißt dieses Merkmal *purpose*). Aus der Sicht der Komplexitätsforschung ist das sehr vereinfachend gesagt, aber um die wesentlichen Ideen zu verstehen, die hinter dem stecken, was als tiefgreifender Paradigmenwechsel, Zeitenwende, zweite Renaissance oder Große Transformation bezeichnet wird,[12] erscheint mir dieses Merkmal-Trio als guter Startpunkt.

Es geht also um nichts Geringeres als um die Neukonfiguration unserer zentralen Lern- und Fortschrittsvorstellungen, unseres Einsatzes von Technologien und unseres Designs von Bürokratien. Im 20. Jahrhundert ist die Vision einer Weltbevölkerung mit kooperierenden Staaten entstanden. Heute sehen wir, wie diese Zielmarke durch die Krisen verrutscht. Daher können Kooperationsmuster, mit denen wir den Umbrüchen des

21. Jahrhunderts begegnen, nicht dieselben bleiben, mit denen wir diese Umbrüche oft erst herbeigeführt haben. Wenn wir das oben genannte Trio – in den folgenden drei Kapiteln schauen wir uns Merkmal für Merkmal genauer an – im Blick behalten, dann verstehen wir deutlich besser, wie ein System tickt, welchem Rhythmus es folgt und wohin es uns letzten Endes treibt. Und dann sehen wir auch klarer, welche Konfigurationen ein Update verdient haben.

Vernetztheit – Alles ist verbunden

»Ein komplexes System ist dynamisch, es bewegt und verändert sich, entwickelt sich weiter und ist in gewissem Sinne ›lebendig‹.«

Ugo Bardi, Chemiker[13]

Peter und Paul sind zwei unscheinbare Seen im Norden von Michigan. Wie ein Flügelpaar liegen sie rechts und links einer Schotterpiste, die durch ein fast menschenleeres Gebiet führt. Über Meilen hinweg gibt es hier kaum etwas anderes als Seen, Wald und Schotter. Selbst mit einer Karte dürfte man die beiden Seen in dieser Wildnis kaum finden, dafür sind sie zu klein, zwei Stecknadelköpfe im Nichts. Und trotzdem existieren nur wenige Orte auf der Welt, an denen eindrücklicher als an Peter und Paul Lake abzulesen ist, was es bedeutet, dass ein System grundsätzlich eine vernetzte Gestalt hat.[14]

Als der US-amerikanische Ökologe Stephen Carpenter die beiden Seen im Sommer 2008 für ein Experiment auswählt, sind sie typische Friedfischgewässer, bevölkert von kleineren Fischarten wie Elritzen und Goldbrassen, die von Wasserflöhen leben, die sich wiederum von Algen ernähren. Carpenter ist Süßwasserbiologe und beschäftigt sich mit dem ökologischen Gleichgewicht von

Binnengewässern. Er untersucht, durch welche Prozesse ein solches Gleichgewicht in einem See entsteht.

Für sein Experiment setzten Carpenter und sein Forscherteam zwölf Forellenbarsche in Peter Lake ein, Raubfische, die sich von anderen Fischen ernähren und bis zu einem Meter lang werden. Ein Jahr darauf wiederholte das Team die Aktion und setzte noch einmal dreißig Barsche ein. Drei Jahre lang dokumentieren die Wissenschaftler:innen den Fischbestand in Peter Lake. Jeden Tag leeren sie die Reusen, die sie am Ufer aufgestellt haben, zählen die Fische und werfen sie ins Wasser zurück. Am Ende der drei Jahre ist die Anzahl der Friedfische auf ein Fünftel ihrer einstigen Größe eingebrochen. Die Zahl der Raubfische dagegen hat sich verzwanzigfacht.[15]

Auch äußerlich hat sich das Bild von Peter Lake stark verändert. Schimmerte sein Wasser früher durch die darin verbreiteten Algen grünlich, dezimierten die Raubfische die Friedfische nun so stark, dass sich die Wasserflöhe ungehindert vermehren konnten. Der Wasserflohboom radierte innerhalb kurzer Zeit fast alle Algen im See aus und brach anschließend wegen Nahrungsmangels ebenso rasant wieder in sich zusammen. Das Wasser von Peter Lake ist nach dem Experiment klar und durchscheinend. Das Wasser des benachbarten und von den Forschern unangetasteten Paul Lake schimmert dagegen so grünlich wie immer.

Carpenter hatte – wie Meadows es ausdrücken würde – *einen Satz zusammenhängender Elemente, die charakteristische Verhaltensweisen* in Peter Lake *hervor-*

brachten, transformiert: Er veränderte ihn so sehr, dass aus einem Friedfischgewässer etwas ganz anderes wurde: ein Raubfischgewässer.

Peter und Paul Lake zeigen eindrücklich, warum Systeme immer mehr sind als die Summe ihrer Teile. Sie sind als eine Einheit von Teilen oder Elementen so miteinander vernetzt, dass eine gemeinsame Entwicklungsdynamik entsteht. Daher ist auch keines dieser Teile einfach so austauschbar. Fügt man ein Element hinzu oder modifiziert man ein vorhandenes, verändern sich auch die Eigenschaften des Systems. Und damit über die Zeit auch die Eigenschaften der Teile. Das mag am Anfang gar nicht so sehr auffallen, aber je häufiger oder tiefer man eingreift, umso spürbarer reagieren die anderen Teile des Systems darauf, bis sich schließlich das Verhalten des ganzen Gefüges ändert.

Betrachten wir Systeme nur als eine Ansammlung von Einzelteilen, dann entgeht uns dieses evolutionäre Zusammenspiel, und wir sehen nur eine bestimmte Menge. Bei mehr oder weniger unbelebten Mengen mag das vielleicht auch ausreichen. Kleine Häufchen Sand kann ich zum Beispiel beliebig verschieben, ohne dass es den Sand verändert oder sein Umfeld großartig interessieren würde. Wenn sich aus diesem Sand aber eine Düne entwickelt mit Pflanzen und Tieren, mit Lenkungswirkung für die Winde und Wassermassen, dann wird aus einer Menge Sand ein System. Es ist das Leben, das auf dieser Düne entsteht, das den Unterschied macht.

In diesem Sinne bilden Menschen – ob als Familie, Unternehmen oder Gesellschaft – auch keine Mengen, sondern lebendige Systeme. In ihrem Zusammenwirken entsteht etwas über das hinaus, was jedes einzelne Mitglied ist oder kann. In der Familie zum Beispiel sehen wir, dass alles, was der oder die Einzelne in diesem Beziehungsgeflecht tut, stets auch Auswirkungen auf andere hat. Ist uns am Wohlergehen dieses Systems gelegen, bedenken wir die anderen mit. Nehmen wir es nicht so ernst damit, wird der Alltag zwischen Frühstückstisch, Dienstreise und Elternabend wahrscheinlich irgendwann wenig harmonisch.

Selbst wenn Sie sich in absolute Isolation in den Wald begäben, würden Sie bald merken, dass ein Verständnis für die dort lebenden Pflanzen und Wesen ziemlich wichtig ist, wenn sie länger überleben möchten. Der deutsche Physiker und Erkenntnistheoretiker Hans-Peter Dürr sagt deshalb, dass wir in lebendigen Systemen nicht von Teilen oder Elementen sprechen sollten, sondern mindestens von Teil*nehmenden*.[16] Und in Systemen mit Menschen besser gleich von *Wirks*. Wir *wirken* aufeinander. Ob wir das wollen oder nicht. Unsere Aktion beeinflusst die nächste Reaktion im System, jede:r von uns nimmt mit seinem und ihrem Verhalten Einfluss auf seine und ihre Mitmenschen.

Probieren Sie es mal aus.

Reagieren Sie heute doch einfach mal auf alles interessiert und zugewandt, was an Sie herangetragen wird. Sogar auf Social Media. Machen Sie aus einem »Du spinnst doch!« ein »So habe ich es noch gar nicht gesehen, erzähl mal mehr darüber!« Und dann beobachten Sie, was es heißt, ein *Wirk* zu sein. Selbst wenn Sie mit Ihrem Gegenüber nicht auf einen Nenner kommen, Ihre gemeinsame Erfahrung wird wahrscheinlich eine andere sein – und darüber hinaus womöglich Ihre weiteren Reaktionen und Erfahrungen an diesem Tag beeinflussen.

Anders gesagt: Gute Laune und ziviler Umgang sind genauso ansteckend wie schlechte Laune und Beschimpfungen. Gute Erfahrungen prägen das, was wir als Wirklichkeit bezeichnen, ebenso wie schlechte. Was nichts anderes heißt, als dass es unser Blick auf die Welt ist, der den Zustand der Welt mitbestimmt. Weil er die Art und Weise prägt, wie wir auf die Welt zugehen, wie wir sie verstehen und wie wir sie gestalten. In dieser Erkenntnis liegt eine enorme Chance. Sie beschreibt den Zugang zur Veränderung sozialer Systeme.

Nehmen wir unsere gängige Vorstellung von Ursache und Wirkung. Wir alle sind große Fans der Idee, wir könnten etwas tun und damit exakt den Effekt erzielen, den wir uns vorstellen – Problem erkannt, Problem gebannt. Nicht anders sind die Student:innen vorgegangen, die Tanaland retten wollten. Sie haben reduktiv gedacht, also die Dinge stark vereinfacht, haben Komplexität und Zusammenhänge dafür ausgeblendet und sind vor allem einer Sache intensiv nachgegangen: dem Finden *der einen* Lösung. Diese Denkweise ist auch deshalb heute besonders beliebt, da in einer konkurrenzorientierten Leistungsgesellschaft wie der unsrigen vor allem diejenigen punkten, die mit einer schnell herbeigeführten, möglichst einfachen Lösung aufwarten. Vor allen anderen. »Ständig treibt uns der Ehrgeiz um, ein noch größeres Stück der Welt in den Händen halten zu können,« schreibt Hans-Peter Dürr. »So konnten Konkurrenz- und Wettbewerbsdenken zum Leitmotiv unserer Zeit werden. Wettbewerb heißt, wir müssten schneller sein als die anderen. Die Richtung, in die wir dabei rennen, ist sekundär, Hauptsache, wir kommen als Erster dort an.«[17] Leider landen wir mit einem solchen Vorgehen meist nur bei der Bekämpfung einzelner Symptome, anstatt das Problem an der Wurzel zu fassen zu bekommen. Und da wir, wie Tanaland und Peter Lake deutlich zeigen, in einem komplexen System nie nur eine Sache tun können, ohne nicht auch eine andere zu beeinflussen, hat auch jeder Eingriff stets mehrere Wirkungen, manchmal auch unerwünschte. Das steht im Grunde schon in jedem Beipackzettel. Denn natürlich ist auch der menschliche Körper ein komplexes System, und jedes Medikament, das wir nehmen, stellt einen Eingriff dar, der auf alle Elemente wirkt, nicht nur auf eins. Nehmen wir ein Antibiotikum, weil wir eine Bronchitis haben, tötet das Antibiotikum nicht nur die Bakterien, die unsere Bronchitis verursacht haben, es tötet auch die Bakterien, die in unserem Darm leben und unser körpereigenes Immunsystem stützen. Übertreiben wir es mit den Antibiotika, weil sie so toll geholfen haben, und nehmen sie schon bei einer leichten Angina, kann das auf Dauer zu einer Resistenz der Bakterien führen, mit der Folge, dass das gleiche Medikament bei der nächsten Bronchitis nicht mehr wirkt. Viel hilft nicht immer viel: Nicht ohne Grund erklärte 2017 das Umweltprogramm der Vereinten Nationen die rasant wachsende Antibiotikaresistenz zu einer globalen Bedrohung.[18]

Wollen wir also ein System in einem gewünschten Zustand erhalten oder es im Gegenteil verändern, müssen wir – und damit sind wir beim ersten der drei Merkmale – seine Gestalt möglichst genau kennen und verstehen, auf welche Art und Weise seine Teile miteinander vernetzt sind. Nur so können wir einschätzen, wie es gerade tickt und welche Verbindungen zwischen welchen Teilen bestehen – das können Fische, Flöhe und Algen wie bei Peter und Paul Lake sein, aber auch Bakterien, Ressourcen, Menschen, Geld oder andere Informationen. Reduzieren wir die Komplexität eines Problems, in das wir innerhalb eines Systems eingreifen, zu stark, verlieren wir nicht nur wichtige Ursachen, sondern auch genauso wichtige Effekte aus den Augen. Deshalb ist es hilfreich, die Auswahl dessen, was wir für unser Problemverständnis als relevant erachten, immer wieder zu hinterfragen.

Was Stephen Carpenter mit seinem Experiment herausfinden wollte, war nicht nur, wie sich ein Problem so weit verschärft, dass es zur Transformation des ganzen Systems führt. Er wollte auch herausfinden, ob sich im Voraus erkennen lässt, wann ein System an diesen Punkt kommt. Dazu suchte er in seinen Messwerten nach Hinweisen, an denen er rechtzeitig hätte absehen können, dass der See in Kürze umkippen würde.

Gibt es Vorzeichen, die solche Veränderungen ankündigen?

Der wievielte Fisch war der Fisch, der dafür den Ausschlag gab?

Einige Zeit vor seinem Experiment am Peter Lake saß Carpenter nach einer Konferenz mit Kolleg:innen zusammen, die sich ebenfalls mit Transformationen beschäftigten. Einer von ihnen war ein Ökologe, der eine Insektenart erforschte, deren Raupen immer wieder riesige Waldschäden anrichteten. Alle paar Jahre schienen sich diese Raupen wie aus dem Nichts heraus explosionsartig zu vermehren. Sie fraßen hektarweise Bäume kahl, ohne dass dieser Boom vorherzusehen gewesen wäre. Der einzige Hinweis darauf, dass in einem bestimmten Waldstück ein Ausbruch bevorstand, war, dass kurz vorher an einigen Stellen des Waldes plötzlich sehr viele Raupen auftauchten, an anderen sehr wenige. Genau so etwas hatte Carpenter bei Peter Lake beobachtet. Auch hier verteilten sich die Friedfische wenige Tage vor dem Umkippen plötzlich nicht mehr gleichmäßig, sondern sehr unregelmäßig über den See. In einigen Reusen zappelten sehr viele, in anderen sehr wenige Fische.

Die beiden Wissenschaftler konnten sich diese Verhaltensmuster nicht erklären. Aber ein Wirtschaftsmathematiker, der mit am Tisch saß, hatte zugehört. Er erzählte ihnen von einem interessanten Phänomen, das als *critical slowing down* bezeichnet wird – als kritische Verlangsamung.[19] Es zeigt sich oft bei Systemen, die kurz vor einem sogenannten Kipp-Punkt stehen. In dieser Phase brauchen sie immer längere Erholungszeiten, um sich nach einer Störung wieder zu stabilisieren und in ihr altes Gleichgewicht zurückzufinden. Sie brauchen dann ein neues. Und wenn das nicht mehr mit der alten Gestalt möglich ist, ist struktureller Wandel – Transformation – gefragt.[20]

Das Muster des *critical slowing down* ist für die Forschung in vielen Bereichen aufschlussreich. Auch gesellschaftliche Transformationen weisen es auf. Der schottische Anthropologe Victor Turner hat *critical slowing down*-Phasen, noch bevor sie als solche benannt wurden, als *Liminalität* bezeichnet, als die Zeit zwischen »nicht mehr« und »noch nicht«, in der alles »weder noch« aber »sowohl als auch« ist.[21] Und der italienische Philosoph und Politökonom Antonio Gramsci nannte sie *Interregnum*, eine Art Zwischenzeit, in der »das Alte stirbt und das Neue nicht geboren werden kann«.[22]

Ist das nicht genau die Situation, in der wir uns aktuell befinden?

Die Entdeckung, dass Systeme, bevor sie sich radikal verändern, Muster des *critical slowing down* aufweisen, ist deshalb bedeutend, weil die Anzahl und das Ausmaß an Symptomen wie ein Frühwarnsystem funktionieren: Ballen sich ungewöhnliche Ereignisse, nehmen extreme Ausschläge zu, zeigt das an, dass das System seinem

Kipp-Punkt bereits sehr nahe gekommen ist.[23] Jede weitere Störung des Gleichgewichts kann nun eine enorme Wirkung entfalten. Zu keinem Zeitpunkt ist die Wahrscheinlichkeit, dass die Dinge unaufhaltsam ins Rollen kommen, größer als jetzt. Auf einmal ist möglich, was kurz davor noch undenkbar zu sein schien.

Das lässt sich nicht nur am Bewässerungskanal in Tanaland und an Peter und Paul Lake sehen – es zeigt sich auch an menschlichen Interaktionen mit der Erde als Ganzem.

2008 formulierte eine Gruppe um den schwedischen Klimaforscher Johan Rockström das Konzept der Planetaren Grenzen, das schnell weit über wissenschaftliche Kreise hinaus Einfluss gewann und nicht nur in der Erdsystemforschung, sondern auch in der Diskussion um internationale Nachhaltigkeitspolitik zur zentralen Referenz wurde.[24] Ausgangspunkt des Konzepts ist es, die ganze Erde als ein komplexes System zu begreifen. Innerhalb dieses Systems definierten die Forscher:innen neun Teilbereiche, die jedoch alle miteinander verbunden sind. Jeder einzelne von ihnen ist für das Leben auf der Erde entscheidend. Sie sind die Fundamente, auf denen die menschliche Existenz ruht.

Zu diesen Teilbereichen zählen neben dem Klima der Zustand der Ozeane, die Menge des Süßwassers, die Biodiversität und die Fläche auf der Erde, die mit Wald, Mooren und Grasland bedeckt ist. Es gehören aber auch Dinge dazu, von denen man bisher weniger gehört hat, wie etwa der Kreislauf von Stickstoff und Phosphor in der Biosphäre, der für alle Lebewesen auf der Erde fundamentale Bedeutung hat. Ohne Stickstoff, Phosphor und deren chemische Verbindungen gibt es kein pflanzliches Wachstum. Das ist der Grund dafür, warum man sie in der Landwirtschaft als Düngemittel benutzt. Werden sie in großen Mengen eingesetzt, gelangen sie über die Flüsse ins Meer, wo sie flächendeckende Algenblüten auslösen können, die dem Wasser den Sauerstoff entziehen und riesige Todeszonen schaffen, in denen kaum mehr Leben möglich ist. 2019 wurden bereits siebenhundert solcher Todeszonen in den Weltmeeren ausgemacht. Ihre Anzahl hat sich innerhalb von zehn Jahren fast verdoppelt.[25]

Die Frage, die sich die Forscher:innen für jeden dieser Teilbereiche stellten, war einfach: Wo liegen die absoluten, die unverhandelbaren Grenzen natürlicher Kreisläufe, innerhalb derer sich die Störungen bewegen dürfen, die wir Menschen verursachen, damit die Beschaffenheit des ganzen Erdsystems nicht aus der Balance gerät?

Noch einfacher: Wie stark darf sich das Erdklima noch aufheizen? Wie viele Tier- und Pflanzenarten dürfen noch aussterben? Wie viel Wald noch gerodet, wie viel Süßwasser noch verbraucht werden, wie stark dürfen die Ozeane noch versauern – bis sich unser gewohntes ökologisches Versorgungssystem radikal verändert?

Wie sich herausstellte: nicht mehr sehr viel.

Bei fünf der neun Teilsysteme haben wir die Planetaren Grenzen inzwischen gerissen und damit den *safe operating space* verlassen, wie die Forscher:innen um Johan Rockström jenen Bereich nennen, in dem die Menschheit gut und sicher leben kann. Dazu gehören das Klima, die Biodiversität, der Stickstoff- und Phosphorhaushalt, die Landnutzung sowie seit Kurzem auch die »Einführung neuer Entitäten in die Biosphäre«, zu denen auch die Verschmutzung durch Plastik und andere chemische Stoffe zählt.[26] Hier besteht jeweils ein steigendes oder sogar hohes Risiko, dass die betroffenen Teilsysteme zusammenbrechen, weil sie inzwischen so verletzlich sind, dass sie die menschlichen Eingriffe nicht mehr abfedern können. Wollen wir verhindern, dass diese Systeme kippen, müssen wir, so die Forscher:innen, unsere Art zu leben, zu wirtschaften und zu konsumieren dringend verändern – und dafür bleibt uns nur noch wenig Zeit. Sonst setzt ein Destabilisierungsprozess ein, der nicht mehr aufzuhalten ist. An seinem Ende steht dann ein System mit anderen Strukturen und Qualitäten.

Nichts anderes besagt die Metapher von den nun schon mehrfach erwähnten Kipp-Punkten, um die es im folgenden Kapitel gehen wird, wenn wir aus unserem Merkmal-Trio die zeitliche Dynamik unter die Lupe nehmen. Mit Blick auf die vernetzte Struktur eines Systems können wir bereits erkennen, wie wichtig es ist, Strategien zur Verhinderung von derartigen Kipp-Punkten genauso vernetzt zu denken, wie das Problem beschaffen ist, das sie lösen sollen. Definieren wir das Problem zu kleinteilig, also zu reduktiv, handeln wir am Kern der Sache vorbei. Und rufen damit höchstwahrscheinlich gleich das nächste Symptom hervor.

Nehmen wir die Frage der Mobilität. Im Moment glauben wir vielleicht, dass wir der Rettung der Welt ein großes Stück näher kommen, wenn wir unsere Autos in Zukunft statt mit Diesel oder Benzin einfach mit Strom fahren. Damit wir tatsächlich den Klimawandel verlangsamen – denn für dieses Ziel (und dritte Merkmal unseres Trios) diskutieren wir diese Strategie –, darf der Strom aber nicht aus Kohlekraftwerken kommen. Dafür werden wir allerdings noch sehr viele Windräder und Sonnenkollektoren aufstellen müssen. Um diese Anlagen zu bauen, brauchen wir enorme Mengen an Eisenerz, Kupfer, Bauxit und sogenannten Seltenen Erden, die gefördert und befördert werden müssen, und zwar von Maschinen, die auch mit Ökostrom laufen, damit wir durch die Hintertür nicht doch wieder den Klimawandel befeuern. Das ist zwar nicht unmöglich. Um diese Erze zu fördern, müssten wir jedoch wieder Wälder roden, Grasland unterpflügen oder Moore trockenlegen – lauter natürliche Speicherstätten für jenes Kohlendioxid, dessen Ausstoß wir technisch gerade zu verhindern suchen. Abgesehen davon, dass der Erzabbau Wasserzyklen, Biodiversität und Lebensräume zerstört und damit andere Teilbereiche des Erdsystems belastet, von denen wir in dem Konzept der Planetaren Grenzen gehört haben. Nur weil die Energie aus Sonne, Wind und Wasser erneuerbar und kohlendioxidfrei zu haben ist, gilt das nicht automatisch für die Hardware, um sie zu ernten, ebenso wenig wie für die Produktion all der Elektroautos, Batterien und Ladesäulen. Wollen wir den Wert der Elektromobilität für die Verkehrswende und den Klimaschutz einschätzen, dürfen wir also nicht nur auf die Emissionen schauen, die die neuen Autos jetzt nicht mehr ausstoßen. Wir müssen uns auch die Emissionen und Belastungen ansehen, die nötig sind, um diese Autos und die neue Energieinfrastruktur herzustellen. Sie gehören zu einer ehrlichen Bilanz dazu.

Den Verbrennungsmotor in unseren Autos einfach gegen einen Elektromotor auszutauschen, gleicht dem, was der Tanaland-Erfinder Dietrich Dörner die »Überwertigkeit des aktuellen Motivs« nannte.[27] Es bedeutet, die Aufmerksamkeit zu stark auf das scheinbar drängendste Problem zu fixieren – beim Beispiel der Elektromobilität, die Treibhausgase aus dem Verkehr zu ziehen. Ein typischer Fall von Symptombekämpfung, ohne das ganze Bild zu sehen. Das zeigen auch die weiteren Folgen. Denn mit noch mehr Elektroautos entsteht in den Städten ja nicht mehr Platz für Radfahrer:innen und Fußgänger:innen. Es entstehen auch noch keine neuen Parks und Grünflächen. Stau gäbe es noch immer, jetzt aber mit erhöhtem Druck, noch mehr Straßen und Parkplätze zu bauen. Die Stadt wäre kaum attraktiver, die Menschen zögen weiterhin ins Umland und pendelten nach wie vor viel zu häufig. Kurz: Wir würden erneut nur ein Problem lösen und andere schaffen oder verschlimmern.

Die Verkehrswende lediglich auf die Einführung von Elektroautos zu verengen, zeigt beispielhaft, dass wir oft viel zu früh aufhören zu fragen, worin das grundlegende Problem besteht, das wir lösen wollen. Und wo das langfristige Ziel liegt, das wir mit unseren vielen schrittweisen Investitionen und Innovationen erreichen wollen.

Wollen wir eine althergebrachte Verkehrsstruktur mit immer weiter wachsenden Automassen konservieren – und zu welchem Preis geht das überhaupt?

Oder wollen wir einen Wert erhalten und neue Strukturen kreieren, die möglichst viele Probleme auf einmal lösen?

Dann geht es nicht ums Auto und seine Infrastruktur, sondern um verlässliche, individuelle und nachhaltige Mobilität. Die Frage wäre dann, welche Bedürfnisse nach Fortbewegung bestehen und wie sie sich mit möglichst geringen Nebenwirkungen realisieren lassen. Es wäre auch wichtig herauszufinden, warum wir überhaupt so mobil sein wollen. Denn niemand pendelt auf Dauer gern. Eine Stadt- und Raumplanung, die diese Bedürfnisse reflektiert, automatisierte Shuttle, europäische Schnell- und Nachtzüge oder auch verringerte Arbeitszeiten sowie das Homeoffice wären ganz andere Strategien, um das Verkehrsaufkommen zu reduzieren oder Alternativen wie das Radfahren so attraktiv zu machen, wie sie preiswert sind. Laut einer Studie der Universität Lund in Schweden kostet jeder mit einem Auto gefahrene Kilometer die Gesellschaft etwa 27 Cent.[28] Damit ist nicht der Treibstoff gemeint, den bezahlt die

Autofahrer:in selbst, sondern die Kosten für Straßen, Instandsetzung und die Schäden durch Unfälle, Lärm und Luftverschmutzung. Es sind Kosten, die auch diejenigen von uns tragen, die gar kein Auto fahren. Jeder mit dem Rad zurückgelegte Kilometer dagegen spart der Gesellschaft gut 30 Cent, was nicht nur daran liegt, dass die meisten Kosten, die ein Auto verursacht, entfallen. Radfahren ist schlicht gesünder und beugt Krankheiten vor, die sonst zulasten der Gesellschaft gegangen wären.

Immer zu fragen, was uns die Investitionen in eine andere Zukunft alles kosten werden, verkennt, dass es inzwischen immer häufiger teurer ist, wenn wir alles lassen, wie es ist. Die Aufrechterhaltung des Bestehenden, der Status quo, kann ein echtes Geldgrab sein.[29]

Allein das Elektroauto verdeutlicht, dass die Transformationen, die wir meistern müssen, weit über technologische Erneuerungen hinausgehen. Sie betreffen nicht nur den Austausch eines Motors durch einen anderen. Die Veränderungen reichen viel tiefer. Sie müssen soziale, ökologische und ökonomische Ziele in Einklang bringen. Die Transformation, die wir angehen, ist im Kern ein kulturelles Projekt. Machen wir uns nichts vor: Es geht darum, wie wir in Zukunft leben, wer wir in Zukunft sein wollen. Die Frage klingt groß, aber sie hilft uns, die Ziele beziehungsweise die Bestimmung zu überprüfen, nach denen wir unsere gesellschaftlichen Systeme bisher ausgerichtet haben. In unsicheren Phasen, im Interregnum, ist genau diese übergeordnete Bestimmung der Nordstern, nach dem wir navigieren sollten.

Das finden Sie esoterisch? Aber genau das ist die Prämisse ökonomischer Modelle und oberes Ziel der Verfassungen von Nationalstaaten oder einer Europäischen Union: das größte Glück für die meisten Menschen oder eben das Wohlergehen der Bevölkerung. Und wenn sich die Umstände, in denen wir leben, radikal verändern, dann werden sich auch die Mittel, wie wir diese Ziele erreichen wollen, ziemlich radikal verändern müssen. Natürlich wird es bei der konkreten Umsetzung Unsicherheiten, Widerstände, Verteilungsfragen und auch Streit geben. Das ist keine Überraschung, sondern völlig normal.

Ja, aber: Sind unsere Gesellschaften von den sich abzeichnenden Umbrüchen nicht schon jetzt überfordert? Muss der Widerstand nicht zwangsläufig zunehmen, wenn der Druck weiter steigt?

Zunächst einmal ist Widerstand gegen Veränderung aus systemischer Sicht einfach nur ein Zeichen dafür, dass ein System robust oder stabil ist. Das Zusammenspiel der Teile und der Beziehungen zwischen ihnen ist darauf ausgerichtet, sich selbst zu erhalten. Nur ist das Zusammenspiel immer adaptiv, das heißt, es entwickelt sich mit der Zeit fort. Daher kann zu starker Widerstand in einem Teil des Systems auch dazu führen, dass die Widerstandsfähigkeit des gesamten Systems abnimmt. Auf Gesellschaften übertragen bedeutet das noch lange nicht, dass die Adaptionen allen sofort einleuchten, ihnen keine Sorgen machen oder leichtfallen. Auch gibt es immer mehrere mögliche Entwicklungen. Ein angemessenes und geteiltes Problemverständnis zu entwickeln ist deshalb eine gute Voraussetzung dafür, dass aus einem Interregnum neue Erkenntnis und damit auch etwas Neues entsteht, an dem viele Menschen beteiligt sind und es mittragen.

Um einem angemessenen Problemverständnis nahe zu kommen, sollten wir also genau eine Sache vermeiden: eine Kultur der Besserwisserei und Dominanz – auf diesen Punkt werde ich im zweiten Teil dieses Buches ausführlicher zurückkommen. Denn um in Umbruchzeiten einen guten Kompass zu bewahren, wollen wir an die Wurzel der Probleme gelangen. Und wie das geht, zeigen uns beispielsweise die Kleinkinder. Sie fragen so lange »Warum?«, bis sie eine Sache wirklich verstanden haben. Sie bleiben mit ihren Nachfragen so lange am Ball, bis so etwas wie Letztbegründungen erreicht werden. Muss-das-wirklich-so-sein? ist der direkte Weg zur Innovation. Mir jedenfalls hilft die vermeintliche Naivität eines Kleinkindes oft weiter, wenn sich Projektemacherei, Schuldzuweisungen, Dienst nach Vorschrift oder Machtmissbrauch vordrängeln.

Stellen Sie sich nur einmal vor, wir würden unsere Innenstädte so neu organisieren, dass Lebensqualität und menschliche Begegnungen, Sicherheit, Gesundheit und Artenvielfalt wachsen, anstatt sie weiter auf einen möglichst reibungslosen Autoverkehr auszurichten. Damit würden wir mehrere Fliegen mit einer Klappe schlagen. Wir würden eine Entwicklung, die auf mehreren Ebenen Probleme verursacht hat, in eine Entwicklung verwandeln, die auf mehreren Ebenen Verbesserungen schafft. Wir würden die Konzentration auf ein einzelnes Element des Systems zu einer Perspektive erweitern, die alles in den Blick nimmt.

Würden wir unter solchen Voraussetzungen noch von Verzicht auf ein Auto sprechen? Oder fühlten wir uns frei von der Notwendigkeit, ein teures und ressourcenintensives Stehzeug besitzen zu müssen, das die meiste Zeit des Tages ungenutzt im Weg rumsteht?

Von der multiplen Krise zum Multisolving.[30] Das ist die Perspektive, die sich uns durch systemisches Denken eröffnet.

»Worum geht es *eigentlich*?« Sich auf diese Frage einzulassen, hebt den Blick aus der Situation. Macht ihn frei für Ursprünge und Zusammenhänge. Dann reden wir womöglich weniger von verzichten und verbieten und mehr von verantworten, vermögen, vermitteln, verhalten und verständigen. Dann ergeben sich ganz neue Ideen und Allianzen. Wir sehen Kreisläufe, die keine Teufelskreise sind, hören auf, einander den Schwarzen Peter zuzuschieben und fühlen den Rhythmus der Veränderung.

Unsere Wirklichkeit ist in komplexen Systemen strukturiert, die in sich, aber auch untereinander vernetzt sind. Wenn wir, statt Symptome zu bekämpfen, zu nachhaltigen Veränderungen gelangen wollen, können wir in diesen Systemen deshalb nicht nur einzelne Teile auswechseln. Wir müssen Zusammenhänge verstehen. Startpunkt ist die Klärung, welches Problem denn eigentlich gelöst werden soll und welche Gestalt es hat. Auf der Strecke gilt es, mit unerwarteten Nebenwirkungen zu rechnen. Merke: Wenn etwas aussieht wie ein Teufelskreis, dann steckt der Teufel manchmal nicht im Detail. Sondern im Kreis.

Dynamik – Wie kleine Dinge groß werden

»Wenn man vom Ende der Welt spricht, ist zu überlegen: Was ist denn die Welt? Eine schwierige Frage. Das Ende der Welt bedeutet jedenfalls nicht das Ende aller Welten. Die Krux an der ganzen Geschichte ist: Es endet eine Welt, aber es beginnt auch eine neue.«

Robert Folger, Apokalypseforscher[31]

Für Konzerte oder Festivals unter freiem Himmel ist das Gorge Amphitheatre einer der spektakulärsten Orte, den Amerika zu bieten hat. Das Gelände liegt auf einer leichten Anhöhe über einer Art Canyon, durch den sich majestätisch der Columbia River zieht. Die Zuschauer:innen sitzen hier sozusagen vor zwei Bühnen gleichzeitig. Auf der kleineren spielen die Bands, auf der größeren dahinter spielt die Landschaft. Vor dieser Kulisse machte ein Besucher des Musikfestivals Sasquatch! im Mai 2009 zufälligerweise eine Videoaufnahme, die später in Managementseminaren und wissenschaftlichen Vorträgen herumgezeigt werden sollte – weil sie wunderbar demonstriert, was passiert, wenn soziale Systeme einen Kipp-Punkt oder auch *tipping point* erreichen.[32]

Das Video zeigt einen jungen Mann, der, nur mit einer kurzen Hose bekleidet, selbstversunken vor sich hin tanzt. Von der Bühne kommen die derben Beats eines Songs, der offenbar *Unstoppable* heißt, aber das Festival scheint gerade in eine eher ruhige Phase eingetreten zu sein. Zumindest sitzen oder liegen alle anderen Gäste im Gras und schauen müde in die Landschaft, während der Mann mitten zwischen ihnen selbstvergessen seine Arme und Beine zur Musik schwenkt. Nach einiger Zeit gesellt sich ein zweiter Mann hinzu, der noch unkonventioneller tanzt. Als schließlich noch ein Mann dazukommt, wirkt das Ganze wie eine dieser Festivalszenen, bei denen man sich fragt, ob man auch schon so viel Sonne abbekommen hat wie die Leute dort. Doch dann passiert etwas Erstaunliches.

Innerhalb weniger Sekunden schließen sich den Tanzenden immer mehr Menschen an. Zuerst fünf, dann zehn, dann kann man sie nicht mehr zählen. Von überallher strömen Leute herbei. Sie rennen, als könnten sie etwas verpassen, und gehen jubelnd in der Menge auf, die bald das ganze Kamerabild ausfüllt. Kaum jemanden hält es jetzt noch auf dem Gras. Alle scheinen dabei sein zu wollen, bevor das Lied zu Ende ist. Wie magisch werden die Leute zu der Stelle gezogen, auf der nur kurz zuvor ein Mann allein vor sich hin tanzte. Jetzt ist er zwischen all den Körpern gar nicht mehr zu sehen. In weniger als einer Minute hat sich die Situation komplett gewandelt. Eben noch müder Haufen, plötzlich tanzende, springende, jubelnde Menge.

Das ist ein Kipp-Punkt.

Der Kipp-Punkt beschreibt ein Zusammenspiel,

durch das zunächst unorganisiertes individuelles Verhalten in eine kollektive Entwicklung umschlägt. Er tritt ein, wenn unter lauter scheinbar unabhängigen und unzusammenhängenden Bewegungen eine sich verstärkende Welle erkennbar wird. Entscheidend dabei ist nicht, ob die Individuen, die an diesem Ergebnis teilhaben, von Anfang an vorhatten, den Dingen diesen Lauf zu geben. Keiner weiß, ob die Leute, die sich dem ersten Tänzer anschlossen, damit erreichen wollten, dass am Ende fast alle in Ekstase geraten – oder doch nur sie selbst. Entscheidend ist, was mit dem System als Ganzes passiert. Kommt ein System an einen Kipp-Punkt, ändert sich sein Zustand, sein Entwicklungsmuster, und zwar – und das ist wichtig – nicht etwa gleichförmig, sondern sprunghaft und oft unvorhersehbar. Ein Tanzender motiviert einen zweiten, einen dritten und so weiter, bis eine kritische Anzahl erreicht ist und zu tanzen plötzlich nicht mehr abweichend erscheint, sondern normal für die Situation.

Auch ich habe das Video mit der tanzenden Menge zuerst in einem Seminar über Führung gesehen. Im Mittelpunkt stand nicht eine bestimmte Methode oder Formel, mit der eine Person den anderen zeigt, wo es langgeht. Es ging darum, zu verstehen, wieso es viele Überzeugte braucht, wenn in einem System Veränderungen nicht nur vorgegeben, sondern gelebt werden sollen. Entscheidend dafür ist nicht nur, wie man denken könnte, die erste Person, die tanzt, sondern auch die erste Person, die mitmacht. Es ist der erste Follower, der oder die den anderen zeigt, wie das Folgen geht. Nur Follower können Menschen, die mutig neue Sachen probieren, zur Führungsfigur machen. Sonst bleiben sie durchgeknallte Freaks.[33]

Wirken aber immer mehr Menschen an dem neuen Trend mit, wird es für andere attraktiv, ebenfalls einzusteigen, während das Risiko, sich dabei wie ein Freak vorzukommen, sinkt. Wie diese Dynamik wirkt, kann man gut am Beispiel des Konzertvideos sehen. Der Trend setzt sich durch, die Stimmung wechselt von Entspannung auf Ekstase – und das System geht in einen neuen, anderen Zustand über. Deshalb wird der *tipping point* auch qualitativer Umschlagspunkt genannt.[34]

Geprägt hat den Begriff der US-amerikanische Ökonom Thomas Schelling, als er 1971 wissenschaftlich zu erklären versuchte, warum eine Bevölkerungsgruppe, die in einem Wohnviertel die Mehrheit bildet, ab einem bestimmten Punkt beginnt, aus diesem Viertel wegzuziehen, wenn vermehrt Menschen anderer Gruppen zuziehen – und zwar sogar dann, wenn sie noch immer die Mehrheit stellt.[35] In seinem Beispiel ging es um schwarze und weiße Amerikaner:innen, aber der Effekt lässt sich auch bei anderen Unterscheidungsmerkmalen wie etwa dem Einkommen oder der politischen Einstellung beobachten, und er gilt auch für andere Beispiele als Wohngebiete. Stets genügt eine Gruppe, die deutlich kleiner ist als die Mehrheit, um die gesamte Situation zu verändern.

Wirklich populär wurde der Begriff des Kipp-Punktes dann knapp dreißig Jahre später, als der kanadische Wissenschaftsjournalist Malcolm Gladwell ein Buch über dieses Phänomen veröffentlichte: In *The Tipping Point*,[36] das in vielen Ländern der Welt jahrelang auf der Bestsellerliste stand, untersucht er den ebenso erstaunlichen wie rätselhaften Effekt, wie bestimmte Ideen, Produkte oder Verhaltensweisen auf einmal und wie aus dem Nichts einen Trend auslösen können.

Wie kommt es, fragte er sich, dass manche Restaurants schon kurz nach ihrer Eröffnung als Geheimtipp gelten und über Wochen kein Tisch mehr zu bekommen ist? Was machte die »Sesamstraße«, ausgerechnet eine Bildungssendung für Kinder, für Generationen von Menschen zu einem Fernsehereignis? Warum tauchten »Hush Puppies«, amerikanische Wildlederschuhe, die Mitte der 1990er-Jahre noch als bieder galten, plötzlich auf den Laufstegen großer Designer auf und ließen die Verkaufszahlen der Marke explodieren, wo sie doch gerade noch vor dem Aus gestanden hatte? Wie war es möglich, dass sich die Verbrechensrate von New York, die Anfang der 1990er-Jahre zu den höchsten in Amerika gezählt hatte, innerhalb von nur fünf Jahren mehr als halbierte? Lag das wirklich daran, dass die Gerichte auf einmal begannen, auch Bagatellen wie Hütchenspiel oder Schwarzfahrerei hart zu bestrafen?

Gladwell zeigte, dass manchmal Kleinigkeiten genügten, um einen wirklichen Umschwung auszulösen, solange es nur die anscheinend richtigen Kleinigkeiten waren. Dieser Gedanke passte in die Zeit. Das neue

Jahrtausend hatte gerade begonnen, die Globalisierung nahm Fahrt auf. Eine Welle neu gegründeter Internet-Start-ups schwappte an die Börse und trieb die Aktienkurse in ungekannte Höhen. Wer den magischen Moment erwischte, konnte aus dem Stand reich werden, nicht mehr allmählich wie früher. Der Unterschied zwischen Gelingen oder Scheitern war offenbar nicht nur eine Frage von Glück oder harter Arbeit, sondern davon, ob man wusste, wo und wann man welchen Hebel ansetzen musste, um mit geringstem Aufwand die maximale Wirkung zu erzielen. Mit dem *tipping point* schien die Menschheit zu Beginn des neuen Jahrtausends die entscheidende Stelle dafür entdeckt zu haben.

Nur ein paar Jahre später wendete der deutsche Klimaforscher Hans Joachim Schellnhuber den Begriff auf das Klima an.[37] Wie einige andere Forscher:innen glaubte auch Schellnhuber nicht daran, dass die Veränderungen, die der Mensch im Klimasystem der Erde auslöste, sich weiter so allmählich vollziehen würden, wie es bislang den Anschein hatte. Vielmehr nahm er an, dass es einige Elemente im Klimasystem gäbe, die ab einem bestimmten Punkt sehr sensibel auf die Erderhitzung reagieren – besser gesagt: unerwartet stark ihren Zustand verändern würden. Zu diesen Elementen zählten unter anderem die großen Eisschilde in Grönland und der Antarktis, der Regenwald im Amazonas, die Korallenriffe wie das Great Barrier Reef vor Australien, die Monsune in Asien oder der Permafrostboden in Sibirien. Jedes einzelne dieser Elemente ist für die Stabilität des Erdklimas so wichtig, wie es ein einzelnes Organ für das Funktionieren des menschlichen Körpers ist. Bricht eines dieser Elemente zusammen, könnte das eine Kettenreaktion auslösen, die nur schwer zu stoppen ist. Damit war für das Klima formuliert, was wenig später beim Konzept der Planetaren Grenzen wieder auftauchte.

Innerhalb kurzer Zeit hatte sich die Bedeutung des Begriffes Kipp-Punkt vollständig gewandelt. War die Menschheit mit Malcolm Gladwell in ein Jahrtausend gestartet, in dem der *tipping point* eine strahlende Zukunft versprach, kam sie mit Hans Joachim Schellnhuber in einer Zukunft an, bei der der Kipp-Punkt eher nach Weltuntergang klang. Einmal sagenhafter Erfolg, einmal biblische Katastrophe – und immer war der Kipp-Punkt die Erklärung dafür.

Ist das nicht ein Widerspruch?

Überhaupt nicht.

Die Tatsache, dass komplexe Systeme Kipp-Punkte haben, an denen sie – siehe die träge Masse der Festivalbesucher:innen ebenso wie das lange scheinbar so beständige Klima – vergleichsweise sprunghaft und unwiderruflich in einen anderen Zustand übergehen, ist erst einmal nur eine Tatsache, weder gut noch schlecht. Sie weist lediglich auf das zweite Merkmal unseres Trios hin, das wir beobachten, wenn wir Veränderungen antizipieren, balancieren oder beschleunigen wollen – und das ist die zeitliche Dynamik eines Systems.

Nehmen wir diese Dynamik in den Blick, sehen wir

von einem System mehr als nur seine vernetzte Struktur der Gegenwart, wir sehen auch seine Veränderungsmuster im Zeitverlauf. Wir sehen, wie es über eine gewisse Zeit hinweg funktioniert und arbeitet. Auf welche Quellen oder Ressourcen sein Verhalten angewiesen ist und wie sich dieser Bestand (also sein Inventar zu einem bestimmten Zeitpunkt) und seine Qualität durch dessen Nutzung entwickeln. Aus unserem eigenen Haushalten kennen wir das gut: Nur so können wir überhaupt sinnvoll planen. Und der Blick auf die Veränderungsmuster zeigt uns, warum Systeme manchmal scheinbar lange nicht reagieren und dann plötzlich sehr stark – gesetzt den Fall, dass der Zustand des Systems die Voraussetzung dafür bereithält.[38] Diesem dynamischen Moment bleiben wir auf der Spur, wenn wir fragen: Was passiert über einen Zeitverlauf?

Nehmen wir den grönländischen Eisschild und betrachten ihn als System. Grönland ist zu mehr als achtzig Prozent von Eis bedeckt und damit nach der Antarktis die zweitgrößte ständig vereiste Fläche der Erde. Der Eispanzer ist an manchen Stellen bis zu drei Kilometer dick. Würde er komplett abschmelzen, stiege der Meeresspiegel innerhalb von mehreren Hundert Jahren weltweit um etwa sieben Meter.[39] Das galt lange als unvorstellbar. Das System wirkte stabil. Zwar verloren die Gletscher jedes Jahr an Masse, wenn im Sommer die Temperaturen stiegen. Aber das glich der Schneefall im Winter wieder aus. Es gab ein dynamisches Gleichgewicht aus Zuwachs und Schrumpfung.

Seit der Jahrtausendwende aber schmilzt in Grönland im Sommer mehr Eis ab, als im Winter nachschneit. Das hängt damit zusammen, dass durch den Klimawandel nicht nur die grönländischen Sommer in den vergangenen dreißig Jahren wärmer geworden sind, auch in den Wintern fällt der Schnee inzwischen häufig als Regen. In der Folge taut immer mehr Landfläche frei, was bestimmte Branchen bereits auf die Idee gebracht hat, dass nun die darunterliegenden Ölreserven und Bodenschätze ausgebeutet werden könnten. Interessanter aber ist ein anderer Effekt, der mit dem Reflexionsvermögen von Flächen – in der Fachwelt heißt diese Eigenschaft »Albedo« – zusammenhängt. Solange das Land nämlich mit Eis oder Schnee bedeckt ist, reflektiert deren helle Oberfläche die Sonnenstrahlung. Taut das Land dagegen frei, kommt seine dunklere Oberfläche zum Vorschein, und im Gegensatz zu hellen Flächen absorbieren dunkle Flächen die Sonnenstrahlung. Der Boden wärmt sich auf, und das Abtauen beschleunigt sich.[40]

Einen solchen Vorgang nennt man Rückkopplung.

Auch eine Rückkopplung beschreibt eine Beziehung zwischen Teilen eines Systems. Und da lebendige Systeme nicht hermetisch abgeriegelt sind, umfassen Rückkopplungen auch die Art und Weise, wie ein System mit einem Input umgeht, wenn es ihn verarbeitet – im Beispiel des Eisschildes etwa mit den steigenden Temperaturen infolge des Klimawandels. Verstärken die Rückkopplungen des Systems den Effekt eines Inputs, haben wir es mit einem sich über die Zeit verstärkenden Trend zu tun. Bremsen sie den Effekt, wirken sie dämpfend, und der Trend wird ausbalanciert – bei dem Eisschild wäre das durch den winterlichen Schnee erfolgt.

Fällt in einem System eine der beiden Rückkopplungen aus oder wird deutlich stärker, verändert sich mit der Zeit das dynamische Verhaltensmuster zwischen den Elementen. Und damit auch der Zustand des Systems. Im Fall des Eisschildes führt die verstärkende Rückkopplung zu einem beschleunigten Abschmelzen: Solange die Gletscher eine bestimmte Dicke und damit Höhe haben, ragt ein wesentlicher Teil ihrer Schneedecke in kältere Luftschichten hinauf. Schmelzen die Gletscher, sinkt ein Teil ihrer Schneedecke in wärmere Luftschichten ab, was ihr Abschmelzen noch vorantreibt. Geschmolzenes Wasser aber reflektiert das Sonnenlicht nicht so gut wie Eis, wodurch eine dämpfende Rückkopplung schwächer wird, die Gletscher sich weiter aufheizen und immer schneller Eis verlieren. Das mag lange nicht spürbar sein, weil der Eispanzer dick ist und damit über einen riesigen Puffer verfügt. Mit jeder Tonne Eis aber, die dem System verloren geht, schwindet dieser Puffer, während sich das Abtauen durch die Rückkopplungen immer weiter selbst beschleunigt. Systemisch ausgedrückt: Lauter kleine Veränderungen, die für sich genommen keinen großen Unterschied machen, addieren sich nicht mehr, sie multiplizieren sich. Aus einer allmählichen Entwicklung wird eine schnelle, aus einem linearen Verlauf ein nicht linearer oder auch exponentieller. Und irgendwann führt der gleiche Input zu einem auffällig anderen Effekt. Ist das *critical slowing down* erreicht, genügt irgendwann ein einziger weiterer Tropfen geschmolzenen Eises – oder, denken Sie an Peter Lake, ein einziger weiterer Fisch. Spannend an diesem Muster ist noch etwas anderes: Die *Verlangsamung* der Fähigkeit eines gesamten Systems, sich zu regenerieren und Schocks zu absorbieren, ergibt sich häufig aus der *Beschleunigung* einzelner Rückkopplungen. *Critical speeding up* sozusagen. Aus Anpassung wird disruptive Transformation: Die bisherigen Puffer im System sind aufgebraucht, die Abläufe nachhaltig gestört. Und sind die Trends einmal in nicht linearen Schwung versetzt, kann man sie nicht mehr so schnell anhalten. Denn komplexe Systeme haben keinen Stopp-Knopf, mit dem man all ihre Rückkopplungsschleifen sofort zum Stehen bringen könnte. Sie haben einen Bremsweg.

Wir alle kennen diesen Effekt aus der Pandemie, in der die Kurven phasenweise plötzlich steil nach oben zeigen. Auf einmal gibt es viel mehr Neuinfektionen, Hospitalisierungen oder Tote als am Tag zuvor.

Das sind die Phasen, in denen sich der exponentielle Verlauf zeigt und die Trends richtig Schwung aufgenommen haben. Auch ein sofortiger Lockdown macht die Lage jetzt nicht augenblicklich besser. Viele Kontakte zwischen bereits Infizierten ohne Symptome bedeuten, dass sie ihre Infektionen weitertragen, ohne dass die Messwerte in den Kurven das direkt anzeigen. Und aus den Infizierten von heute werden die Kranken von übermorgen. Durch das zeitversetzte Ausbrechen der Infektion bleibt der Aufwärtstrend zunächst noch bestehen, auch wenn wir uns konsequent isolieren. Das Unheil ist der direkten Sichtbarkeit der Symptome voraus. Und auch wenn wir dann den Rückwärtsgang einlegen, dauert es einige Zeit, bis wir auch tatsächlich rückwärtsfahren. Der richtige Moment für Kontaktbeschränkungen bleibt also der, an dem die Lage noch gar nicht so dramatisch aussieht und die Verbreitung der Viren noch ein tolerables Maß aufweist.

Genauso verhält es sich mit dem Klimawandel. Mit dem großen Unterschied, dass man sich gegen den Klimawandel nicht impfen lassen kann. Zwar kursieren Versprechen, dass wir ganz bald Technologien haben werden, um im großen Stil Kohlendioxid aus der Atmosphäre zu saugen. Aber die Versprechen gibt es schon lange, und ihre Einlösbarkeit ist sehr ungewiss. Das Zeitfenster der notwendigen starken Reduktion von Kohlendioxid liegt jedoch in den nächsten acht bis zehn Jahren. Also ist es wichtiger, die jetzt verfügbaren Senkungspotenziale sehr schnell einzusetzen. Denn Ursache und Wirkungen liegen beim Klimawandel deutlich länger auseinander als in der Pandemie. Also ist auch der Bremsweg länger.

Wir haben im vorangegangenen Kapitel gesehen, dass sich komplexe Systeme durch ihre vernetzte Gestalt oft anders verhalten, als wir es erwarten. Anhand der nicht linearen Dynamik sehen wir, dass in einem komplexen System noch nicht einmal ein ausgewogenes Verhältnis zwischen Input und Output bestehen muss. Verändern wir zu einem Zeitpunkt viel, heißt das nicht, dass sich sofort viel verändert. Verändern wir zu einem Zeitpunkt wenig, heißt das nicht automatisch, dass sich die Veränderung, die sich daraus ergibt, in Grenzen hält. Nur weil etwas heute funktioniert hat, muss es das morgen nicht auch tun. Wir können von der Vergangenheit nicht ohne Weiteres auf die Zukunft schließen.

Wenn es eine Lehre aus dem Verlauf der Pandemie geben sollte, dann also die, dass wir zwar kurzfristig eine steigende Anzahl von Kranken puffern können – sowohl im Gesundheitssystem wie auch in der Wirtschaft. Aber eben nicht über einen längeren Zeitraum und nicht über eine bestimmte Anzahl hinaus. Die Behandlungskapazitäten sind irgendwann am Ende. Die im Gesundheitssystem arbeitenden Menschen sowieso, auch deren Puffer sind irgendwann erschöpft. Können sie sich über einen längeren Zeitraum nicht ausreichend regenerieren, kippen auch sie irgendwann um. Sind zu viele Menschen gleichzeitig krank, kippen auch andere Versorgungssysteme.

An Krisen systemisch heranzugehen, bedeutet also, vorausschauend zu handeln und zu lernen, auf zukünftige Entwicklungen zu achten und zu reagieren, bevor sie eintreten. Deshalb versuchen Systemforscher:innen auch nicht, ganz genau zu errechnen, wie viele Fische es denn sein dürfen, bis Peter Lake kippt. Das geht nämlich gar nicht verlässlich, schon gar nicht, wenn wir in die fernere Zukunft schauen wollen oder es schlicht so viele

Fische sind, dass Zählen nicht mehr funktioniert. Also beobachten Wissenschaftler:innen wie jene, die die Planetaren Grenzen erforschen, die Veränderung von Trendkurven und empfehlen dringend, einzugreifen, bevor die Kipp-Punkte direkt erlebbar, aber nur noch wenig steuerbar ist.

Menschen sind zur Vorausschau und zum Denken in Alternativen befähigt. Wir können wünschenswerte Akzente bei all den evolutionären Entwicklungen setzen, mit denen wir es zu tun haben. Manchmal erreichen wir damit einen Durchbruch, manchmal verhindern wir einen Zusammenbruch. Auch für Letzteres sollten wir uns feiern. Wenn Ihnen also das nächste Mal jemand sagt, dass all diese Unglückspropheten einem nur das Leben schwer machen, schließlich sei das Ozonloch wieder geschrumpft und die Wälder hätte der saure Regen auch nicht erledigt, dann erzählen Sie ihm oder ihr von dem Präventionsparadox: Gerade weil wir Akzente gesetzt, den bedrohlichen Trend ernst genommen, FCKW verboten und Katalysatoren eingeführt haben, konnten wir die Veränderungsdynamik durch frühzeitiges Handeln abschwächen. Ohne unsere Gegenmaßnahmen wäre das nicht passiert.

Und der grönländische Eisschild? Was passiert, wenn wir hier nicht die notwendigen Akzente setzen? Sicher heißt es nicht, dass er dann übermorgen eisfrei ist. Es heißt allerdings, dass der Schmelzprozess, wenn das System einmal gekippt ist, nicht mehr lange aufzuhalten sein wird. Einige Wissenschaftler:innen glauben, dass der Kipp-Punkt für den grönländischen Eisschild schon überschritten sein könnte.[41]

Ja, aber: Ist denn dann nicht alles längst zu spät?

Die Frage steht in der öffentlichen Debatte immer wieder im Raum. Auch ich bekomme sie oft gestellt. Häufig von Menschen, die mutlos oder sogar panisch werden, wenn sie die wissenschaftlichen Prognosen darüber hören, wie unsere Art zu leben, zu wirtschaften und zu konsumieren die Ökosysteme belastet. Aber wir sehen eben auch jeden Tag, wie schnell sich die Welt ändern und soziale Systeme reagieren können. Im Angesicht einer drohenden Gefahr hat sich die Menschheit mit ihrer Kreativität, ihrem Mut und ihrer Entschlossenheit immer wieder selbst überrascht. Das könnte ihr auch wieder gelingen.

Und noch etwas ist wichtig, wenn es um Kipp-Punkte geht und um die Frage, ob es für irgendetwas schon zu spät ist: Auch Kipp-Punkte funktionieren nicht wie Schalter, mit denen sich eine bestimmte Entwicklung an- oder abschalten lässt. Weltuntergang ein oder Weltuntergang aus.

Erwärmt sich die Welt um 1,6 oder 1,7 und damit um mehr als jene 1,5 Grad, welche die Weltgemeinschaft 2015 in Paris beschlossen hat, einzuhalten, dann ist sie damit natürlich noch nicht untergegangen – sondern immer noch freundlicher für menschliches Leben als eine Welt, die sich um zwei, drei, vier oder fünf Grad erwärmt. Das ist damit gemeint, wenn die Wissenschaft sagt, bei der Erderhitzung zähle jedes Zehntelgrad. Die Transformationsagenda für eine klimastabile Zukunft verliert nicht ab einem bestimmten Punkt plötzlich ihren Sinn. Sie ist darauf ausgerichtet, einen zerstörerischen Trend zu drehen und die Versorgungssicherheit für die Menschheit so umfassend wie möglich zu erhalten. Die Wirkung einer wissenschaftlichen Prognose bemisst sich also nicht nur daran, wie genau sie vorhersagt, was passieren wird. Sie bemisst sich auch daran, wie gut sie das Verständnis derjenigen erreicht und verändert, die – und das sind wir alle – darüber entscheiden, ob diese Zukunft eintritt oder nicht.

Der Name Severn Cullis-Suzuki wird Ihnen womöglich nichts sagen. Als zwölfjähriges Mädchen hielt sie vor einem großen, internationalen Publikum eine bemerkenswerte Rede: »Ich bin hierhergekommen ohne Hintergedanken«, erklärte sie. »Ich kämpfe für meine Zukunft. Meine Zukunft zu verlieren, ist nicht dasselbe wie eine Wahl zu verlieren oder ein paar Prozente an der Börse. Ich bin hier, um im Namen aller zukünftigen Generationen zu sprechen. (…) In meiner Kindheit habe ich davon geträumt, große Herden wilder Tiere zu sehen, Dschungel und Regenwälder voller Vögel und Schmetterlinge. Aber nun frage ich mich, ob es das für meine Kinder überhaupt noch geben wird. Haben Sie sich solche Sorgen machen müssen, als Sie in meinem Alter waren? (…) Ich bin nur ein Kind, ich habe nicht alle Lösungen. Aber ich will, dass Sie verstehen – Sie haben sie auch nicht. Sie wissen nicht, wie die Löcher in unserer Ozonschicht zu schließen sind. Sie wissen nicht, wie man Lachse in einem toten Fluss ansiedeln kann. Sie wissen nicht, wie man ausgestorbene Tiere wiederbelebt. Und Sie können die Wälder nicht zurückbringen, die einst dort standen, wo jetzt Wüste ist. Wenn Sie nicht wissen, wie man diese Dinge repariert, dann hören Sie auf, sie weiter zu zerstören.«[42]

Das klingt nach Greta Thunberg?

Es war aber fast dreißig Jahre früher.

Als Severn Cullis-Suzuki 1992 auf der Weltkonferenz zu Umwelt und Entwicklung der Vereinten Nationen in Rio de Janeiro diese Rede hielt, trafen sich auf diesem Gipfel Politiker:innen aus fast allen Ländern der Welt, um zum ersten Mal nach dem Ende des Kalten Krieges über Umweltfragen zu sprechen. Erstmals ging es um konkrete Kooperationsmechanismen, mit denen Umweltschutz global koordiniert werden kann. Severn sprach nur wenige Minuten. Am Ende bekam sie Applaus, und einige der Delegierten sollen Tränen in den Augen gehabt haben. Ihre Rede war einfach, klar und hatte große Kraft. Aber keine Demonstrationen, keine politische Bewegung, keine Protestwelle in der Gesellschaft folgte. Weder Severn noch ihre Rede sind über den Konferenzraum hinaus wirklich verbreitet oder bekannt geworden.

Als Greta Thunberg 2019 auf einer Umweltkonferenz der Vereinten Nationen spricht, ist das Bild ein vollkommen anderes. Schon kurz vor dem Gipfel gehen an einem einzigen Tag mehr als vier Millionen Menschen in fast allen Ländern der Welt für mehr Klimaschutz auf die Straße, zur vermutlich größten Demonstration in der Geschichte der Menschheit.

Warum hat Greta das ausgelöst und Severn drei Jahrzehnte zuvor nicht?

Nehmen wir zur Beantwortung dieser Frage die Nutzung fossiler Brennstoffe – die Basis für unsere heutige Zivilisation – und betrachten sie einmal als komplexes soziales System. Dieses System ist inzwischen zweihundert Jahre alt, es entstand mit der Industrialisierung – oder die Industrialisierung mit ihm –, und es hat für die Menschheit als Ganzes sehr lange außerordentlich gut funktioniert. Tatsächlich fußt der Wohlstand der heutigen Welt im Grunde vollständig darauf, dass wir unsere Energie vermeintlich günstig aus Kohle, Erdöl oder Erdgas gewinnen. Dass heute fast alle Staaten der Welt, egal wie unterschiedlich ihre politischen und wirtschaftlichen Verhältnisse auch sein mögen, Teil dieses Systems sind, liegt daran, dass der Einsatz fossiler Brennstoffe ausschließlich Vorteile zu haben schien. Dass der Einsatz auch Nachteile jenseits der lokalen Verschmutzung hat, war bis in die 1970er-Jahre kaum vorstellbar. Die Vorteile waren zu groß; das durch Kohle, Öl und Gas befeuerte globale Wirtschaftswachstum war zu beeindruckend und festigte die Macht derer, die die Gewinner dieses Systems waren. Ihr Erfolg schien das System zu bestätigen.

Studien zu Gefahren des Klimawandels wurden infrage gestellt oder sogar bekämpft, gleichzeitig konnte man immer weniger leugnen, dass die Prognosen mehr und mehr zutrafen. Einige Menschen trieben aber das Nachdenken voran, welche anderen Möglichkeiten es gibt, die Menschheit mit Energie zu versorgen. Andere trauten sich sogar, die Frage zu stellen, ob der Hunger nach Energie wirklich ständig zunehmen müsse. Eine Zeit lang sah es so aus, als könnten wir die entstandenen Probleme mit Technik lösen. Wenn Maschinen aus weniger Brennstoff dieselbe oder sogar mehr Leistung herausholen, müsste sich die Erderhitzung verlangsamen, das System retten und ein tiefgreifender Umbruch vermeiden lassen – so die Hoffnung. Doch diese Vision ist inzwischen widerlegt. Die grundlegenden Trends haben sich nicht geändert. Wir stoßen noch immer – wenn auch deutlich effizienter – wachsende Mengen an Kohlendioxid aus. Dabei ist die Menge an CO_2, welches die Atmosphäre ohne rasante Klimaveränderungen aufnehmen kann, nun einmal begrenzt. Deshalb ist die nächste Dekade entscheidend für die Zukunft.[43]

Dass sich diese Erkenntnis langsam durchsetzt, erklärt, warum Greta Thunberg schaffte, was Severn Cullis-Suzuki noch nicht gelungen war. In den fast dreißig Jahren zwischen ihren beiden Auftritten hat das System der Nutzung fossiler Brennstoffe aus den unterschiedlichsten Gründen an Legitimität verloren – und wurde reif für einen Wandel.

Reif für einen Wandel sein – je nach Perspektive ist das *critical slowing down* also auch der richtige Moment für Erneuerungen. In der Managementliteratur wird die strategische Vorbereitung, die ein Unternehmen – oder auch ein Staat – unternimmt, um aus veralteten Strukturen auszubrechen, auch als *system readiness* beschrieben.[44] Die Transformationsforschung für nachhaltige Entwicklung spricht von *unlock the lock-ins* – und meint damit die vorausschauende Veränderung gesellschaftlicher Rahmenbedingungen, wenn diese schädliche Trends beschleunigen.[45] Ob vorbereitet oder durch mangelnde Vorbereitung entstanden, Umbrüche, wie das Interregnum sie beschreibt, machen auch vor Systemen nicht halt, deren Strukturen so tief liegen, dass sie die ganze Welt umfassen.

Natürlich führt nicht die erste Studie, die beweist, dass wir die Atmosphäre des Planeten aufheizen, wenn wir fossile Energie gewinnen, zur Einrichtung eines dauerhaft diskutierenden Weltklimarats wie des IPCC. Aber vielleicht die hundertste Studie, und das macht die erste nicht weniger wichtig. Mehr als nur ein paar warnende Wissenschaftler:innen, mehr als nur ein heißer Sommer, mehr als nur eine Demonstration sind nötig, damit in der Gesellschaft ein Bewusstsein dafür entsteht, dass hier ein paar große Probleme auf uns zukommen. Aber es gab die Wissenschaftler:innen, die heißen Sommer und die Demonstrationen, die internationalen Konferenzen, auf denen sich Staaten zu konkreten Klimazielen verabredeten. Es gab den Aufstieg der grünen Parteien, und – nicht zu vergessen – es gab die Pionier:innen, die Ingenieur:innen und Unternehmer:innen, die zeigten, dass sich Energie auch durch

Wind und Sonne gewinnen lässt, und damit bewiesen, dass es Alternativen für die Zukunft gibt. Schließlich gab es den Aufstieg der sozialen Medien, über die wissenschaftliche Informationen sich heute genauso schnell verbreiten wie Aufrufe zu großen Demonstrationen. Viele der Veränderungen mögen noch nicht ausreichen und nicht schnell genug gehen, gleichzeitig dürfen wir nicht übersehen, dass in den vergangenen dreißig Jahren unfassbar viel geschehen ist und die Dekarbonisierung ein beschlossenes Projekt ist, für das es Zeitpläne gibt und für das Gerichte die Staaten und Konzerne in Verantwortung nehmen. Immerhin gilt sie nun als offizielles Zukunftsprojekt und findet in übergeordneten Strategien wie dem Green Deal der Europäischen Kommission ihren Ausdruck.

Keine dieser Veränderungen allein war stark genug, aber in der Summe machten sie das fossile System bereit für einen fundamentalen Umbruch. So erst konnte ein Mädchen, das wegen des Klimawandels nicht mehr zur Schule gehen wollte, eine weltweite Bewegung auslösen, die heute »System Change« ruft und damit eine umfassende Veränderung unseres gesellschaftlichen Betriebssystems meint. So, dass Inputs und Outputs in unseren Ökosystemen wieder zu einer Balance finden können und ihre Veränderungen weniger radikal ausfallen.

Die internationalen Schockwellen, die Putins Angriffskrieg gegen die Ukraine ausgelöst hat, haben neben dem moralischen Entsetzen ob der Kriegsverbrechen auch sehr deutlich gemacht, warum ökologische Themen genau deshalb keine »grünen« oder »weichen« Themen sind, sondern die Essenz von biologischem Leben auf der Erde. Wir sehen deutlich, wie ein Abbruch der verlässlichen Versorgung mit Energie, Wasser und Nahrungsmitteln die Voraussetzung für eine friedliche und gesunde Entwicklung der biologisch verfassten Spezies Mensch torpediert. Das kann durch Kriegshandlungen wie durch natürliche Prozesse passieren, wenn Ökosysteme sich nicht mehr verlässlich regenerieren. In der Reaktion auf einen disruptiven Schock, wie dieser Krieg ihn auslöst, ist es daher nicht besonders weise, die lange Sicht auf diese Trends aus den Augen zu verlieren: Weder Klima- noch Biodiversitätsziele »können warten«. Ökosysteme interessieren sich für solche Parolen weiterhin nicht.

Kein Wandel kommt aus dem Nichts. Keiner von uns handelt isoliert von dem, was davor war oder was andere tun. Behalten Sie das im Hinterkopf, wenn Ihnen jemand erzählen will, dass das, was Sie tun, am Großen und Ganzen nichts ändern wird, weil Sie zu klein, zu unbedeutend oder zu wenige sind. Dass es für die Massentierhaltung egal ist, ob Sie Bio-Fleisch essen. Dass es für die Vermüllung der Ozeane egal ist, ob Sie kein Plastik mehr kaufen. Dass es für die Demokratie egal ist, ob Sie wählen oder nicht, und dass es für den Kampf gegen das Klimachaos egal ist, was wir in Deutschland tun, weil wir doch nur zwei Prozent des globalen Kohlendioxidausstoßes verantworten. Und dass es keine Rolle spielt, was ein Kind über die Zukunft sagt. Sie haben das Vermögen, einen Unterschied zu machen. Zum Beispiel Energie einzusparen und damit zu zeigen, dass Sie naturwissenschaftliche und technische Grundlagen unserer Existenz akzeptieren. Und die Politik zu ermutigen, dass solche Aufforderungen keine ökodiktatorischen Zumutungen sind, sondern schlicht Realpolitik.

Der US-amerikanische Umweltaktivist Paul Hawken hat es einmal so formuliert: »Auf die Frage, ob ich pessimistisch oder optimistisch in die Zukunft blicke, ist meine Antwort immer dieselbe. Wenn man sich die wissenschaftlichen Erkenntnisse (...) ansieht und nicht pessimistisch ist, versteht man die Daten nicht. Aber wenn Sie die Menschen treffen, die daran arbeiten, diese Erde (...) wiederherzustellen, und Sie sind nicht optimistisch – dann haben sie keinen Puls.«[46]

Lassen Sie sich also nicht täuschen. Handeln Sie, wenn eine Situation Sie nicht mehr überzeugt oder eine andere Sie magisch anzieht. Seien Sie ein *Wirk*. Reden Sie über Ihre Ideen und Erfahrungen, über Ihre Beweggründe und Wünsche für die Zukunft. Auch über Ihre Zweifel – am besten freundlich. Denn Wirklichkeit entsteht aus unser aller Zusammenwirken.

Kipp-Punkte sind der Moment, ab dem die Abläufe in einem System sich fundamental ändern. Ob wir das gut oder schlecht finden, ist eine normative Entscheidung. Für die ökologischen Systeme, aus denen Menschen ihre Lebensgrundlagen gewinnen, sollten wir diese tipping points *unbedingt vermeiden. Für menschengemachte Strukturen aber, die uns von einer nachhaltigen Welt abhalten, können wir das Wissen um den Kipp-Punkt nutzen, um deren Wandel zu beschleunigen. Merke: Auch wenn man es nicht sofort registriert – über den Verlauf der Zeit gesehen ist jeder Schritt Veränderung, und im richtigen Moment getan, kann er sogar schnell große Wirkung erzielen.*

Bestimmung – Worum es eigentlich geht

»Mythen sind wichtig. Narrative tragen uns. Sie schaffen unsere Gedankenwelt und formen unser gesellschaftliches Gespräch. Sie legitimieren politische Macht und bekräftigen den Gesellschaftsvertrag. (…) Manchmal arbeiten die Mythen für uns, manchmal auch gegen uns.«

Tim Jackson, Wirtschaftswissenschaftler[47]

Als Hans-Dietrich Reckhaus die Firma seiner Eltern übernimmt, die seit vierzig Jahren in Bielefeld Insektenvernichtungsmittel für den privaten Haushalt herstellt, hat er es nicht darauf abgesehen, die ganze Branche aufzumischen – wenigstens nicht so, wie er es später tun wird. Er hat an der Schweizer Elitehochschule St. Gallen Betriebswirtschaft studiert, ein Semester in Harvard absolviert und seinen Doktor gemacht, obwohl sein Vater fand, dass er den für das Geschäft nicht brauche. Eigentlich interessiert sich Reckhaus mehr für Kunst, Wissenschaft und Literatur als für Fliegenfallen, Mottenpapier und Ameisenköder, aber es ist immer klar, dass er einmal den elterlichen Betrieb übernehmen soll. Als es Mitte der 1990er-Jahre so weit ist, hofft er noch, dass ihm Zeit zum Schreiben und Lesen bleibt, wenn er die Firma nur mit halber Kraft führt. Doch da hat er sich geirrt.

Hans-Dietrich Reckhaus hat als Firmenchef eine glückliche Hand. Bald beliefert er mit seinen Insektenvernichtungsmitteln nicht mehr nur die kleinen Fachhändler, sondern auch die großen Discounter und Drogeriemärkte, die seine Produkte unter ihrem Namen als eigene Marke verkaufen. Seine Firma macht 25 Millionen Euro Jahresumsatz und beschäftigt sechzig Mitarbeiter, als Reckhaus die Idee für eine neue Fliegenfalle hat. Eine Fliegenfalle, bei der die hässliche Klebefläche, auf der die Fliegen üblicherweise hängen bleiben, von einer bunten Scheibe verdeckt wird. So etwas gibt es auf dem Markt nicht. Reckhaus lässt sich die Idee patentieren, das erste Patent in der Geschichte seiner Firma. Er hegt große Hoffnungen für das neue Produkt und will es unter eigenem Namen herausbringen. Was ihm fehlt, ist eine originelle Kampagne, um die Fliegenfalle bekannt zu machen.

Da er als eher kleiner Mittelständler kein großes Werbebudget hat, wendet er sich an zwei Schweizer Aktionskünstler, deren Arbeit er gut findet. Die Zwillingsbrüder Frank und Patrik Riklin haben in der Nähe von St. Gallen vor Jahren einmal einen Bunker in ein vielschichtiges Kunstprojekt verwandelt und als »Null Stern Hotel« vermarktet.[48] Vielleicht haben sie eine Idee für seine Fliegenfalle. Voller Erwartungen reist Reckhaus in die Schweiz und erklärt den Künstlern seine Erfindung und das Potenzial, das er darin sieht. Aber anders als gedacht sind sie nicht begeistert.

»Deine Produkte sind einfach nur schlecht«, sagen

sie, »Wie viel Wert hat eine Fliege für dich? Anstatt Insekten zu töten, musst du Insekten retten.«[49]

Die zwei Künstler schlagen Reckhaus vor, eine Art Katzenklappe für Fliegen zu entwickeln, mit der man die Tiere lebend fängt, um sie später draußen wieder freizulassen. Damit kann er nichts anfangen. Er braucht eine Kampagne für seine Fliegenfalle, nicht für eine Fliegenklappe. Dennoch gehen ihm, als er wieder nach Hause fährt, die Fragen der Künstler nicht mehr aus dem Kopf.

Was ist, wenn sie recht haben?

Wenn er Schaden anrichtet mit seinen Produkten?

Was, wenn es falsch ist, was er tut?

Es ist Sommer 2011, und dass es in Deutschland so etwas wie ein Insektensterben gibt, wird zu diesem Zeitpunkt höchstens in Fachkreisen registriert. In der Öffentlichkeit ist es noch lange kein Thema, erst 2017 wird der große Aufschrei kommen.[50] Bis es in Bayern zum landesweit ersten Volksbegehren für mehr Artenschutz kommt, werden noch Jahre vergehen. Ob Reckhaus mit seinen Produkten wirklich Schaden anrichtet und worin genau dieser Schaden besteht, dafür fehlt ihm jeglicher Anhaltspunkt. Er findet keine Studie, die ihm sagen könnte, wie viele Insekten jährlich durch die Fliegenfallen, Mottenpapiere, Insektensprays und Ameisenköder seiner Firma sterben, noch, welchen Wert diese Insekten für die Natur oder sogar für den Menschen gehabt hätten – aber einige Hundert Millionen tote Insekten jedes Jahr werden es wohl sein.

Ja, aber: Muss ihn das überhaupt kümmern?

Ist er nicht Unternehmer? Ist der Kunde nicht König? Wenn der Kunde Insekten bekämpfen will, warum sollte er ihm dann keine Mittel anbieten, die das preiswert erledigen? Beweist denn nicht der Gewinn, den er damit macht, dass er richtigliegt? Wenn er diese Mittel nicht mehr herstellte, würde es dann nicht jemand anderes tun?

Reckhaus hatte erwartet, dass das Treffen mit den beiden Schweizer Künstlern zu einer Idee für seine Werbekampagne führen würde – nicht zu einer Idee für ein neues Leben. Doch genau so wird es kommen. Das Treffen erschüttert ein paar der zentralen Überzeugungen, die seinem Denken und Handeln als Geschäftsmann Sinn und Richtung geben.

Kurz: Es stellte die Bestimmung seines Systems infrage.

Die Bestimmung oder das Ziel eines Systems – das dritte Merkmal unserer Trios – kann uns helfen zu verstehen, warum der Wandel von Systemen so langsam in Gang kommt und voller Widerstände erscheint. Halten wir uns an Donella Meadows Definition von System, so beschreibt die Bestimmung (*purpose*) eines Systems den Zweck, den es erfüllt, um den herum es gebaut und auf den es ausgerichtet ist. An der Frage, wie gut ein menschengemachtes System diesen Zweck erfüllt, bemisst sich seine Berechtigung, seine Glaubwürdigkeit oder auch seine Legitimität.

Die gängige Bestimmung eines Unternehmens zum Beispiel ist es, so viele Waren oder Dienstleistungen wie möglich zu verkaufen und damit so viel Gewinn wie möglich zu machen. Zumindest halten das sehr viele Menschen nicht ohne Grund für den Kern wirtschaftlichen Handelns. Spätestens seit 1970, als sich unter Einfluss des Ökonomen Milton Friedman die Formel *the business of business is business*[51] in den Köpfen festsetzte, gab es eine handfeste Gleichsetzung von mehr Profit und guter unternehmerischer Entwicklung und Leistung. Auch Reckhaus führte sein Unternehmen entsprechend.

Aber zehn Jahre nach dem Treffen mit den beiden Künstlern, das für ihn zunächst so irritierend verlaufen war, hat sich das Geschäft von Reckhaus sehr verändert. Inzwischen warnt er auf der Verpackungsvorderseite seiner Produkte die Kund:innen mit radikalen Hinweisen davor, dass sie mit deren Einsatz wertvolle Insekten vernichten. Auf der Rückseite finden die Verbraucher:innen umfangreiche Informationen über den Wert und die Bedrohung von Insekten, aber auch Empfehlungen, wie man sich verhalten kann, damit Insekten möglichst gar nicht erst in die Wohnräume kommen. Für Reckhaus gehören diese Präventionstipps zu den besten Mitteln, um den Gesamtmarkt der Insektenbekämpfung zu reduzieren. Dazu zweigt er von jedem verkauften Produkt einen festen Betrag ab, um einen Ausgleich für die Insekten zu schaffen, die durch seine Produkte getötet wurden. »Töten Sie achtsam«, schreibt er auf seine Aufsteller. Zuerst hatte er daran gedacht, mehrere Millionen Insekten züchten und aussetzen zu lassen. Aber dann überzeugte ihn ein Biologe, dass es sinnvoller sei, Ausgleichsflächen zu schaffen, auf denen sich Insekten natürlich vermehren können. Die erste dieser Flächen war das firmeneigene Dach, auf dem er ein Territorium anlegen ließ, das mit über dreißig regionalen Pflanzen und mit Totholz- und Steinhaufen einen insektenfreundlichen Lebensraum schuf, den es bis dahin nicht gab.

Reckhaus hatte angefangen, sein Geschäftsmodell zu drehen. Der Fokus seines Handelns lag nicht mehr allein auf der Frage, was er aus dem System, in das er eingebunden ist, für sein Umsatzwachstum herausholen kann. Er fragte jetzt genauso ernsthaft, was er dafür in dieses System hineingibt – und was das mit diesem System macht. »Gestern: Möglichst viel Geld verdienen und damit etwas Sinnvolles leisten. Morgen: Möglichst viel Sinnvolles leisten und damit Geld verdienen« – so fasst er selbst die Neubestimmung zusammen.[52]

»Vom Inside-out zum Outside-in« haben Katrin Muff und Thomas Dyllick-Brenzinger einen solchen Perspektivwechsel bezeichnet. Das Forscher:innen-Duo beschäftigt sich mit Fragen zu Management und Nachhaltigkeit. Ihre Arbeit bezieht sich auf die Frage, unter welchen Umständen einzelne Unternehmen eigentlich nachweislich einen wirksamen Beitrag für Nachhaltigkeit leisten können. Denn viele diesbezügliche Deklarationen bleiben schlicht Deklarationen – und das jahrzehntelang. Sie werden nicht zum Ziel der Unternehmenspraxis oder zur Messgröße des Unternehmenserfolgs. Zahlreiche kluge Köpfe haben daher versucht, einen Business-Case für nachhaltiges Wirtschaften zu erstellen: Effizienzsteigerungen im Verbrauch von Ressourcen lohnen sich zum Beispiel auch finanziell, eine verantwortungsvolle Marke etwa bindet Kund:innen und Mitarbeiter:innen. Aber diese Fortschritte reichen bei Weitem nicht aus. Die Trends in Richtung der Planetaren Grenzen können sie nicht brechen.

Diesen *big disconnect,* den »großen Graben« zwischen den aufsummierten Verbesserungen durch die Unternehmen und den eigentlich notwendigen Verbesserungen im gesamten Wirtschaftssystem, wollten die beiden Forscher:innen verstehen. Im Verlauf ihrer Untersuchungen schienen ihnen zwei Punkte besonders relevant: Zum einen stellten sie fest, dass die Strategien der Mikroebene (der Unternehmen) und die der Makroebene (des Gesamtsystems) nicht ausreichend ineinandergreifen. Die Entscheidungen der Unternehmen werden schlicht zu wenig mit übergeordneten gesellschaftlichen Strategien verbunden und gelebt. Es sieht ganz so aus, als fände die Frage, ob die Summe der Aktivitäten wirklich zum deklarierten Ziel führt, in der Praxis kaum Beachtung.

Zum anderen zeigte sich, dass die sogenannten *Key Performance Indikatoren (KPI)* der Unternehmen – die als zentral definierten und meist finanziell gefassten Erfolgskennzahlen – separat von den Messgrößen für nachhaltige Entwicklung behandelt werden. Den finanziellen Indikatoren wird viel mehr Aufmerksamkeit geschenkt, die Indikatoren zur nachhaltigen Entwicklung sind eher wünschenswertes Beiwerk.

In Kurzform: Wenn soziale und ökologische Schadschöpfung nichts kostet, wird sie im Geschäft auch nicht bilanziert. Wie stark das gleiche Geschäft in der Zukunft von stabiler Ressourcenversorgung, gut ausgebildeten Menschen und deren Kaufkraft abhängt, auch nicht. Vielleicht lag der Ursprung des großen Grabens dann ja genau in der Friedman'schen Idee, dass Business sich entkoppelt von seinem Umfeld verstehen sollte? Ungefähr bei dieser Diagnose kamen Dyllick-Brenzinger und Muff an, als sie in der Entwicklung unternehmerischer Nachhaltigkeit eine neue Stufe ausriefen – in ihrem Modell ist das die Stufe *Business Sustainability 3.0*.[53]

Der Schlüssel, um aus dem *big disconnect* rauszukommen, liegt im *big reconnect*: Unternehmen sollten sich fragen, wie sie zur Lösung der Nachhaltigkeitsprobleme beitragen können – sozial, ökologisch, ökonomisch gleichauf. Das sagt die Outside-in-Perspektive. Das heißt, man tut auch das, was sich nicht direkt durch die Reduktion finanzieller Aufwände und Risiken rechtfertigen lässt. Und was man tut, geht viel weiter, als nur die ökologischen und sozialen Schäden der bestehenden Produkte und des aktuellen Geschäftsmodells zu reduzieren. In der Stufe 3.0 geht es darum, das Wissen, die Erfahrung, die Ressourcen und die Kompetenzen des Unternehmens so neu auszurichten, dass sie zu einem Repertoire an Produkten und Dienstleistungen werden, mit dem das Wirtschaftssystem als Ganzes die Nachhaltigkeitsziele erreichen kann: Die Bestimmung oder das Ziel des Unternehmens wird mit der Bestimmung oder den Zielen der gesellschaftlichen Entwicklung in Einklang gebracht.

Genau das tat Hans-Dietrich Reckhaus. Die Frage, ob der Gewinn seines Geschäfts eigentlich auf die Kosten der Ressourcen jener Gesellschaft geht, deren Teil er ist, führte zu der ehrlichen Antwort: Der Markt für Insektenvernichtungsmittel ist bereits jetzt zu groß für den Erhalt eines ausreichenden Bestands von Insekten. Drehen wir diesen Trend nicht schnell um, können sie ihre bisherigen Funktionen in unseren Ökosystemen bald nicht weiter verlässlich erfüllen. Da hilft es, frühzeitig vom Standpunkt Outside-in zu überlegen: Wer braucht Hunderttausende Insektenfallen, wenn es kaum mehr Insekten gibt, die Pflanzen bestäuben könnten? Wer stört sich an ein paar verbleibenden Fliegen und Mücken, wenn wir nichts mehr zu essen haben?

Über die zentrale Rolle von Insekten in der Versorgung der Menschen klärt Reckhaus heute in seinen Aktivitäten auf: Bestäubung, Müllzersetzung, Bodenpflege, Textilproduktion, Futterquelle, Medizin, Chemie – in all diesen Bereichen sind Insekten im Einsatz. Deshalb können auch andere Unternehmen und Organisationen bei der Firma Reckhaus ihre Schäden kompensieren. Eine von Reckhaus' Ideen zur Rückkopplung seines Unternehmensziels an das übergeordnete gesellschaftliche Ziel – die insektenfreundlichen Lebensräume – gibt es nun in Deutschland, Österreich und der Schweiz. Alle Hersteller, die nicht nur für Kompensation sorgen, sondern auf ihren Produkten auch vor der Gefährdung der Insekten warnen, dürfen das Gütezeichen »Insect Respect« verwenden, das die Firma zusammen mit Wissenschaftler:innen entwickelt hat.

Natürlich kosten diese Dinge Geld. Zwischenzeitlich hatte die Firma ein Viertel ihres Umsatzes verloren und drei Viertel ihrer Rendite. Bis das Insektensterben in der Öffentlichkeit ankommt und Reckhaus Auszeichnungen für seine Ideen erhält, bis schließlich auch die großen Handelskonzerne das Thema entdecken und seine neuen Produkte in die Regale nehmen, braucht er einen langen Atem und kann sich auf nichts verlassen als auf sein Gefühl, das Richtige zu tun. Sein Geschäft zu verkaufen, daran denkt er nie. Auch wenn er auf die Branchenkongresse nicht mehr eingeladen wird, geht es ihm nicht darum, aus dem System auszusteigen. Vielmehr will er herausfinden, worum es *eigentlich* geht bei dem Nachhaltigkeitsproblem, um dann »Erfolg« neu zu bestimmen und den Zweck seiner Unternehmung neu auszurichten. Für dieses neue Ziel will er das gesamte ihm zur Verfügung stehende Repertoire, das Wissen, die Erfahrungen, Ressourcen und Kompetenzen seiner Firma einsetzen.

In der Liste, auf der Donella Meadows sogenannte Hebelpunkte definiert hat, *leverage points*, an denen man Veränderungen in einem System bewirken kann, gehört die Bestimmung oder das Ziel (*purpose*) des Systems zu den wirkungsvollsten.[54] Darüber angesiedelt sind nur noch die Paradigmen, also die wissenschaftlich fundierten Weltanschauungen, aber auch die moralischen Überzeugungen und die normativen Erzählungen – also all die Geschichten, mit denen wir unsere Wirklichkeit gestalten und beschreiben.

Eine Geschichte – das hört sich nach etwas an, das man Kindern vorliest. Etwas, das jemand erfunden hat. Jedenfalls etwas, das nicht wahr ist. Aber da würde jedes Kind sicher sofort widersprechen. Eine Geschichte ist wahr, solange man an sie glaubt.

Einige der Geschichten, die wir uns erzählen, bekommen wir tatsächlich in die Wiege gelegt. Geschlecht, Hautfarbe und Nationalität prägen unseren Blick auf die Wirklichkeit ebenso wie Herkunft und Familie. Es ist eben nicht egal, ob wir in einem Slum im indischen Mumbai aufwachsen oder in einer Reihenhaussiedlung in Nordrhein-Westfalen. Was uns unsere Eltern darüber erzählen, wie die Welt funktioniert, beeinflusst, wie wir auf diese Welt zugehen, bevor uns überhaupt klar wird, dass vieles davon eine Geschichte ist, die unsere Eltern wiederum von ihren Eltern erzählt bekommen haben. Das bedeutet nicht, dass wir für immer die Kinder unserer Eltern bleiben müssen. Wir können die Geschichten ändern. Jede und jeder von uns tut das. Wir machen eigene Erfahrungen, wir sehen andere Dinge oder Dinge anders. Das verändert unseren Blick auf die Welt. Manchmal passiert das, ohne dass wir es bemerken. Manchmal dagegen braucht es tiefe Erschütterungen und Krisen. Das hängt davon ab, welche Bedeutung die Geschichte für uns hat.

Die Geschichten – die Sozialwissenschaften nennen sie auch Narrative –, die Menschen zum Handeln bewegen, sind zentral, um den tieferen Treibern gesellschaftlicher Entwicklung auf den Grund zu gehen. Sie schaffen den Raum und die Begrenzung für möglich gehaltene Zukünfte: Was heute als bewiesen gilt, haben Menschen sich lange davor zunächst einmal vorgestellt.[55] Da unsere Welt heute in weiten Teilen das Ergebnis unserer Erkenntnisse und Narrative von gestern ist, und unsere Erfahrungen in dieser Welt prägen, welche Geschichten wir für richtig, falsch, bequem, riskant, überzeugend oder abwegig halten, ist die Freiheit, mit der wir Zukunft gestalten, immer schon vorgeprägt, sozusagen vorstrukturiert. Die beiden Kommunikationsexpert:innen und Publizist:innen Samira El Ouassil und Friedemann Karig haben in *Erzählende Affen* auf rund fünfhundert Seiten einflussreiche Geschichten gesammelt und ausgewertet, die uns selbst und unsere Gesellschaften strukturieren. »Sie tragen unterschwellige Botschaften durch die Welt: angebliche Ursachen, Wirkungen, Verbindungen, Konflikte, die wir uns selten vergegenwärtigen und die wir doch immer und immer wieder erzählt bekommen und nacherzählen.«[56]

Die Annahme, dass Geld den realen Wert einer Sache ausdrückt, weshalb schlechter bezahlte Menschen weniger Wert erzeugen und damit letztlich weniger wert sind – ist eine Geschichte. Die Idee, dass die analytisch immer besser verstandene Natur nur einen bedingungslos zerlegbaren Fundus an Ressourcen darstellt, den der Mensch für seine Zwecke plündern kann – eine Geschichte. Die Vorstellung, dass Frauen das schwache Geschlecht sind, bestimmte Kulturen auf der Welt weniger entwickelt sind als andere und der weiße Mann vom globalen Norden aus die beste aller Zivilisationen geschaffen hat – alles Geschichten. Und sie sind umso haltbarer, je öfter sie aufgeschrieben und wiederholt werden.

So werden diese zwischen Menschen geteilten Geschichten zu Knigge und zu Bauanleitungen. Aus ihnen entstammen unsere Ideen für angemessenes Verhalten, und sie dienen als Referenzrahmen, wenn wir neue Produkte und Dienstleistungen entwickeln, Kooperations- und Infrastrukturen planen – oder eben unsere Geschäftsmodelle.

Bei aller Erzählung dürfen wir natürlich nicht vergessen, dass es mehr oder weniger verifizierte, differenzierte und für andere nachvollziehbare Formen gibt, um Bilder von der Welt und Geschichten zu ihrer Entwicklung zu erschaffen. Wissenschaft ist nicht das Gleiche wie Meinung, haben wir in den sich aufheizenden Debatten der letzten zwei Jahre immer häufiger als Thema gehabt. Und auch schon vor der Pandemie wurde mir zunehmend klar, dass Wissenschaft in Transformationszeiten genau deshalb eine so verantwortungsvolle wie gelegentlich undankbare Rolle einnehmen kann und vielleicht muss.

Aufgefallen ist mir diese Rolle, als mir im Laufe der Zeit immer öfter die Aufgabe zufiel, unangenehme Erkenntnisse auf Branchenkongressen zu verkünden. Zunächst war ich überrascht, dass die Nachhaltigkeitsabteilungen der Unternehmen externe Redner:innen einluden, damit diese ihnen sagten, wohin die Reise geht. Meine Gastgeber:innen kannten sich doch viel besser mit der konkreten Situation der Branche beziehungsweise des Unternehmens aus als ich, die ja eher die großen Zusammenhänge erkundet? Doch dann entdeckte ich, dass Jahreskongresse mit dem Oberthema Nachhaltigkeit eine neue Sache waren. Natürlich gab es Veranstaltungen zum Thema Nachhaltigkeit schon länger. Aber dass eine Branche sich Klima- und Umweltthemen aktiv und prominent als Top-Thema auf die Veranstaltungen holt, das war neu. Ein Megatrend sozusagen, der mit den 2018 gegründeten Fridays for Future zusätzlich Rückenwind bekam. Kein Wunder also, dass die Unternehmen darauf achteten, als Firma zu gelten, die voll im Trend ist.

Nehmen wir die Reisebranche. Eigentlich ist sie doch sehr daran interessiert, dass beispielsweise wichtige Zielländer wie Mauritius und andere Inseln weder vom steigenden Meeresspiegel verschluckt noch durch immer stärkere und häufigere Stürme verwüstet werden. Es ist kein Geheimnis, dass insbesondere die An- und Abreise einen großen Anteil der CO_2-Emissionen ausmachen und viele Kurztrips oder Langstreckenflüge eine ganz andere Bilanz ergeben als seltenes und mit langsameren

Verkehrsmitteln bestrittenes Reisen. Dass dieses Wissen trotzdem nicht in die Geschäftsmodelle der Fluggesellschaften vor Ort einfloss, erschien deren Chef:innen allerdings nicht besonders problematisch: Schließlich waren es ja die Kund:innen, die immer weitere oder immer häufiger kürzere Trips machen wollten, anstatt nachhaltigere Angebote zu wählen. Warum also nicht am üblichen jährlichen Benchmark, das Wachstum der Flugpassagierzahlen aus Deutschland um vier bis sechs Prozent zu steigern, festhalten? Auch als 2019 dieser Trend erstmalig gebrochen wurde und in den Statistiken des Flughafenverbands zu roten Ausrufezeichen geführt hatte, blieben sie dabei, zur alten Normalität zurückkehren zu wollen.[57]

Die Quadratur des flug- und gewinnsteigernden Nachhaltigkeitskreises wollten die Unternehmen vor allem durch eins erreichen: Sie erzählten die Geschichte vom Angebot zur Emissionskompensation und vom Einsatz synthetischer Kraftstoffe. In diesem Moment hatte ich meine Rolle verstanden. Ich sollte mit der Legitimität der externen Expert:in den Zukunftsgeschichten der Geschäftsführer:innen ein Korrektiv vorhalten. Die Personen in den Unternehmen, die sich in ihrem Job täglich mit dem Thema Nachhaltigkeit beschäftigten, konnten die Diskrepanz zwischen dem deklarierten Unternehmensziel (*declared purpose*) und dem gelebten Unternehmensziel (*lived purpose*) nicht mehr gut aushalten. Der Graben zwischen der Devise, die Klimakrise und den Megatrend Nachhaltigkeit ernst zu nehmen, und der Ansage, den Finanzkennzahlen absolute Priorität einzuräumen, war zu groß geworden. Die Mitarbeiter:innen fühlten sich im unternehmensinternen *big disconnect* gefangen und brauchten Hilfe von außen, um in der Finanzen-sticht-Nachhaltigkeit-Hierarchie überhaupt etwas bewirken zu können. Als Außenstehende brachte ich die wissenschaftlichen Studien zu den Grenzen der Kompensation von Emissionen mit und konnte die Fakten zur Marktreife und zum Volumen der vorhandenen und sich entwickelnden synthetischen Kraftstoffe ausbreiten.[58] Meine Rolle erlaubte es auch, zwei Dinge zu unterstreichen: Dass diese Kraftstoffe aus kohlendioxidarmer Produktion stammen müssen und ihre Herstellung keine zu krassen Wassermengen verbrauchen darf, damit sie eine Lösung und keine Problemverschiebung werden.[59] Und dass die Reduktion von Kohlendioxid eine hohe zeitliche Dringlichkeit aufweist, wenn wir die Klimaziele einhalten wollen.

Was die Nachhaltigkeitsbeauftragten also schon wussten, aber entweder nicht sagen durften oder vergeblich verkündeten: Die naturwissenschaftlich hinterlegten Entwicklungsprognosen passen nicht mit der dominierenden Branchengeschichte zusammen, die Anzahl der Reisenden durch technischen Fortschritt problemlos ständig steigern zu können. Entkoppelt sich die Wirklichkeit von dem Bild, das wir uns von ihr machen, wird es mit dem frühzeitigen Handeln noch schwerer, als es sowieso schon ist.

Wollen wir also verstehen, warum das Loslassen einiger Geschichten so schwierig ist, müssen wir der tief verankerten Bestimmung heutiger Systeme auf die Spur kommen. Hier hilft uns die Frage weiter: Was treibt uns an? Ähnlich wie beim Aufspüren der Wurzel eines Problems – worum geht es *eigentlich*? – werden wir auch hier oft ein wenig bohren müssen. Denn je mehr von einer dieser treibenden Geschichten abhängt, je länger sie schon funktioniert, je mehr wir in sie investiert haben, umso stärker halten wir an ihr fest.

Aus diesem Grund steht diese Konfrontation in Donella Meadows Liste mit Interventionspunkten zur Veränderung von Systemen auch ganz oben – und eine Anpassung der Anreize, Standards und Technologien unten. Das Design der Mittel orientiert sich am Zweck. Die Bestimmung bestimmt. Und solange sie weiter Inside-out vorgibt, wird der *big disconnect* bestehen bleiben. Und so werden diejenigen, die alternative Vorschläge haben, oft so lange dazu gedrängt, sie aufwendig zu rechtfertigen, bis spürbar wird, dass die alten Geschichten das Versprechen, die Wirklichkeit sinnvoll zu erklären, nicht mehr einlösen können. In diesem Moment beginnen sie zu wanken und zerbrechen – und mit ihnen wanken und zerbrechen auch die Systeme, deren Bestimmung sich in diesen Geschichten ausdrückt.

Das ist das Interregnum.

Das ist transformativer Wandel.

Und das passiert doch schon fast überall.

Auf einmal sehen wir die deutlich steigende Häufigkeit der Hitzewellen, Waldbrände und Überschwemmungen überall auf der Welt als *critical slowing down*-Phänomene eines menschengemachten Klimawandels an, statt zu glauben, das Wetter spiele im Moment eben ein bisschen verrückt.[60]

Auf einmal landen Ölkonzerne wie Shell, aber auch die deutsche Bundesregierung vor Gericht, weil ihre Klimaziele und -maßnahmen nicht ausreichend sind und sie damit der nächsten Generation so viel aufbürden, dass diese kein vergleichbares Leben wie wir heute wird führen können.[61]

Auf einmal planen die Regierungen von 130 Ländern eine globale Mindeststeuer für international tätige Großkonzerne, damit sie bei deren Suche nach den bedenkenlosesten Steuersümpfen nicht immer gegeneinander ausgespielt werden.[62]

Auf einmal entsteht eine Bewegung des regenerativen Wirtschaftens, die sich dem unternehmensinternen *big disconnect* offensiv stellt und ihn als »Schizophrenie der Konzerne« zum Thema macht. Auf einmal werden vielerorts Berechnungen angestellt, wie die sozialen und ökologischen Effekte eines Geschäftsmodells – negativ wie positiv – deutlich besser im finanziellen Ergebnis ausgewiesen werden können.[63]

So entstehen aus der Antizipation einer Apokalypse auch Erkenntnisse und neue Geschichten, an denen wir uns orientieren können. Eine Welt geht unter – und so kann eine neue folgen. Auseinandersetzungen über die sie tragenden Geschichten, Institutionen, Identitäten, Technologien und Rollen sind notwendigerweise hochpolitisch: Denn in jeder Welt sind Privilegien, Macht und Interessen anders verteilt.

Könnten wir nicht auch sagen, wir transformieren lieber nicht?

Können wir nicht. Wir können nicht nicht transformieren.

Die Frage ist nicht, ob große Veränderungen auf uns zukommen. Die Frage ist, wie wir sie beeinflussen, ihnen eine Richtung geben, die Brüche abfangen, Übergänge gestalten, unser Schicksal in die Hand nehmen. Denn genau das können wir. Definieren wir das Ziel eines Systems neu, orientiert sich auch die Lösungssuche an dieser neuen Richtung. Halten wir an dem alten Ziel fest, sind wir für die damit verbundenen Konsequenzen genauso verantwortlich. Und je länger alle sich hinter allen anderen verstecken, weil sie ja nur das machen, was sie und alle anderen schon lange so gemacht haben, wird das Transformieren irgendwann von außen übernommen.

Finden wir aber den Mut, das regelmäßig verkündete Ziel vom nachhaltigen Wirtschaften tatsächlich für alle verbindlich umzusetzen, sinkt auch die Sorge davor, dass die anderen nicht mitziehen könnten. Thomas Schelling hat das in seinem Artikel zu den Verhaltensweisen in Kipp-Punkt-Zeiten so ausgedrückt: »Menschen, die einzeln agieren, können die Ergebnisse zumeist nicht beeinflussen; sie können höchstens ihre eigene Position im Ergebnis beeinflussen«.[64]

Definieren wir aber die Spielregeln und Key-Performance-Indikatoren neu, unter denen Strategien und Lösungen erfolgreich sind, können talentierte, innovative, risikofreudige, empathische und an erfolgreichen Geschäftsmodellen interessierte Menschen ganz andere Innovationen als bisher verbreiten. So können wir Werte konservieren und Strukturen transformieren. So starren wir nicht mehr aufs Vergehen, sondern arbeiten am Entstehen.

»*Where attention goes, energy flows, and where energy flows, life grows*« – »Wo die Aufmerksamkeit hingeht, fließt Energie, und wo Energie fließt, wächst Leben«, hat ein systemischer Coach einmal zu mir gesagt. Die Dinge, an die Sie öfter denken, die Sie für wichtig halten, werden den Einsatz Ihrer begrenzten Aufmerksamkeit, Energie und Zeit steuern – und damit zu anderen Ergebnissen führen.

Wir stecken voller Potenziale, die unsere Lebensqualität verbessern und vor allem langfristig erhalten können. Nur thematisieren wir bisher weder die Grundlagen von Lebensqualität wirklich ernsthaft noch die positiven Effekte von veränderten Konsummustern.[65] Sie finden kaum Berücksichtigung in unserer Art, Erfolg, Freiheit und Fortschritt zu beschreiben und zu messen. Damit fehlt ihnen auch die Wertschätzung. Auf diese Weise halten wir unseren Vorstellungs- und Möglichkeitsraum für erfolgreichen Fortschritt und gutes Leben künstlich klein. Und die Sorge, dass nicht genug für alle da sein werde, künstlich groß.

Zu wackeligen Kipp-Punkt-Zeiten ist das Loslassen

des Ausgedienten oft wichtiger, als hundertprozentig zu wissen, was stattdessen kommt. Denn frei sind wir nur, wenn wir auch wieder mit etwas aufhören können. Und sei es erst einmal, dass wir den Imaginationsraum für neue Normalitäten öffnen, indem wir die nicht mehr glaubwürdigen Geschichten ad acta legen.

Wir Menschen, die einzige Spezies, die zur Reflexion und Intention begabt ist, haben die Chance, bewusst zu agieren. Mit unseren Köpfen, Herzen und Händen. Hier liegt der Unterschied zwischen transformiert werden und transformieren. Zwischen Evolution und Fortschritt.

Und die gute Nachricht ist: Die Menschheit hat das schon ein paarmal gemacht. Transformative Prozesse »beinhalten koevolutionären Wandel in Technologien, Märkten, institutionellen Rahmen, kulturellen Bedeutungen und Alltagspraktiken«.[66] Alles schon da gewesen. Renaissance und Aufklärung sind zum Beispiel zwei Epochen, die wir in der westlichen Geschichte mit Fortschritt verbinden. Doch die Geburt der Zivilisationsform, die wir heute gerne als Normalität beschreiben, verlief keineswegs gradlinig oder detailliert geplant. Sie war ein Suchprozess, geprägt von neuen wissenschaftlichen Erkenntnissen und technologischen Möglichkeiten, neuen Akteursgruppen und Allianzen, dem Ringen um Machtverteilung und legitime Institutionen.

Ideengeschichtliche Vordenker des klassischen Liberalismus wie René Descartes oder Thomas Hobbes haben diesen Suchprozess als ein klassisches Interregnum beschrieben: Neue Erkenntnisse und Ideen über das Individuum, die Natur, den Staat und die Wirtschaft riefen in Kombination mit neuen technologischen Erfindungen und Akteurskonstellationen den »totalen Kollaps der Ordnung« hervor, wie der dänische Soziologe und Anthropologe Bjørn Thomassen es ausdrückt.[67]

Diese Phase glich einer »desperaten Suche nach neuen Ordnungsprinzipien«, in der viele der Vordenker:innen als radikal galten und verfolgt wurden, zerstörten sie doch die Ordnung der feudalen und klerikalen Geschichten und Strukturen. Egal, ob einige diesen Kollaps befürworteten und andere ihn verhindern wollten: In diesen Zeiten drängen sich grundsätzliche Fragen nach vorne. Fragen wie die, wie wir uns selbst sehen und wer wir sein wollen. Das Potenzial der Spezies Mensch liegt genau darin, aus solchen Fragen einen Kompass für die Umbruchphasen bauen zu können. Denn, so erinnern uns Apokalypse-Forscher:innen: Es geht um den Untergang *einer* Welt – nicht *der* Welt.[68]

Menschen sind sinnsuchende und kooperierende Wesen. Ihre Gesellschaften gründen auf Geschichten, mit denen sie die Welt entwerfen und erklären und ihre Entscheidungen treffen und begründen. Geraten die Geschichten ins Wanken, verändern sich ganze Systeme, die um sie herum entstanden sind. Wichtig ist in diesen Zeiten, klare Prioritäten zu setzen und neue Geschichten zu finden, die uns Orientierung für das Wünschenswerte und Mögliche ge-

ben, Sinn verleihen und ansteckend sind. Richten wir den Blick vom Rückspiegel nach vorn, ist das Loslassen nicht mehr so schwer. Merke: In jedem Vergehen steckt ein Entstehen.

WIE WIR DEN BETRIEB ÄNDERN

»Niemand erschafft bewusst diese Probleme, niemand will, dass sie weiter bestehen, aber sie tun es trotzdem. Das kommt, weil sie wesenhaft Systemprobleme sind – unerwünschte Verhaltensweisen, die charakteristisch sind für die Strukturen, die sie hervorbringen. Sie werden nur dann verschwinden, wenn wir uns wieder auf unsere Intuition besinnen, mit den Schuldzuweisungen aufhören, das System als Quelle seiner eigenen Probleme erkennen und den Mut und die Weisheit finden, es neu zu gestalten.«

Donella Meadows, Pionierin systemischen Denkens[1]

Was uns Monopoly *über Spielregeln lehrt*

»Die Spielregeln der Ökonomie, die wir als naturgegeben hinnehmen, sind menschliche Erfindungen. Wir müssen entscheiden, welche dieser Regeln wir beibehalten und welche wir ändern wollen.«

Riane Eisler, Soziologin und Kulturhistorikerin[2]

Anfang des vergangenen Jahrhunderts versuchte die Schreibkraft und Stenografin Elizabeth Magie die amerikanische Gesellschaft auf ein ökonomisches Problem hinzuweisen, das ihrer Meinung nach den Unterschied zwischen Arm und Reich erklärte, – und erfand ein Brettspiel. Ziel dieses Spiels war es, »so viel Vermögen oder Geld wie möglich zu erzielen«, wie sie in ihrer Anmeldung für das amerikanische Patentamt erklärte.[3] Dazu mussten die Spieler:innen Grundstücke erwerben, die reihum auf dem Spielfeld verteilt waren. Kam eine Spieler:in auf ein Grundstück, das schon jemandem gehörte, musste sie oder er an dessen Eigentümer:in Miete zahlen. Wer am Ende das meiste Geld besaß, hatte gewonnen.

Die Inspiration zu diesem Spiel erhielt Elizabeth Magie durch die Ideen des im letzten Viertel des 19. Jahrhunderts berühmt gewordenen Ökonomen und Sozialphilosophen Henry George, der einige Jahre zuvor gestorben, aber noch immer weit über Amerika hinaus populär war. George vertrat die Ansicht, dass die Ursache für Elend, Not und Wirtschaftskrisen, wie er sie in New York beobachtet hatte, in der ungleichen Verteilung von Grundbesitz begründet lag. Dass einige wenige sich den Grund und Boden aneignen können, »auf dem und von dem alle leben müssen«, sei, so schrieb George in seinem 1879 publizierten Buch *Fortschritt und Armut*, ein fundamentales Unrecht, das »die moderne Gesellschaft in ganz Arme und in ganz Reiche scheidet«[4]. Reiche könnten durch die Einnahmen und Spekulationsgewinne aus ihrem Landbesitz und ihren Immobilien immer reicher werden, während die Armen für ihr Überleben auf Lohnarbeit angewiesen seien. Als Ausweg aus dieser Falle schlug George ein Einheitssteuersystem auf Boden- und Ressourcenbesitz vor, das er *single tax* nannte: Denn weitere Steuern auf Produzieren und Konsumieren, also auf Arbeit und Verbrauch, sollte es dann nicht mehr geben. Auf diese Weise, so hoffte er, ließe sich eine Entwicklung korrigieren, die immer größere Unwuchten hervorbrachte. Und deren Anfang in der schlichten Tatsache lag, dass die einen Land und Flächen besaßen – und die anderen nicht.

Auch Elizabeth Magie hielt diesen Unterschied für fundamental. Um zu zeigen, wie er wirkte, legte sie ihr Brettspiel bewusst so an, dass Spieler:innen, die Grundstücke besaßen, immer im Vorteil gegenüber Spieler:innen waren, die keine hatten. Während die einen immer reicher wurden und bald auch Bahnhöfe oder das Elektrizitätswerk besaßen, stolperten die anderen von Mietzahlung zu Mietzahlung und mussten hoffen, nicht pleite zu gehen, bevor sie wieder über »Los« kamen, wo sie eine Art Lohn von der Bank erhielten. Mit jeder Runde, die sie auf dem Feld drehten, wurden sie ärmer – nur dass sie im Gegensatz zur Realität nun endlich erkennen konnten, woran das lag.

»In kurzer Zeit, ich hoffe, in sehr kurzer Zeit, werden Männer und Frauen entdecken, dass sie arm sind, weil Carnegie und Rockefeller vielleicht mehr haben, als sie ausgeben können«, sagte Elizabeth Magie, als sie im Jahr 1906 einem Reporter ein Interview gab.[5]

Im Grunde verdeutlichte sie mit ihrem Spiel nichts anderes, als dass ein System nach bestimmten Regeln funktioniert und dass diese Regeln die Freiheiten der Teilnehmer:innen über die Zeit unterschiedlich beeinflussen. Sie wollte, dass Menschen diese Regeln erkennen und über sie nachdenken, anstatt zu glauben, dass alles, was sie tun, jedes Ergebnis ihres Handelns, immer nur von persönlichen Fähigkeiten abhängig sei. Diese Erkenntnis lag ihr so am Herzen, dass sie sie sogar in die Anleitung hineinschrieb. Das Spiel, heißt es da, basiere absichtlich auf tatsächlich bestehenden Geschäftsmodellen, damit jeder überprüfen könne, »was das logische Ergebnis eines solchen Systems sein muss, nämlich, dass der Landmonopolist die absolute Kontrolle über die Situation hat«[6].

Der Name von Elizabeth Magie ist heute fast ebenso

vergessen wie der des Spiels, das sie erfand. Sie nannte es *The Landlord's Game*, das »Vermieterspiel«. Aus ihrer Idee entwickelte sich eines der beliebtesten Brettspiele der Welt: *Monopoly*.

Das viereckige Spielfeld, auf dem man Runden dreht. Die Straßen, die Karten, die Bahnhöfe, das Gefängnis, das Feld, das heute »Frei Parken« heißt, ursprünglich aber einen öffentlichen Park darstellen sollte, in dem man nichts bezahlen muss. Im Kern funktioniert *Monopoly* noch heute nach demselben Muster wie sein mehr als hundert Jahre altes Original. Dass später die Möglichkeit hinzukam, auf den Straßen Häuser und Hotels zu bauen, um seine Mitspieler noch schneller in die Pleite zu treiben, hat daran nichts geändert, im Gegenteil. *Monopoly* steht für eine Welt, die Gewinner strukturell bevorteilt, während sie Verlierer strukturell benachteiligt. Anders gesagt: Wer hat, dem wird gegeben.[7]

Eine solche Anordnung von Regelhaftigkeit nennt man *system trap*, Systemfalle.

Als Systemfalle werden bestimmte, wiedererkennbare Systemstrukturen bezeichnet, die zu problematischen Verhaltensmustern führen und damit auf Dauer dem ganzen System schaden. Ein Beispiel dafür ist jede Form von Suchtverhalten, bei dem es darum geht, dass immer höhere Dosen eines Stoffes notwendig sind, um einen bestimmten Zustand aufrechtzuerhalten, seien es nun Drogen, Düngemittel oder Renditen. Es gibt viele solcher Systemfallen. Einige begegnen uns im Alltag immer wieder. Oft neigen wir dann dazu, die Schuld, dass sich eine schädliche Entwicklung trotz aller Versuche nicht korrigieren lässt, allein bei einzelnen Akteur:innen oder Ereignissen zu suchen. Tatsächlich aber liegt sie in der Struktur des Systems selbst begründet, in seinen Rückkopplungsschleifen, der Art und Weise also, wie es typischerweise auf einen Impuls reagiert. Und werden die problematischen Trends des Systems nicht möglichst frühzeitig erkannt, treiben sie die Menschen dazu, sich so zu verhalten, dass am Ende ein Ergebnis entsteht, das sich niemand gewünscht hat.

Donella Meadows hat in ihrem Buch *Die Grenzen des Denkens* die häufigsten dieser Systemfallen archetypisch zusammengefasst und dargestellt, wie sie wirken und wie man ihnen entgehen kann.[8] In den folgenden Kapiteln werde ich einige dieser Archetypen auf die Art und Weise anwenden, wie wir auf diesem Planeten leben, wirtschaften oder miteinander umgehen – um zu zeigen, warum die Situation heute ist, wie sie ist, und wie sie sich ändern ließe. In der Hoffnung, dass, wer einmal erkannt hat, wie eine Systemfalle funktioniert, sich nicht mehr so leicht in den vermeintlichen Teufelskreisen verfängt.

»Systemfallen kann man entkommen«, schreibt Donella Meadows. Sie verstetigen Entwicklungstrends, sind aber gleichzeitig schrittweise veränderbar, weshalb sie, sofern man sie erkennt, »nicht nur Fallen« böten, sondern, »auch Chancen«.[9]

Nehmen wir die Systemfalle, die in Monopoly zuschnappt. Bei Meadows heißt sie »*success to the Success-*

full« – »Erfolg den Erfolgreichen«. Ein solches System erlaubt es Gewinner:innen, ihren Gewinn so einzusetzen, dass sie in Zukunft nur noch mehr gewinnen. Es entsteht eine sich selbst verstärkende Rückkopplung, der keine dämpfende Rückkopplung gegenübersteht. Der Gewinn vermehrt sich immer weiter – und der Verlust auf der Seite der Verlierer:innen ebenso.

Gibt es daraus einen Ausweg?

Donella Meadows zählt einige Strategien auf, um diese Falle zu entschärfen. Man könnte Verlierer:innen die Chance geben, aus dem Wettbewerb auszusteigen, der für sie ungut ist, und woanders neu zu beginnen. Das wäre die Strategie der Diversifizierung. Man könnte den Anteil begrenzen, den der oder die Gewinner:in am Ganzen besitzen darf. Das ist die Idee hinter Kartellgesetzen. Oder man versucht, die ungleich gewordene Position der Spieler:innen immer mal wieder zu korrigieren. Das versucht eine inklusive Bildungspolitik oder eine Erbschaftssteuer, ohne die das tradierte Einkommen der Vorfahren irgendwann massiv über die Startchancen der Kinder entscheidet. Jedenfalls muss man die Regeln ändern, nach denen das System funktioniert, wenn man will, dass andere Ergebnisse möglich werden. Das hatte auch Elizabeth Magie erkannt.

Schon in einer sehr frühen Version von *The Landlord's Game* fügte sie dem Spiel eine Variante hinzu, die sie *The Single Tax* nannte.[10] Bei dieser Version – man spielte sie auf demselben Brett – mussten die Spieler:innen die Grundstücksmieten an die Staatskasse abführen. War die

Kasse gut gefüllt, wurde das Geld dazu benutzt, die Bahnhöfe für die Öffentlichkeit zurückzukaufen, um einen kostenlosen Nahverkehr zu schaffen. Gewisse Grundstücke blieben immer Eigentum des Staates, der darauf kostenlose Schulen errichtete. Stiegen die Einnahmen weiter, wurde der Lohn erhöht, den man einstrich, sobald man über »Los« – bei Magie hieß dieses Spielfeld bezeichnenderweise »*Mother Earth*« – ging. Außerdem musste man sich nicht mehr aus dem Gefängnis freikaufen. Das Armenhaus, das sich auf derselben Spielfeldecke wie der öffentliche Park befand, wurde abgeschafft. Es war noch immer dasselbe Spiel, nur galten jetzt andere Regeln, und das ergab einen vollkommen anderen Ausgang. In der Urversion des Spiels blieb auch bei dieser Variante am Ende ein Monopolist übrig, aber fast alle Mitspieler:innen wurden im Verlauf des Spiels reicher.

Nachdem Magie 1904 das Patent für *The Landlord's Game* bekommen hatte, versuchte sie es dem Spielehersteller Parker Brothers zu verkaufen, der es jedoch als zu politisch und zu komplex ablehnte.[11] Daraufhin vermarktete sie das Spiel selbst, allerdings ohne größeren Erfolg. Unter der Hand aber verbreiteten sich handgefertigte Kopien des Spiels, aus denen weitere Versionen entwickelt wurden. Eine davon nutzte ein Professor an der Universität von Philadelphia, um seinen Student:innen den Kapitalismus zu erklären. Andere zirkulierten in den Quäker-Gemeinden im Nordosten Amerikas. 1933 landete eine Kopie bei dem arbeitslosen Heizgeräte-

Vertreter Charles Darrow, der, wie der Journalist Michael Prüller es ausdrückt, erkannte, welches Potenzial in einem Spiel steckte, das es Menschen inmitten der Großen Depression erlaubte, sich für ein paar Minuten reich zu fühlen.[12] Er verpasste dem Spiel ein neues Design und verkaufte es an Parker Brothers. Ab diesem Moment eroberte *Monopoly* die Welt.

Im ersten Jahr wurden von dem Spiel fast 280 000 Stück verkauft, im zweiten Jahr bereits sechsmal so viel. Bis heute sind mehr als 250 Millionen Exemplare über den Ladentisch gegangen, was *Monopoly* zu einem der einträglichsten Brettspiele aller Zeiten macht.[13] Charles Darrow wurde als erster Spieleerfinder der Welt Millionär. Magie, die sich zunächst freute, dass ihr Lehrmittel über ökonomische Ungleichheit nun die Massen erreichen würde, einigte sich mit Parker Brothers auf fünfhundert Dollar für ihr Patent an dem Spiel. Ihre eigentliche Intention wurde dabei aber nicht bekannt. Das blieb so lange so, bis ein amerikanischer Ökonomieprofessor in den 1970er-Jahren eine Art Gegenentwurf des Spiels herausbrachte, den er auch genauso nannte, das *Anti-Monopoly*. Als er daraufhin wegen Urheberrechtsverletzung verklagt wurde und sich für die Entstehung des Spiels zu interessieren begann, entdeckte er die wahre Geschichte: Das Spiel, das heute wie kein anderes für Gier und seelenloses Geldmachen steht, sollte uns eigentlich zeigen, dass wir auch anders können.

Verantworten – Anders lernen

»Die Garantien für die Zukunft der Menschheit sind nirgendwo anders zu suchen als in uns selbst. Wir alle müssen lernen, unser schlummerndes Potenzial zu wecken und es von nun an zielgerichtet und intelligent einzusetzen.«

Aurelio Peccei, Mitbegründer des Club of Rome[14]

Ende 2009 hatte die erste Finanzkrise des neuen Jahrtausends Amerika schon einige Zeit lang schwer durchgeschüttelt, als sie in Europa ankam. Zuerst sah es noch so aus, als wäre Griechenland das Problem, aber es zeigte sich schnell, dass die Krise, die bald darauf den Namen Eurokrise bekam, eine Krise des Ganzen und nicht nur eines seiner Teile war. Europäische Spitzenpolitiker:innen trafen sich in immer rascherer Folge zu Gipfeltreffen. Die Nachrichten wurden von Begriffen wie Staatsschulden, Ratingagenturen oder Rettungsschirm bestimmt. Milliardenbeträge mussten mobilisiert werden, um den Bankrott einzelner Länder zu verhindern – und konnten doch dort nicht abwenden, dass veritable Wirtschaftskrisen ausbrachen. In Griechenland und Spanien stieg die Jugendarbeitslosigkeit auf mehr als fünfzig Prozent, in Italien und Portugal war jede:r dritte Jugendliche ohne Job. Es war die Rede von einer »verlorenen Generation«.[15]

In dieser Situation legte die Europäische Kommission eine Strategie namens »Europa 2020« vor, die eine Wachstumsagenda für die nächsten zehn Jahre skizzierte und sieben sogenannte Flaggschiffinitiativen vorsah. Neben den Bereichen Innovation, Industriepolitik, Digitalisierung und Ressourceneffizienz wurden auch die Belange der jungen Europäer:innen adressiert. »Jugend in Bewegung« nannte sich diese Initiative. Ein Ziel dabei war es, die Schulabbrecherquote in Europa auf zehn Prozent zu senken, ein anderes, die Zahl der Hochschulabsolventen auf vierzig Prozent zu erhöhen. »Um den Wohlstand in Europa zu sichern, benötigen wir die jungen Menschen«, hieß es in einem Papier dazu, »nur mit Hilfe ihrer Kompetenzen und Fertigkeiten lässt sich das für 2020 angestrebte Ziel erreichen: intelligentes, nachhaltiges und integratives Wachstum«.[16]

Ich arbeitete zu dieser Zeit für den World Future Council in Brüssel, einer gemeinnützigen deutschen Stiftung, die unterschiedlichste Menschen aus aller Welt versammelt, um politische Vorschläge für Frieden und nachhaltige Entwicklung zu entwickeln, zu teilen und zu unterstützen. Ein Schwerpunkt der Arbeit liegt auf den Rechten zukünftiger Generationen. Damals beschäftigte ich mich intensiv damit, wie Zukunftsgerechtigkeit in unseren Institutionen gestärkt werden könnte, und daher baten wir, als Europas Pläne für die Jugend öffentlich wurden, einen Vertreter der Kommission sowie mehrere Abgeordnete des Europäischen Parlaments zu einer Podiumsdiskussion. Außerdem luden wir alle Parteien und viele Nichtregierungsorganisationen (NGO, Non-Governmental Organisation) ein, insbesondere natürlich auch die Jugendvertreter:innen. Schließlich sollte es ja darum gehen, die Zukunft der Jugend zu verbessern.

Als eher kleine, wenig bekannte Stiftung im Brüsseler Raumschiff eine Veranstaltung auf die Beine zu stellen, kann eine frustrierende Erfahrung sein, da ununterbrochen welche stattfinden – und Aufmerksamkeit ist im Politikbetrieb ein knappes Gut. Immerhin hatte ich inzwischen bemerkt, wie wichtig es war, dass die Einladung kostenlos Essen und Trinken, besser noch kostenlos Kanapees und Sekt in Aussicht stellte. Und dass die Podien mit Vertretern mehrerer EU-Organe und möglichst aller Parteien besetzt sein sollten. Im Endeffekt gelang es uns, zum Thema Zukunftsgerechtigkeit Zusagen aus allen Richtungen zu bekommen.

Ich saß also in meinem Moderationsstuhl, die Diskussionsrunde war gut besucht, und der Vertreter der Kommission hatte gerade noch einmal betont, dass die *employability*, die sogenannte »Beschäftigungsfähigkeit«, der jungen Menschen, verbessert werden müsse, damit sie, wenn sie von der Schule oder der Hochschule kommen, möglichst genau in die Jobs hineinpassten, die von der Wirtschaft angeboten würden. Dafür müssten die Universitäten noch deutlich enger mit den Unternehmen kooperieren. Da meldete sich eine junge Frau aus dem Publikum. Sie vertrat eine der Jugendorganisationen und sprach beeindruckend direkt. Sie sei ja nun

Zielgruppe dieser Strategie, dennoch könne sie mit dem, was sie hier gehört habe, nicht viel anfangen.

»Ich weiß nicht, in welcher Welt Sie leben«, sagte sie, »aber wenn ich mir die Situation ansehe, stellen sich mir ganz andere Fragen.«

Aus ihrer Sicht könne es nicht die Aufgabe von Bildung sein, Menschen einfach nur für die Jobs fit zu machen, die die bestehende Wirtschaft gerade braucht. »Ich sehe ordentlich Chaos am Horizont. Und es ist Ihr Job, mich auf den Umgang damit vorzubereiten«, forderte sie, »anstatt mich zu einem Zahnrädchen für die Systeme zu erziehen, die dieses Chaos hervorrufen.« Es müsse doch darum gehen, welche Ideen, Fähigkeiten und Lösungen zu einer guten, weniger unsicheren Zukunft beitragen. Darum, wie diese organisiert werden könnten und welche Politik, Geschäftsmodelle und gesellschaftlichen Veränderungen dafür nötig wären. Das sei es, wofür sie gerne die nötigen Kompetenzen vermittelt bekäme.

Nach ihrem Einwurf wurde es still im Raum, weil alle spürten, dass die junge Frau mit ihrer Intervention recht hatte. Solche Momente habe ich, seitdem ich an der Schnittstelle zwischen Politik, Wissenschaft und Öffentlichkeit arbeite, immer wieder erlebt: Momente des klaren Neinsagens. In einer idealen Welt würde ein solcher Zwischenruf ein gemeinsames Nachdenken darüber auslösen, ob eine politische Strategie, die ein bestimmtes Problem lösen soll, das wirklich leisten kann. Oder ob sie an der Sache vorbeigeht und man sie anpassen muss.

In der realen Welt aber – wir wissen es alle – wird so ein Zwischenruf oft behandelt, als stünde ein Elefant im Raum, und alle bemühen sich, ihn nicht zu sehen, um endlich zum Tagesgeschäft zurückzukehren. Das war damals in Brüssel nicht anders, obwohl ich die Frage an mehrere Podiumsgäste weiterreichte.

Die Vertreter:innen der Kommission und Parteien wollten über Ausbildung sprechen. Die junge Frau aber hatte – im Moment der Krise und angesichts einer unsicheren Zukunft – nach Lernen gefragt.

Lernen wird oft als das Ergebnis von Versuch und Irrtum gesehen. Wenn sich uns ein Problem stellt, versuchen wir, es zu lösen. Die Erfahrungen und Erkenntnisse, die wir dabei sammeln, beeinflussen unsere zukünftigen Entscheidungen: Was funktioniert, wird beibehalten, weil wir denken, dass es auch in Zukunft funktionieren wird. Auf diese Weise lernen Menschen, Gruppen und Gesellschaften und entwickeln ihren Bildungskanon, der das Wissen für die nachfolgenden Generationen speichert. Zumindest ist das die Vorstellung, die hinter diesem weitverbreiteten linearen Verständnis von Lernen steht, in dem Verbesserungen sozusagen schnurgerade aufeinander aufbauen. Wir lernen aus der Vergangenheit für die Zukunft, weil wir annehmen, dass sich diese Zukunft mehr oder weniger aus der Vergangenheit ableiten lässt.

Was, wenn diese Vorstellung inzwischen veraltet ist?

Als der britische Physiker Stephen Hawking zur Jahrtausendwende gefragt wurde, ob er glaube, das kommende Jahrhundert werde das Jahrhundert der Biologie werden, nachdem das vorangegangene das der Physik gewesen sei, verneinte er.

»Ich denke«, antwortete er stattdessen, »das nächste Jahrhundert wird das Jahrhundert der Komplexität sein.«[17]

Keine Generation vor uns hatte es mit einer Welt zu tun, in der die entscheidenden Systeme – die natürlichen, von denen wir leben, und die kulturellen und sozialen, in denen wir leben – so komplex miteinander vernetzt waren und so vielfältig aufeinander reagieren wie heute. Der Klimawandel zeigt, dass die Nutzung von fossilen Brennstoffen keine nationale Angelegenheit ist, und die Finanzkrise offenbart, dass dies auch für die Rettung von großen Banken gilt. Die Pandemie beweist uns, dass wir Gesundheit als Weltgesundheit denken müssen, weil das Virus sonst in Ländern mutiert, deren Bevölkerung weniger gut durch Impfungen geschützt ist, und es dann als Mutation zu uns zurückkommt. Es ist diese weltumspannende Vernetztheit, auf die sich die Wirtschaftssanktionen beziehen, mit denen ein Teil der Welt aktuell auf Russlands Krieg gegen die Ukraine reagiert. Dass wir derart komplex vernetzt leben und wie sehr das den Lauf der Dinge beeinflusst, ist etwas, das wir in seiner Konsequenz gerade erst zu lernen beginnen. Dass wir beispielsweise das Finanzkapital endlos wachsen lassen können, dies aber Waren und Dienstleistungen nicht unbedingt verfügbarer macht, ist zumindest in den reichen Ländern zum ersten Mal direkt spürbar geworden. Nicht Geld ist der knappe Faktor, sondern Arbeitskräfte und Rohstoffe. Grenzen werden neu justiert, sei es in Form von Ausnahmeregeln für Erntehelfer:innen in der Pandemie oder von Blockbildungen in der globalen Ordnung.

»Die Welt ist in eine planetarische Phase eingetreten«, schreibt der amerikanische Physiker Paul Raskin in dem Essay »Great Transition«, in dem er Anfang des Jahrtausends mit Wissenschaftler:innen aus verschiedenen Disziplinen zu deuten versucht, was eine solche Komplexität für die Zukunft unserer Zivilisation bedeutet. »Ein globales System nimmt Gestalt an, das sich grundlegend von allen früheren Epochen unterscheidet.«[18]

Der im Umfeld des Atmosphärenforschers Paul Crutzen geprägte Begriff des Anthropozäns bringt das auf den Punkt: Die Menschheit ist in ein neues Zeitalter eingetreten, in dem sie selbst zur zentralen Kraft der Veränderung der natürlichen Kreisläufe des Erdsystems geworden ist.[19] In einer solchen Ära geht es darum, bisherige Gewissheiten und Annahmen aktiv auf den Prüfstand zu stellen und im Zweifel auch beherzt loszulassen: »Wirksame planetare Verantwortung setzt ein Update unserer Holozän-Mentalität voraus. Wir müssen entsprechend der Dringlichkeit, Größenordnung und gegenseitigen Verbindung zwischen uns und unserem Zuhause, dem Planet Erde, handeln«, hieß es 2021 im Aufruf einer großen Gruppe von Nobelpreisträger:innen nach ihrem Gipfeltreffen »Unser Planet – unsere Zukunft«.[20]

Was müssen wir können, um in dieser neuen Epoche, dem Anthropozän, gut und vor allem gut miteinander zu leben? Wie gelingt uns, dass das Zeitalter der Menschen für die Menschen ein lebenswertes bleibt?

Im Jahr 2020 beauftragte die Schweizer Jacobs Foundation, die auf ein Mitglied der Hamburger Kaffeedynastie Jacobs zurückgeht und sich vor allem um die Förderung der Jugend kümmert, eine Studie, um herauszufinden, wie unsere Lebens- und Arbeitsweisen sich in den kommenden Jahrzehnten verändern könnten und welche Fähigkeiten Kinder und Jugendliche haben sollten, um darauf vorbereitet zu sein. Daher auch der Titel der Studie: »Future Skills«.[21] Die Frage, um die es darin ging, war also, wie eine mögliche Zukunft aussehen könnte und was man der kommenden Generation mit auf den Weg geben soll, wo doch unklar ist, ob es am Ende wirklich so kommt. Dazu entwarf die Studie vier verschiedene Szenarien, wie die Schweiz, immerhin eines der wohlhabendsten Länder der Erde, im Jahr 2050 aussehen könnte. Zudem greift die Jacobs Foundation zwei Kategorien heraus, die viele Länder des globalen Nordens auszeichnen – das sind Wohlstand und Freiheit –, und kreuzt sie miteinander. Aus dieser Matrix entstehen vier unterschiedliche Zukünfte, die entweder von Überfluss oder Mangel in Verbindung mit Freiheit oder Beschränkung geprägt sind.

Das erste Szenario ist der »Kollaps«. Hervorgerufen durch den Klimawandel erlebt die Welt darin abrupte

Disruptionen. Extreme Wetterereignisse lösen Flüchtlingsbewegungen und Kriege aus, die wiederum zu Grenzschließungen führen und so den internationalen Handel zum Erliegen bringen. Das Finanzsystem bricht zusammen, Währungen verfallen, Nationalstaaten zerfallen in regionale Einheiten. Die Menschen sind weitgehend von der Außenwelt abgeschnitten. Reisen sind schwer möglich, weil Energie knapp ist, die Infrastruktur marode und Fremden gegenüber Misstrauen herrscht. Die Städte entvölkern sich, da man auf dem Land leichter an wichtige Ressourcen wie Wasser, Holz und Boden kommt. Industrielle Produktion findet kaum statt, fast alle Lieferketten sind abgebrochen, viel wird repariert oder lokal hergestellt. Es ist ein Szenario des Mangels, in dem die Freiheit dadurch eingeschränkt ist, dass viele Dinge schlicht nicht mehr möglich sind. Wichtige Fähigkeiten sind handwerklicher Natur und beziehen sich aufs Überleben. Die eigentliche Herausforderung aber besteht für die Menschen darin, die eigene Existenz zu sichern, ohne sich zu radikalisieren und in kurzfristige Strategien wie Raub oder Krieg zu verfallen, welche die Lage weiter verschärfen würden.

Das zweite Szenario, von den Autoren »Gig-Economy-Prekariat« genannt, zeigt eine Welt, in welcher der technologische Fortschritt zu Massenarbeitslosigkeit geführt hat. Maschinen haben die menschliche Arbeitskraft in einem solchen Ausmaß und Tempo ersetzt, dass dies weder vom Arbeitsmarkt noch vom Sozialstaat abgefedert werden konnte. Die Digitalisierung wurde von den Unternehmen dazu genutzt, Dienstleistungen, die bisher durch Festangestellte erbracht wurden, nun über globale Vermittlungsplattformen einzukaufen. Das bringt eine Masse von digitalen Tagelöhner:innen hervor, die ständig miteinander in Konkurrenz stehen und zum Teil die gleiche Arbeit machen wie früher, nur für weniger Geld. International hat das Wohlstandsgefälle abgenommen, da nun auch ärmere Staaten Zugang zum Arbeitsmarkt bekommen – Arbeit kann jetzt größtenteils von überall erledigt werden. Innerhalb der Gesellschaften aber sind die Unterschiede größer geworden. Viele Menschen leben am Existenzminimum. Geld verdient man etwa, indem man Maschinen für menschliche Tätigkeiten trainiert, persönliche Daten freigibt oder im Freundeskreis verdeckt für Produkte wirbt. Eigenantrieb und die Fähigkeit, sich einem immer dynamischeren Markt anzupassen, sind entscheidend. Staatliche Leistungen gibt es kaum, vieles ist privatisiert. Der Waren- und Zahlungsverkehr, der Arbeitsmarkt, die Kommunikationsströme – alles bündelt sich in der Hand einer einzigen Internetplattform, die zu einer Art digitalem Betriebssystem der Erde geworden ist. Freiheiten sind in diesem Szenario offiziell nicht eingeschränkt, faktisch aber nur einer kleinen Elite vorbehalten.

Im dritten Szenario, nicht umsonst »Netto-Null« genannt, versucht die Welt, nachhaltig auf den Klimawandel zu reagieren. Nachdem sich abgezeichnet hatte, dass das durch technische Lösungen allein nicht zu erreichen war, entschieden sich die Menschen, härtere Maßnahmen zu ergreifen. Materiell fehlt es ihnen in diesem Szenario an nichts. Dennoch müssen sie auf einige Annehmlichkeiten, die für uns heute normal sind, verzichten. Geflogen wird kaum noch, motorisierten Individualverkehr gibt es nur wenig, die vorhandenen Autos werden untereinander geteilt. Strom wird mit Sonne und Wind erzeugt, etwaige Überschüsse gehen in die Produktion von Wasserstoff, der als Energiespeicher dient. Der internationale Handel wird vornehmlich mit modernen Segelschiffen bestritten. Insgesamt aber ist der Bewegungsradius von Menschen und Waren stark eingeschränkt. Vieles wird lokal produziert, repariert oder recycelt. In gewisser Weise ähnelt die Lage dem »Kollaps«. Das betrifft auch die für dieses Szenario notwendigen Fähigkeiten. Der entscheidende Unterschied besteht darin, dass die Einschränkungen an Freiheit und Wohlstand nicht durch die Umstände erzwungen, sondern von den Menschen bewusst gewählt wurden. Dass die Maßnahmen nicht dazu führen, dass der Klimawandel sofort an Fahrt verliert, und dass sich, wenn sie wirken sollen, dennoch alle an sie halten müssen, ohne dass sich jemand auf Kosten der anderen der Sache entzieht – genau darin liegt die Herausforderung in diesem Szenario.

Der »voll automatisierte KI-Luxus« schließlich ist das vierte Szenario. Auch hier haben Maschinen die menschliche Arbeitskraft ersetzt, aber anders als in dem Szenario, in dem davon nur eine kleine Elite profitierte, haben nun alle Menschen etwas davon. Durch staatliche Maßnahmen ist es gelungen, keine digitalen Monopole entstehen zu lassen. Es gibt nicht die eine Plattform, die Daten bündelt und kontrolliert, sondern ein dezentrales Netzwerk, in dem jede:r auf fast alle Daten zugreifen kann, die dadurch kommerziell nicht verwertbar sind. In dieser Open-Data-Welt muss niemand für Geld arbeiten. Roboter kümmern sich um die Grundsicherung. Besitz als Statussymbol wird abgelöst von dem Prestige, das jemand hat, wenn er oder sie eine kreative Leistung erbringt, zu der künstliche Intelligenz nicht in der Lage ist, und diese Leistung dann mit anderen teilt. Es ist ein Szenario, in dem Freiheiten nicht eingeschränkt sind und Wohlstand herrscht. Ein technologisches Verständnis ist hilfreich, die eigentliche Herausforderung für die Menschen aber besteht darin, in einem Leben Sinn zu finden, das sie viel leichter von Computern und Maschinen gestalten lassen können, als es selbst in die Hand zu nehmen.

Eine Studie, vier Szenarien – keines davon wirkt vollkommen an den Haaren herbeigezogen, und dennoch sind sie sehr verschieden. Abgesehen vom Gärtnern, das in jeder dieser Zukünfte nützlich ist, mal als Selbstversorgung, mal, um überhaupt etwas mit den Händen zu tun, mal als Selbstvergewisserung oder um Solidaritäten zu pflegen, scheint es keine Fähigkeit zu geben, die man überall braucht. Obwohl die Szenarien sehr verschieden sind, haben sie dennoch eines gemeinsam: Sie beschreiben mögliche Zukünfte.

Je nachdem, um welches Erkenntnisinteresse es geht,

können Szenarien sehr verschiedene Ausflüge in die Zukunft simulieren. Anders als frei gesponnene Utopien und Dystopien suchen sie jedoch nach einem Pfad zwischen heute und übermorgen. Die Reise geht Richtung plausible Zukünfte: Vision trifft Trendselektion, Imagination trifft Datensatz, sozusagen. Auf diese Szenarien zu reagieren, solange sie noch Zukünfte sind, uns auf sie einzustellen, sie anzusteuern oder zu vermeiden, auch diese Chance bietet sich nur durch ein Handeln, das den möglichen Konsequenzen voraus ist. In unterschiedlichen Szenarien zu denken, öffnet dabei unseren Horizont. Es bereitet eine Vielzahl möglicher Antworten vor, die im Falle von Krisen für uns verfügbar sind. Es erlaubt Diskussionen darüber, welche der Antworten nicht nur realistisch, sondern auch positiv erscheinen – und lässt uns Handlungsalternativen entdecken und erkunden, noch bevor sich Probleme und Fehler abzeichnen. So lädt Szenario-Denken auch zu einem Diskurs über tiefer liegende Werte ein, die wünschenswerte Zukünfte ausmachen – und macht sichtbar, wo Einschätzungen über realistische Zukünfte auseinandergehen.[22] Stellen wir uns die Frage nach der langen Sicht und beschäftigen uns damit, an welchem Punkt welche Weichen für die Welt unserer Kinder gestellt werden, können wir Trends beobachten und vorausschauend verändern. Statt von ihren exponentiellen Verläufen oder plötzlichen Abbrüchen überrascht zu werden und hektisch zu reagieren.

Erinnern Sie sich noch daran, was eine Rückkopplung ist?

Es ist die Reaktion eines Systems auf einen Impuls.

Anders zu lernen, bedeutet, zur Vorwärtskopplung fähig zu werden. Es heißt, die Zukunft bewusst zu beeinflussen, bevor sie eintritt.

Ob und in welcher Form sich Szenarien einstellen oder sich später als Fehlannahme erweisen, darüber entscheidet nicht das Schicksal, sondern der soziale Wandel. Der britische Zukunfts- und Innovationsforscher Bill Sharpe hat vor einigen Jahren den Ansatz der »Drei Horizonte« entwickelt, der helfen kann, die sozialen Prozesse, aus denen Zukunft entsteht, besser zu verstehen und uns unserer eigenen Rolle bewusster zu werden, während wir durch die Phasen der Liminalität navigieren und sie für den Aufbruch in die Welt von morgen nutzen können.[23]

»Drei Horizonte«, schreibt Bill Sharpe, stehen für »drei mögliche Muster, in denen sich die Zukunft aus der Gegenwart entwickeln könnte. Alle drei sind immer präsent, in jedem Gespräch und auch in unserem eigenen Denken. Die Fähigkeit, sie zu erkennen und geschickt mit ihnen zu arbeiten, in Gruppen, Gemeinschaften, Nationen und in uns selbst, ist eine Praxis, die wir alle entwickeln können. Sie gibt uns den Sinn für unsere Handlungsfähigkeit zurück angesichts einer Zukunft, die radikal offen ist und schon immer war.«[24]

Horizont 1 steht für das gegenwärtig vorherrschende System, den Status quo, das *business as usual*.[25] Um diesen Horizont besser zu verstehen, braucht es das Wissen von »Ingenieur:innen«, also all jenen, die genau sagen können, wie das aktuelle System funktioniert und was vonnöten ist, um, salopp gesagt, den Laden am Laufen zu halten. Doch in dem Maße, wie sich die Welt verändert – ob durch krisenhafte oder als innovativ bezeichnete Erkenntnisse und Veränderungen –, können sich Aspekte des *business as usual* fehl am Platz anfühlen oder nicht mehr zweckdienlich sein. Angesichts der offensichtlich werdenden Unzulänglichkeiten des Systems rückt ein zweiter Horizont in den Vordergrund.

Horizont 2 steht für die Phase, in der immer klarer wird, dass das vorherrschende System nicht länger die Zukunft bestimmt. In diesem Horizont halten sich »Entrepreneur:innen« auf, die sich fragen, wie das Alte zu verbessern oder sogar abzulösen ist. Funktionieren ihre Innovationen besser als das bestehende System, ist ein Punkt der Disruption gekommen, ein Kipp-Punkt, an dem sich die maßgeblichen Akteur:innen entscheiden müssen, ob sie den Status quo des Systems weiter schützen oder in Innovationen investieren wollen, die es ersetzen könnten.

Denn abseits der notwendigen Erneuerungen werden immer auch radikalere Innovationen vorgedacht und im kleinen Rahmen getestet. In der Regel erkennt man sie daran, dass sie experimenteller sind und uns eher weit weg von dem vorkommen, was wir als »normal« empfinden. Sie finden im Feld der »Visionär:innen« statt, die oft mit grundlegend anderen Prämissen arbeiten und nicht auf die Verbesserung des Bestehenden abzielen, sondern auf die Erschaffung von etwas gänzlich Neuem. Unter der Oberfläche des Alltags arbeiten sie an möglichen Zukünften, die das Zeug haben, sich gegen das heutige »normal« durchzusetzen. Dafür steht Horizont 3.

Alle drei Horizonte beschreiben verschiedene Arten, sich zur Zukunft zu verhalten und sie zu beeinflussen. Die Zukunftsforschung, die sich unter anderem damit beschäftigt, wie wir das tun, schlägt dafür drei verschiedene Typen von Zukunft vor. »Wahrscheinliche« Zukünfte treten ein, wenn wir Horizont 1 ohne transformative Veränderungen fortschrieben. »Plausible« Zukünfte erscheinen angesichts aktueller Trends möglich, wenn mit dem Horizont 2 transformative Veränderungen angestoßen werden. »Wünschbare« Zukünfte hingegen beginnen im Horizont 3 und funktionieren wie Zielmarken, auf die wir schrittweise hinarbeiten können, selbst wenn noch nicht alle Maßnahmen und Lösungen auf dem Tisch liegen.[26] Jede und jeder von uns hat diese drei Sichtweisen stets zur Verfügung – und gesellschaftlicher Fortschritt entsteht aus einem produktiven Spannungsverhältnis zwischen ihnen. Es braucht also immer alle – Ingeneur:innen, Entrepreneur:innen und Visionär:innen –, damit sich die Gegenwart in Richtung wünschbare Zukunft verändern kann, ohne dass wir den Anschluss an das Wahrscheinliche verlieren. Wichtig ist, früh genug zu merken, wenn ein weiteres Festhalten am Status quo die Vorwärtskopplungen zu stark beschränkt und Disruptionen am Ende weniger von Aufbruch und mehr von Zusammenbruch geprägt sind.

Kurz gesagt: Bewusst mit disruptiven Zeiten umzugehen heißt, Horizont 3 im Blick zu behalten.

Der erste große Versuch, sich dieser Aufgabe systematisch zu nähern, ist von den Wissenschaftler:innen des Club of Rome veröffentlicht worden. Ihr Bericht über »Die Grenzen des Wachstums« aus dem Jahr 1972 war weltweit auf großes Echo gestoßen, zeigte er doch erstmals mithilfe von Computersimulationen, dass die Zukunft der Menschheit von bestimmten Langfristtrends abhing. Fünf dieser Langfristtrends – das Bevölkerungswachstum, die Nahrungsmittelproduktion, die Industrieproduktion, der Verbrauch von nicht erneuerbaren Ressourcen und die Umweltverschmutzung – hatten das Forschungsteam so auf die Zukunft hochgerechnet, als würde die Menschheit weitermachen wie bislang. Eines der zwölf Szenarien, »Standard Run« genannt, entspricht dem *business as usual* und führte zu exponentieller Beschleunigung der Trends, bevor sie Anfang bis Mitte des 21. Jahrhunderts abrupt kippten. Das galt auch dann noch, wenn in einem Szenario die doppelte Menge der damals bekannten Ressourcenvorkommen eingespeist wurde. Ohne weitreichende politische Intervention ließ sich das Muster nicht drehen.

Von den zwölf Szenarien, die im Bericht aufgemacht worden waren, führten nur zwei in eine nachhaltige Zukunft – und zwar jene, in denen die Auswirkungen und vor allem die Treiber der Trends gemeinsam beachtet und entsprechende politische Maßnahmenpakete eingebaut wurden. Sie betrafen die Ressourceneffizienz, nachhaltige Landwirtschaft, Bevölkerungsstabilisierung, Energiesuffizienz, Lebensmittelverteilung und die Abkehr vom Fokus auf materiellen Konsum hin zur Lebensqualität.

Bei aller Kritik, die es seit 1972 an dem Bericht im Einzelnen gab, seine grundsätzlichen Erkenntnisse sind nicht widerlegt worden.[27] Bis heute ist in allen groß angelegten Studien, die sich mit Nachhaltigkeit beschäftigen, das *business as usual*-Szenario kein besonders attraktives. Und was bei so großen Szenarienanalysen wichtig ist: Es geht nie darum, die Zukunft exakt vorherzusagen, sondern die Muster der Veränderung und die besagten Treiber dahinter offenzulegen.[28] 1972 war eine solche Analyse, zumal im Weltmaßstab und auf die lange Sicht angelegt, eine absolute Innovation. Der eigentliche Erfolg des Berichts bestand jedoch darin, zu zeigen, dass Trends, die bis dahin getrennt betrachtet wurden, in Zusammenhang standen, sodass es »nie wieder möglich sein wird, Probleme wie Bevölkerung, Nahrungsmittelproduktion oder Energie in Isolation zu betrachten«, wie es Aurelio Peccei, einer der Gründer des Club of Rome, in seiner Autobiografie schrieb.[29]

Es geht mir nicht darum, zu bewerten, ob Aurelio Peccei recht hatte, auch wenn ich dieses Buch unter anderem deshalb schreibe, weil ich den Eindruck habe, dass hier noch Luft nach oben ist. Viel wichtiger für den Weg nach vorne ist jedoch, welche Schlussfolgerungen die Wissenschaftler:innen aus ihrem Bericht zogen. Sie fragten sich nämlich auch, wie ein solches Ausmaß an politischem und gesellschaftlichem Willen für transformativen Wandel mobilisiert werden könnte. Um herauszufinden, wie die Menschheit mit diesem Befund erfolgreich umgehen könnte, legten sie deshalb sieben Jahre später den Bericht *No Limits to Learning* (»Keine Grenzen des Lernens«) vor,[30] der in einer illustren Runde internationaler Forscher:innen und politischer Entscheider:innen diskutiert wurde. Dieser Report versuchte, nach den äußeren Grenzen des Wachstums nun die inneren Spielräume auszuloten, welche die Menschheit auf dem Weg in die Zukunft hat. Dazu stellen die Autor:innen zwei Arten des Lernens gegenüber – das Instandhaltungslernen und das Innovationslernen.

Was sie als Instandhaltungslernen bezeichnen, funktioniert, wissenschaftlich ausgedrückt, im Modus relativ stabiler Rückkopplungsschleifen lange gut, so lange also, wie der Horizont 1 nicht in die Krise rutscht. Instandhaltungslernen reagiert auf Herausforderungen routiniert und regelbasiert und beantwortet Probleme mit bekannten Prozedere, Umsetzungsplänen, Rollen oder Modellen. Sind viele Menschen damit vertraut, vereinfacht das gesellschaftliche Kooperation immens, und der Laden läuft. Kleinere Fehlentwicklungen kriegen die Menschen durch adaptive Anpassungen oder Kurskorrekturen in den Griff, die Abläufe des Systems werden dynamisch stabilisiert.

Innovationslernen hingegen wird dann wichtig, wenn die bekannten Routinen nicht mehr zu den gewünschten Ergebnissen führen oder nicht mehr verfügbar sind. Oder wenn nicht mehr ausreichend Bestände – beispielsweise Arbeitskräfte und Rohstoffe – zur Verfügung stehen, um das *business as usual* überhaupt noch instand halten zu können. In einem solchen Fall bereitet Innovationslernen eine wirkliche Veränderung vor, und Entrepreneur:innen müssen sich am Horizont 3 orientieren. Bildlich gesprochen führt Innovationslernen nicht mehr zur x-ten Verbesserung der Kerze, sondern zur Erfindung der Glühbirne. Nehmen wir beispielsweise die Gaslieferungen aus Russland: Seit uns schlagartig klar wurde, wie problematisch sie sind, werden erneuerbare Energien zu »Freiheitsenergien«, und bisherige Widerstände und Einwände verlieren an Geltungskraft. Es entsteht eine klare Mission, ein sozialer Kipp-Punkt. Jetzt ist klar, dass ein neues System aufgebaut werden muss, und die Entrepreneur:innen des zweiten Horizonts können effektiver und beschleunigt zusammenarbeiten.

So, wie der Club of Rome Lernen beschreibt, geht es bei Bildung nicht darum, standardisierte Leistungen von Individuen zu messen und detailliert zu vergleichen. Vielmehr stellt diese Auffassung von Lernen die kreativen Fähigkeiten und die effektive Kooperation einer Gesellschaft ins Zentrum, inklusive der Kompetenzen visionärer Zukunftsseher:innen. So geht Fortschritt. So können wir uns neu erfinden, wenn es sein muss – oder es einfach Spaß macht und uns sinnvoll scheint.

Wie genau und wie lang der Übergang von der Gegenwart in eine wünschbare Zukunft verläuft, hängt davon ab, wie konsequent das Neue verfolgt und das Alte verabschiedet wird. Natürlich können wir auch wieder die Kohle hochfahren, das Tanken subventionieren und Autofahren belohnen – und damit die Klimaziele reißen und Verhaltensveränderungen verzögern. Wir können aber auch Energie sparen, elektrische Sammeltaxis nutzen und soziale Hilfen anbieten, ohne dabei CO_2-intensives Verhalten anzureizen.

Idealerweise beginnt der Umbau ins Neue natürlich vorausschauend. Denn wenn eine Gesellschaft zu lange am *business as usual* festhält, riskiert sie, so die Autor:innen von *No Limits to Learning*, ihre Gestaltungsmöglichkeiten und Freiheiten stark zu begrenzen. Entsteht der Veränderungsimpuls immer erst aus Krisen, bedeutet dies, dass eine Vielzahl möglicher Alternativen weder systematisch vorgedacht und getestet noch frühzeitig verbreitet wird. Dann müssen wir, wenn es gar nicht mehr anders geht, sehr rasch lernen. Meist kommt es dann zu sogenannten schockbasierten Innovationen, die uns in der Regel mehr herausfordern als gestaltbare Transformationen.[31] Die Forscher:innen kommen deshalb zu dem Schluss, dass Bildungs- und Wissenschaftssysteme immer ausreichend Innovationslernen vermitteln sollten, inklusive des bewussten Umgangs mit der eigenen Rolle als Wirk.

Genau das hat damals die junge Frau in Brüssel gefordert. Sie hat nach einer Bildungsstrategie gefragt, in der das Verlassen des gewohnten Pfades im Zentrum steht. Sie wollte eine Bildung, wie sie im althochdeutschen »Bildunga« aufscheint, das für Vorstellung oder Vorstellungskraft steht. Schon Platon hat mit seinem Höhlengleichnis gezeigt, dass es dabei immer auch darum geht, Scheingewissheiten abzulegen und sich selbst zu hinterfragen.

Was also treibt uns an? Und was sagt die lange Sicht?

Als ich im Jahr 2014 zu einer meiner ersten Konferenzen der Nachhaltigkeitswissenschaften gefahren bin – in der Zeit davor war ich hauptsächlich auf Tagungen der Politischen Ökonomie und der Internationalen Beziehungen –, war ich beeindruckt von den unterschiedlichen Veranstaltungsformaten. Neben den auf solchen Konferenzen üblichen wissenschaftlichen Papern und Postern gab es auch Musik, eine Ausstellung und eine Session, die sich Participatory Forum Theater nannte. Ich besuchte eine Diskussion, zu der junge Kolleg:innen vom Stockholm Resilience Center eingeladen hatten, das explizit dafür gegründet worden war, sozial-ökologische Systeme besser zu verstehen und Empfehlungen für Nachhaltigkeitstransformationen zu erarbeiten. Und da Nachhaltigkeitsprobleme per Definition aus einer ökologischen, sozialen und ökonomischen Dimension bestehen, ist im Stockholm Resilience Center das Arbeiten in interdisziplinären Teams die Regel. Doch dies bereitete den jungen Wissenschaftler:innen Sorge, denn für angehende Akademiker:innen ist ein Master- oder Doktorandenprogramm mit interdisziplinären Forschungsdesigns nicht nur anspruchsvoll, sondern auch ein berufliches Risiko. Es gibt zwar befristete Stellen in den jeweiligen Projekten, aber die für den weiteren Berufsweg wichtigen Förderungen, Publikationsmöglichkeiten und reputierlichen Preise der klassischen Universitätslandschaft sind für die »Interdisziplinären« schwer zu bekommen, weil sie nicht so richtig in die üblichen Fachbereiche passen. Sie sind im wahrsten Sinn des Wortes undiszipliniert und fallen damit durch genau das Raster, in dem sie arbeiten sollen.

Eine der Forscherinnen des Centers, Jamila Haider, beschloss daher mit ihren Kolleg:innen, dieses Innovationsdilemma zum Forschungsobjekt zu machen und ihren Status als Misfits, als Entrepreneur:innen, die mit ihren Fragen und Themen zwischen allen Stühlen sitzen, sichtbar zu machen. Statt den »manchmal unangenehmen Platz in Wissenschaft und Forschung« zu ignorieren oder aufzugeben, begannen sie auf der Konferenz mit einer Umfrage und veröffentlichten schließlich einen Fachartikel, der nicht nur ihre Position im System (die geringeren beruflichen Aufstiegschancen), sondern auch die Regeln des Systems selbst (die Wege der Wissenserzeugung) offiziell auf die Agenda holte.[32]

Sie hatten bei ihrer Kritik also nicht nur die Sorge um ihre eigene Position im System im Sinn, sondern die Regeln des Systems selbst und die Frage, ob sie damit die ihnen wichtigen Zukunftsfragen gut bearbeiten könnten. Immerhin gibt es ja das politisch deklarierte Ziel einer Nachhaltigkeitstransformation.[33] Freundlich undiszipliniertes Verhalten kann also gerade in Transformationszeiten dazu beitragen, dass Scheingewissheiten, Welt- und Selbstbilder, die nicht (mehr) mit der Wirklichkeit und ihren Herausforderungen übereinstimmen, erkannt und aktiv verlernt werden.[34] Sodass die Strukturen des Lernens den Herausforderungen nicht hinterherhinken, sondern ihnen vorauseilen.[35]

Der Wissenschaftshistoriker und Direktor des Max-Planck-Instituts für Wissenschaftsgeschichte Jürgen Renn drückt das in seinem Buch *The Evolution of Knowledge*, in dem er fast mehr als zwei Dekaden empirischer und vergleichender Forschung zusammenfasst, so aus: »Wir müssen in den Maschinenraum der Wissenschaft hinabsteigen und uns an dem täglichen Ringen beteiligen, um das Anthropozän in eine lebenswerte Umwelt für die Menschheit zu verwandeln.[36] Das Wissenschaftssystem wird eben auch von Instandhaltungstendenzen heimgesucht, selbst wenn der Forschungsbetrieb gern wie ein Staffellauf dargestellt wird, in dem geniale Ideen weitergereicht und immer weiter verfeinert werden. Wie Jamila Haider deutlich machte, ist auch Wissenschaft nicht frei davon, innerhalb eines Systems zu agieren. Daher sind wissenschaftliche Ergebnisse immer auch Ausdruck der Strukturen, Regeln und Anreize, in denen sie geschaffen werden.

»Selbst die grundlegendsten Aspekte des klassischen Bildes der Wissenschaft – Beweise, Experimente, Daten, Objektivität, Rationalität – haben sich als zutiefst historisch erwiesen«, resümiert Renn.[37] Und so wurden viele ehemals objektiv und rational erscheinende Erkenntnisse im Laufe der Zeit als temporäre Gewissheiten in die Geschichtsbücher eingetragen. Wer diese Bücher schreibt und wann sie von wem wie verändert werden, ist deshalb immer auch Ausdruck von Machtverhältnissen. Galileo Galilei, der seinerzeit für sein unbequemes Denken von der katholischen Kirche verurteilt wurde, ist dafür vielleicht das berühmteste Beispiel.

Deshalb bedarf die Art, wie wir Wissen schaffen, einer aufmerksamen Pflege, denn auf diesem Wissen basiert das Handlungspotenzial einer Gesellschaft. Wissenschaft, Bildung und Technologieentwicklung können daher nicht getrennt von einer Gesellschaft gesehen werden, im Gegenteil. Sie sind ihr organisierter Lernprozess. Sie stehen stets im gewachsenen Kontext der Gegenwart. Sie produzieren keine neutralen Ergebnisse, sondern die nächsten Antworten auf unsere jeweiligen Fragen.[38] Ändern wir die Fragen nicht oder nur wenig, obwohl sich die Zeiten ändern, können wir nur adaptive, aber keine transformativen Antworten erwarten. Bleiben unsere Fragen zu oberflächlich, werden wir nicht lernen zu hinterfragen. Daher sind Misfit-Erfahrungen zwar eher unbequem, aber wertvoll. Oft sind sie ein Schritt in Richtung wünschenswerte Zukünfte.

»Ein Mangel an wünschenswerten und gleichzeitig möglich erscheinenden Zukünften könnte Teil des Unwohlseins sein, das überall auf der Welt zu finden ist«, analysiert der britische Innovationsforscher und Regierungsberater Geoff Mulgan. »In jedem Fall ist er mit einem empfundenen Verlust der Handlungsfähigkeit verbunden und führt zu einer wachsenden Sorge um die Zukunft.«[39]

Wollen wir es anders als die Student:innen von Tanaland machen, müssen wir diesem Unwohlsein auf den Grund gehen. Und von dort aus Zukunft wieder neu lesen und schreiben lernen. Dabei hilft uns, so der *Social Sciences Report* der UNESCO aus dem Jahr 2013, etwas, das als *Futures Literacy* bezeichnet wird. Das ist die Fähigkeit, »sich Zukünfte vorstellen zu können, die nicht auf versteckten, unhinterfragten und manchmal fraglichen Annahmen zu vergangenen und heutigen Systemen basieren«.[40] Indem *Futures Literacy* kritisches Denken mit genauer Beobachtung des Kontextes und präziser Beschreibung dessen kombiniert, worum es bei einem bestimmten Problem eigentlich geht, hilft uns diese Fähigkeit, den Lernprozess auf den dritten Horizont auszurichten. Die wichtigsten Fragen lauten dann: Wie sieht das gewünschte Ergebnis aus – und was hält uns auf, dort hinzugehen? Und warum tut es das?

»Eine Person, die zur *Futures Literacy* fähig ist«, schreibt Riel Miller, Leiter des Foresight-Bereichs der UNESCO, »kann entscheiden, warum und wie die eigene Imagination genutzt wird, um eine nichtexistente Zukunft in die Gegenwart zu bringen«.[41]

Implizit tun wir das sowieso schon. Wir stellen uns vor, wie Dinge verlaufen könnten, wie wir das fänden, ob das wahrscheinlich ist und wie andere das wohl finden. Diese Vorstellungen beeinträchtigen dann nicht nur unsere Entscheidung, sondern auch, welche Optionen wir überhaupt in Betracht gezogen haben. Deshalb ist es wichtig, dass wir uns diese Selektionsmechanismen des Zukünfte Schreibens klarmachen und sie bewusster nutzen.

Die austrainierten Start-ups des Silicon Valley haben das verstanden und erzählen von fantastischen Ergebnissen, die ihre Produkte mit sich bringen werden. *Fake it till you make it* ist die Formel, nach der das Rennen um die Risikokapitalgeber ausgetragen wird. Gut verkaufte, imaginierte, zukünftige Geldflüsse mobilisieren heute die Summen, mit denen die Wirklichkeit von morgen geschaffen wird. Aber welche Wirklichkeit entsteht, sollten wir aus meiner Sicht demokratisieren. Und nicht einfach mit viel Geld forcieren oder auf den finanziellen Ertrag reduzieren. Wie soll das sinn- und nahrhafte Gärtnern möglich bleiben, wenn nur noch Geld gezüchtet wird?

Gesellschaftliches Innovationslernen umfasst also auch die Frage, wer über den dritten Horizont bestimmt. Schließlich sind Start-up-Täler und glitzernde Finanztürme nicht die einzigen Orte auf der Welt, an denen wir Visionen für unsere Zukunft formulieren.

Wissen Sie, was zum Beispiel die Vereinten Nationen zum Abschluss der ersten internationalen Konferenz zu Umwelt und Entwicklung 1972 in Stockholm festhielten? »Der Mensch ist beides, Geschöpf und Schöpfer seiner Umwelt, die ihn physisch unterhält und ihm die Möglichkeit intellektuellen, moralischen, sozialen und spirituellen Wachstums gewährt«.[42] Diese schöpferische Fähigkeit gelte es im internationalen Austausch zu entwickeln.

Fünfzehn Jahre später legte eine Kommission unter dem Vorsitz der früheren norwegischen Ministerpräsidentin Gro Harlem Brundtland für die Vereinten Nationen erstmals eine Idee vor, wie das aussehen könnte: »Die Menschheit ist in der Lage, Entwicklung nachhaltig zu gestalten, um sicherzustellen, dass sie die Bedürfnisse der Gegenwart erfüllt, ohne die Fähigkeit künftiger Generationen zu gefährden, ihre eigenen Bedürfnisse zu befriedigen.«[43] Die dazu passende Deklaration hieß »Unsere gemeinsame Zukunft«.

Und heute?

Heute braucht es schon eine Pandemie oder einen Krieg, bis die Worte »Solidarität« und »Schicksalsgemeinschaft« sich überhaupt in die politischen Botschaften unserer Volksvertreter:innen trauen. Und wir kommen nicht so richtig voran damit, die gemeinsamen Ziele von Umweltschutz bis sozialer Gerechtigkeit zu erreichen. Was vielleicht daran liegt, dass die Individualisierung und weitreichende Finanzialisierung dazu geführt haben, dass die Zukunft trotz allem weiter privatisiert wurde: »Aus gesellschaftlichen Zielen wurden persönliche Ambitionen«, stellte die Jacobs Foundation in ihrer Studie fest.[44]

Lassen wir zu, dass einige wenige unsere Zukunft privatisieren und die große Mehrzahl nur noch versuchen kann, in ihr klarzukommen? Oder wollen wir die Antworten auf die Fragen nach wünschenswerten Zukünften lieber von möglichst vielen in die Welt tragen lassen?

Die gute Nachricht ist, dass viele der Kompetenzen, die wir dafür brauchen, in unterschiedlichen Bildungskonzepten[45] bereits gefordert werden. Sie überlappen sich übrigens stark: Neugierde und kritisches Denken gehören genauso dazu wie Selbstwirksamkeit, Multiperspektivität, Kooperationsvermögen, kulturelle Sensitivität, digitale Resilienz und Kommunikationsfähigkeiten.[46]

Genießen viele Menschen eine solche Bildung, dann erhöht sich auch die *Transformabilität* einer Gesellschaft, also ihre »Fähigkeit, unerprobte Anfänge zu schaffen, aus denen sich eine völlig neue Form des Lebens entwickelt, wenn die gegebenen ökologischen, ökonomischen und sozialen Voraussetzungen das aktuelle System unhaltbar machen«, wie es ein Gruppe Forscher:innen um die kanadische Expertin für Sozialinnovationen Frances Westley erklärt.[47]

Der Leitsatz für Transformabilität ist daher, dass es eben kein Beweis von Stärke oder Überlegenheit ist, das eigene Weltbild auf Teufel komm raus zu verteidigen. Sondern im Gegenteil, sich immer wieder mal in andere Welten einladen und sich von ihnen irritieren und inspirieren zu lassen. Denn gesellschaftliches Lernen ist nicht auf Bildungsinstitutionen beschränkt. Es findet täglich und überall statt, in unserem Alltag als Wirks.

Wissen, Wollen und Wirken, so auch die Jacobs Foundation, machen die Verantwortung aus, mit der jede:r an der Gestaltung der Zukunft teilnehmen kann. Wissen bedeutet, den Ist-Zustand und seine Entstehung beschreiben zu können. Wollen, den Soll-Zustand benennen zu können; sagen zu können, wie die wünschenswerte Zukunft aussieht und welche Mittel uns helfen, sie zu erreichen. Wirken schließlich steht für die sozialen und persönlichen Fähigkeiten, um sich selbst als Akteur:in auf dieser Reise einzusetzen, die mit dem ersten Schritt ins Neue beginnt.

Und auch Loslassen ist Teil der Erneuerung. Wenn der Moment gekommen ist, an dem ein System ausgedient hat, zeugt es von viel Größe, sein Gehen zu unterstützen. Umso schneller entwickeln sich die unerprobten Ansätze in die neue Normalität. Eine Welt geht, eine andere entsteht. Um die große Transformation unserer Zeit erfolgreich gestalten zu können, müssen wir Hebamme und Palliativschwester in einem sein.

Systemfalle: Falsche Zielsetzung

Wie sich ein System verhält, lässt sich am wirksamsten über seinen Zweck oder sein Ziel (purpose) *beeinflussen. Das gilt für Gesellschaften wie auch für ihren Bildungskanon. Wenn das Ziel nicht klar festlegt, was wir* eigentlich *erreichen wollen, kann das System unmöglich das gewünschte Ergebnis hervorbringen. Messen wir zum Bei-*

spiel vor allem, wer oder was im aktuellen System möglichst erfolgreich ist, halten wir vor allen den Status quo instand. Das führt zu wenig Flexibilität und Innovation. Wenn wir möglichst vielen Menschen ermöglichen wollen, eine wünschenswerte Zukunft zu gestalten und zu verantworten, müssen wir das Ziel von Bildung, Wissenschaft, Forschung und Lernen einem Update unterziehen.

Vermögen – Anders wachsen

»Aber bei der Betrachtung jeder fortschrittlichen Entwicklung, die ihrer Natur nach nicht unbegrenzt ist, begnügt sich der Verstand nicht damit, die Gesetze der Bewegung nachzuvollziehen; er kommt nicht umhin, die weitere Frage zu stellen: Zu welchem Ziel? Zu welchem Endpunkt strebt die Gesellschaft durch ihren industriellen Fortschritt? Wenn der Fortschritt aufhört, in welchem Zustand wird er die Menschheit zurücklassen?«

John Stuart Mill, Philosoph und Ökonom[48]

Goldman Sachs ist nicht einfach eine Investmentbank. Es ist der Inbegriff einer Investmentbank. Natürlich gibt es an der Wall Street noch andere Institute, die für große Anleger wie Versicherungen oder Fonds Kapital verwalten, für Konzerne Übernahmen einfädeln oder Staaten helfen, sich Geld am Finanzmarkt zu leihen. Aber nur wenige waren bis zur Finanzkrise 2008 so brutal erfolgreich und wurden zugleich so bewundert, gefürchtet und manchmal auch gehasst wie »Goldmine Sachs«, wie das Haus in der Branche anerkennend genannt wird. Als sich der Crash 2007 ankündigte und die Konkurrenz bereits Leute entlassen musste, zahlte Goldman Sachs seinen Banker:innen noch Boni in einer Rekordhöhe von zwanzig Milliarden Dollar aus. Allein für den damaligen Chef Lloyd Blankfein waren das fast siebzig Millionen Dollar zusätzlich zum Gehalt.[49] Niemand an der Wall Street hatte bis dahin einen höheren Bonus bekommen als er, während zugleich in Amerika überall Menschen ihre Häuser und Jobs verloren, sich Staaten verschulden mussten, um Banken zu retten, und die globale Wirtschaft in eine schwere Krise rutschte. Trotzdem klang Blankfein, als er seine Arbeit und den Bonus später zu rechtfertigen versuchte, wie ein Mann, der ein reines Gewissen hat.

»Wir helfen den Unternehmen, zu wachsen, indem wir ihnen helfen, Kapital zu bekommen«, sagte er damals einem Reporter der *New York Times*. »Unternehmen, die wachsen, schaffen Wohlstand. Und das wiederum ermöglicht es den Menschen, Jobs zu haben, die noch mehr Wachstum und noch mehr Wohlstand schaffen. Es ist eine Erfolgsspirale.« Wenn der Finanzmarkt zusammenbreche, breche das Geschäft von allen zusammen, so Blankfein, insofern habe seine Bank einen »sozialen Zweck«, und egal, wie sehr er dafür angefeindet werde, er sei nur ein Banker, der »Gottes Werk« tue.[50]

Was genau befremdet einen an diesen Sätzen so?

Das Narrativ, das Blankfein hier in der gängigen Kurzversion erzählt, lautet: Wachstum bedeutet Wohlstand. Wachstum erhält Jobs. Wachstum ermöglicht Innovation – und umgekehrt. Wachstum hält das System stabil. Die meisten Banker:innen, Vorstandsvorsitzenden und Regierungschef:innen hätten genauso geantwortet. So wird es in den Ökonomievorlesungen der Universitäten gelehrt, so steht es im Wirtschaftsteil der Zeitungen und in den Programmen der allermeisten Parteien. Es ist nicht die private Meinung eines Bankers, der sich ganz offensichtlich für unfehlbar und unantastbar zugleich hält. Hier spricht jemand, der weiß, dass Leute wie er auf Posten wie seinem schwer zu belangen sind, weil die Geschichte vom Wachstum sie sehr effizient schützt.[51] Lloyd Blankfein ist heute zwar nicht mehr Chef von Goldman Sachs. Goldman Sachs aber ist immer noch eine sogenannte systemrelevante Bank. Das sind Banken, die *too big to fail* sind, zu groß, als dass sie pleitegehen dürften. Der Staat wird sie im Notfall immer retten, selbst wenn sie diesen Notfall durch ihr Streben nach Wachstum überhaupt erst verschuldet haben.

Wir haben unser ganzes System auf diesem Wachstumsnarrativ aufgebaut. Es ist die einzige Geschichte, die uns über Nationen, Religionen, Geschlechter und Identitäten hinweg verbindet. Anthropolog:innen sehen sie als den kulturellen Treiber hinter der erfolgreichen Unterwerfung aller anderen Spezies auf unserem Planeten.[52] Daraus auszusteigen ist nicht einfach: Wir haben Ja zu dieser Wachstumsgeschichte gesagt, nun müssen wir Ja zu allem sagen, was sich aus ihr ergibt.

Woher soll da eine Veränderung kommen?

Der erste Teil dieses Buches hat gezeigt: durch strukturelle Umbrüche und mutige Menschen.

Im Februar 2021 verschickte eine Gruppe junger Banker:innen, die gerade ihr erstes Arbeitsjahr bei Goldman Sachs begonnen hatten, an ihre Vorgesetzten eine PowerPoint-Präsentation, die auf den ersten Blick genauso aussah, wie Präsentationen bei Goldman Sachs eben aussehen, wenn die Bank das Geschäft anderer Firmen begutachtet.[53] Der Unterschied war, dass es in dieser Präsentation gar nicht um eine andere Firma ging, sondern um die eigene. Die jungen Banker:innen hatten sich untereinander befragt, wie zufrieden sie mit Goldman Sachs als Arbeitgeber waren – und das Ergebnis war verheerend. Die öffentliche Wirkung, als es später publik wurde, ebenso. Fast alle Jung-Banker:innen arbeiteten hundert Stunden pro Woche und mehr, schliefen nur fünf Stunden pro Nacht und schafften ihre Arbeit trotzdem nicht. Die ihnen gestellten Abgabefristen hielten alle für unrealistisch. Hatten sie zu Beginn ihres Jobs ihre physische und mentale Gesundheit auf einer Skala von eins bis zehn mit etwa neun, also »sehr gut«, eingeschätzt, war dieser Wert inzwischen auf weit unter drei gefallen. Ihr persönliches Leben insgesamt bewerten sie nur noch mit eins für »sehr unzufrieden«. Sollte sich an diesen Arbeitsbedingungen nichts ändern, wollten viele der Analyst:innen bei Goldman Sachs innerhalb des nächsten halben Jahres kündigen.

»Es gab einen Punkt, an dem ich nichts gegessen, nicht geduscht oder irgendetwas anderes gemacht habe als von morgens bis nach Mitternacht zu arbeiten«, wird eine oder einer von ihnen in der heute frei zugänglichen

Umfrage zitiert. »Arbeitslos zu sein macht mir weniger Angst als die Frage, was aus meinem Körper wird, wenn ich diesen Lebensstil fortführe«, erklärte eine andere Person.[54]

Einen Job bei Goldman Sachs zu bekommen, gilt gewöhnlich als Ticket für eine glänzende Karriere. Wer sich bewirbt, gehört in der Regel bereits zu den besten Absolvent:innen der amerikanischen Eliteuniversitäten und betritt nun den noch elitäreren Kreis des Investmentbankings. Dort kann man nicht nur sehr viel Geld verdienen, dort kann man auch Kontakte aufbauen. Kaum eine Bank ist so gut in die Politik vernetzt wie Goldman Sachs. Allein drei der letzten zehn amerikanischen Finanzminister kamen von hier, ebenso wie der spätere Chef der Europäischen Zentralbank Mario Draghi. José Manuel Barroso ging umgekehrt nach zwei Amtszeiten als EU-Kommissionspräsident zu Goldman Sachs International nach London. Das war zwei Wochen nach dem Referendum zum Brexit. Gegenüber der *Financial Times* äußerte er, er »werde tun, was er könne, um die negativen Auswirkungen des Brexit auf Goldman Sachs zu verringern«.[55] Wer als junger Mensch bei Goldman Sachs anfängt, weiß all das. Auch, dass die Konkurrenz groß und der Wettbewerb hart ist. Doch an einem Punkt schien der Preis für die jungen Analyst:innen zu hoch geworden zu sein. Sie waren nicht mehr bereit, ihr Wohlbefinden gegen Wohlbesitz einzutauschen. Ihre Präferenzen hatten sich verändert. Sie hatten es bis in die Kathedrale des großen Geldes geschafft, um

»Gottes Werk« zu tun – und waren dort vom Glauben abgefallen.

Wenn wir heute kritisch über Wachstum sprechen, haben wir oft nur die negativen Folgen im Blick, die es für unsere Umwelt hat oder haben wird. Als würden wir diese Folgen erst spüren, wenn der Meeresspiegel steigt, wenn Dürren ausbrechen und Waldbrände oder Wirbelstürme das Land verwüsten. Was wir gern Wertschöpfung nennen, verhält sich in großen Teilen proportional zu der Schadschöpfung, die wir in den natürlichen Systemen mit unserer Art zu wirtschaften anrichten. Doch inzwischen können wir die Folgen eines Systems, in dem wirtschaftliches Wachstum über alles geht, auch am eigenen Leib spüren. Nicht nur in Form von hohem Nitrat im Trinkwasser, Abgasen in der Lunge und Mikroplastik im Körper. Unter Begriffen wie *Overload* oder *Overwhelm* werden heute Phänomene wie Burn-out, Depression, Panikattacken oder Zukunftsängste gefasst. Sie gehören in den als erfolgreich geltenden, reichen Industrieländern längst ebenso zum Alltag wie Übergewicht, Diabetes oder Herz-Kreislauf-Erkrankungen, die wir ganz entspannt »Zivilisationskrankheiten« nennen. Als wäre nicht dieses Wort schon ein Indikator dafür, dass irgendwas nicht richtig rund läuft.[56]

Wir wissen auch, dass es einen sogenannten Grenznutzen gibt, den Punkt, ab dem noch mehr Besitz die Lebenszufriedenheit nicht noch weiter steigert,[57] während Dinge wie Gesundheit, Schlaf, Beziehungsqualitäten und ein gewisses Ausmaß an Kontrolle über das eigene Leben in jeder Situation sehr wichtig sind. Befragt man die Menschen in Deutschland, wünschen sie sich drei bis vier Stunden Freizeit pro Tag.[58] Natürlich sind eine ausreichende materielle Versorgung und ein sicheres Dach über dem Kopf dabei Voraussetzung, doch gerade in reichen Gesellschaften ist es nicht der absolute, sondern der *relative* – also der im Vergleich zu anderen erreichte – Lebensstandard, der für das Wohlbefinden entscheidend ist. Ob etwas reicht, entscheidet sich in reichen Ländern also nicht unbedingt nach objektiven, sondern mehr nach sozialen Kriterien. Dennoch diskutieren wir nur selten über die Verbindung zwischen menschlichem Wohlergehen und der Art und Weise, *wie* wir leben, wirtschaften und konsumieren.[59] Als scheuten wir davor zurück, uns die naheliegende Frage zu stellen: Was macht der allumfassende Wachstumszwang eigentlich mit uns?

In meinen Vorträgen bitte ich die Zuhörer:innen an dieser Stelle manchmal, für einen Moment die Augen zu schließen und sich vorzustellen, wie sich eine wünschenswerte Zukunft für sie anfühlt. Ja, anfühlt. Denn erstaunlicherweise haben wir zwar ziemlich unterschiedliche Vorstellungen davon, wie eine wünschenswerte Zukunft konkret aussehen mag, aber in Bezug auf die Qualität des Miteinanders, die Alltagserfahrungen und das Sein in der Welt liegen wir oft nicht weit auseinander. Versuchen Sie es mal.

Im Anschluss bitte ich die Anwesenden, sich ein paar Ikonen der Wachstumsgeschichte vor Augen zu rufen, Männer wie Elon Musk von Tesla, Mark Zuckerberg von Meta oder Jeff Bezos von Amazon. Danach bitte ich sie, an Menschen zu denken, deren Leistungen nie in einen Aktienkurs umgerechnet werden konnten – Mahatma Gandhi beispielsweise, Nelson Mandela oder Mutter Teresa –, und sich dann mit der Nachbarin oder dem Nachbarn darüber auszutauschen, welchem dieser Menschen sie lieber die Führung eines Landes anvertrauen würden. Und wie sich dabei die jeweils mögliche Zukunft für sie anfühlt.

In diesem Experiment ist fast schon körperlich zu spüren, wie sehr es den Druck aus Gesellschaften nehmen würde, wenn nicht alle immer schneller laufen und immer mehr umbauen und anhäufen wollen. Denn sich um etwas zu kümmern und für etwas einzusetzen, obwohl wir wissen, dass wir damit nicht reich werden können, ja sogar, ohne dass wir überhaupt Geld dafür bekommen wollen, ist genauso Teil unserer Fortschrittsgeschichte. Und eine Quelle von Zufriedenheit. Wir sind eben nicht nur egoistisch. Wir sind auch selbstlos, wir können sorgen, wertschätzen und teilen, empfinden Verantwortung und Verbundenheit. Es macht mich oft sprachlos, wie viele Seiten unserer Existenz wir ausblenden, damit die Geschichte eines ewig beschleunigten Wachstums als Synonym für Fortschritt, Wohlstand oder für die naturgegebene Laufbahn der Menschheit aufgeht.

Die Frage, worum es beim Wirtschaften eigentlich geht, ist natürlich nicht neu. Die Kunst des »guten Lebens« hat bereits zu Beginn der Industrialisierung vor 250 Jahren einflussreiche Denker beschäftigt, auf die sich ökonomische Konzepte noch heute beziehen. Einer davon war der englische Jurist und Philosoph Jeremy Bentham. Für ihn ist der Mensch grundsätzlich von zwei Empfindungen geleitet, die ihn wie souveräne Gebieter beherrschen – das sind Freude und Leid. Alles, was der Mensch denkt, tut und will, denkt, tut und will er – laut Bentham –, um entweder mehr Freude zu spüren oder weniger Leid. »Sowohl der Maßstab für Richtig und Falsch als auch die Kette der Ursachen und Wirkungen sind an ihrem Thron festgemacht«, schreibt er.[60]

In der Maximierung von Glück und in der Minimierung von Unglück liegt für Jeremy Bentham, der ein einflussreicher Sozialreformer war, sowohl Antrieb als auch Ziel menschlichen Strebens. Ob eine Handlung als gut oder schlecht zu bewerten ist, leitet sich für ihn nicht aus einer Moral ab, sondern allein daraus, ob sie einen Nutzen – *utility* – darstellt. Daher der Name dieser Denkrichtung, die als Utilitarismus bezeichnet wird – als Philosophie des Nützlichkeitsprinzips. Es besagt, dass der Netto-Nutzen einer Handlung darüber entscheidet, ob sie zum Glück einer Gesellschaft beiträgt oder nicht.

Mit diesem *greatest happiness*-Prinzip arbeiten bis heute viele ökonomische Modelle: Die Präferenzen, nach denen die darin simulierten wirtschaftlichen Entscheidungen ablaufen, werden genau danach programmiert.

Die neoklassischen Ökonomen nach Bentham haben dafür Geldwerte als Ausdruck von Nutzen eingesetzt, weshalb höhere Geldwerte konsequenterweise einen höheren Nutzen darstellen; die Bereitwilligkeit, sie zu zahlen, wäre ja sonst nicht gegeben. Für Bentham ist das übergeordnete Ziel (*purpose*) einer utilitaristischen Gesellschaft also so etwas wie das »größte Glück der größten Zahl«. Übersetzt heißt das: Die Geldsumme in einer Volkswirtschaft zeigt uns an, ob wir auf einem guten Weg sind oder nicht.

Doch schon John Stuart Mill, einer der liberalen Vordenker und Väter der klassischen Nationalökonomie, fiel einige Jahrzehnte später auf, dass das nicht das Ende der Geschichte sein kann. So fragte er im Jahr 1848 freiheraus, warum es ein Zeichen von Erfolg sei, wenn Menschen, die sowieso schon reicher sind, als irgendwer es sein müsste, ihren Besitz noch einmal verdoppeln – zumal dieser Zuwachs kaum mehr Vorteile brächte, als diesen Reichtum zur Schau stellen zu können. Zudem beobachtete er auf seinen häufigen Wanderungen schon damals, wie sich ein derart expansives und extraktives Wirtschaften auf die Natur und Landschaften auswirkt, die für ihn einen hohen Wert darstellten. Für Mill war also klar, dass die Phase starken materiellen Wachstums eine vorübergehende sein würde und immer mehr materieller Komfort nicht das Ziel des Fortschritts bleiben dürfe: »Solange die Geister grob sind, brauchen sie grobe Stimuli, und lasst sie sie haben. In der Zwischenzeit seien diejenigen entschuldigt, die diese sehr frühe Stufe menschlicher Entwicklung nicht als die ultimative ansehen und relativ gleichgültig gegenüber dieser Art von ökonomischem Fortschritt bleiben: (...), die reine Steigerung der Produktion und Akkumulation.«[61] Die Kunst des guten Lebens würde seiner Sicht nach erst in einem gesellschaftlichen Gleichgewichtszustand gedeihen, in dem »keiner arm ist, niemand reicher zu sein wünscht und niemand Grund zu der Furcht hat, dass er durch die Anstrengungen anderer, die sich selbst vorwärtsdrängen, zurückgestoßen werde«.[62] Mill hielt eine stabile Bevölkerungszahl und reduzierte Arbeitszeit für nötig, um Raum für die Entfaltung der tieferen menschlichen Potenziale zu gewinnen. Wirtschaftliches Wachstum, wie Mill es verstand, war eben kein Selbstzweck, mit dem jede und jeder so gut sie oder er konnte Besitz anhäufte. Es diente dazu, dem Leben durch gesellschaftlichen Fortschritt Freiräume zu entlocken, die jenseits der materiellen Notwendigkeiten lagen.

John Maynard Keynes, einer der wichtigsten Ökonomen des 20. Jahrhunderts, skizzierte genau dies noch einmal, gut achtzig Jahre später, in seinem viel zitierten Essay mit dem Titel *Wirtschaftliche Möglichkeiten für unsere Enkelkinder*.[63] Für die Menschheit breche in spätestens hundert Jahren eine Zeit an, in der sie von den grundlegenden materiellen Bedürfnissen befreit sei. Auch er setzte voraus, dass die Bevölkerungszahl sich stabilisiert. Technologischer Wandel und finanzielles Kapital würden die Produktivität so weit steigern, dass »das ökonomische Problem (...) gelöst« sei.[64] Letzteres lag für ihn nur so lange vor, bis alle materiell versorgt seien. Und um für ausreichend Nahrung, Kleidung und Behausung zu sorgen, so schätzte Keynes, müsse ein Mensch im Jahr 2030 nur noch drei Stunden pro Wochentag arbeiten. Das stelle den Menschen dann unweigerlich vor die Frage, wofür er die gewonnene Zeit nutzen will, »damit er weise, angenehm und gut leben kann«.[65]

Er schreibt tatsächlich: »weise, angenehm und gut leben«.

Als John Stuart Mill sein Werk veröffentlichte, haben drei bis vier Stunden Arbeit am Tag noch ganz andere Ergebnisse erzielt als in der heutigen Welt mit zig Maschinen im Einsatz. Als John Maynard Keynes seinen Essay 1930 veröffentlichte, steckte die Welt inmitten der Weltwirtschaftskrise. Das Problem, dass sich breite Schichten der Bevölkerung irgendwann mit dem Sinn des Lebens auseinandersetzen müssen, damit ihnen vor Wohlstand nicht langweilig wird, schien weit weg. Inzwischen aber sind weitere neunzig Jahre vergangen, und Keynes' Voraussagen zu Produktivität und Wachstum haben sich sogar als vergleichsweise vorsichtig erwiesen. Der materielle Lebensstandard im globalen Norden ist heute nicht nur achtmal, sondern siebzehnmal höher.[66] Die materiellen Bedürfnisse sind dort mehr als gedeckt. Nach der Vorhersage von Keynes hätte die Jahresarbeitszeit um zwei Drittel fallen können und müssen. Stattdessen fiel sie selbst im globalen Norden eher nur um ein Drittel, während die Quote der Erwerbstätigen in diesen Ländern seit 1960 noch einmal um zehn Prozent anstieg. Im Verhältnis gesehen arbeitet also im globalen Norden inzwischen ein größerer Anteil der Menschen am Bruttoinlandsprodukt mit als vor knapp hundert Jahren.[67] Von den Drei-Stunden-Tagen sind wir immer noch weit entfernt.

Wo ist die Zeit, die wir doch angeblich gewonnen haben?

Moderne Gesellschaften sind Wachstumsmaschinen. Im Vergleich zur Generation unserer Großeltern haben wir heute mehr soziale Kontakte, besitzen mehr Dinge, ziehen häufiger um, fahren kürzer und dafür öfter in Urlaub, wechseln häufiger Partner und Arbeitsstellen. Die verfügbaren Informationen und die Menge an gespeicherten Daten verdoppeln sich in immer kürzeren Abständen, während sich die Halbwertzeit von Produkten und Trends immer schneller verkürzt. Inzwischen sind pro Jahr doppelt so viele Menschen mit einem Flugzeug unterwegs, wie zu Zeiten von Keynes überhaupt auf der Erde lebten.[68] Unser Gefühl, wie weit etwas entfernt ist oder wie lange etwas dauert, wird ständig einem Update unterzogen. Längst entscheiden an der Börse nicht mehr Menschen, sondern Algorithmen, welche Aktien gehandelt werden sollen, weil es auf Sekundenbruchteile ankommt. Noch nie hatten Menschen mit einem einzigen Werkzeug mehr Zugriff auf die Welt als mit dem Smartphone. Und trotzdem ist es für uns normal, dass wir alle zwei Jahre ein neues bekommen, das irgendwas noch schneller kann.

In ihrem Buch *Fully Connected. Surviving and Thriving in an Age of Overload* stellt die britische Autorin und Unternehmerin Julia Hobsbawm 2017 einige Schlagworte zusammen, die dem Wunder des exponentiellen Technikwachstums eine nachdenkliche Note verpassen: *information obesity, time starvation, techno-spread, network-tangle, organizational bloat* und *life gridlock* – Informationsübergewicht, Zeitarmut, Technikdurchdringung, Netzwerkgewirr, aufgeblähte Organisationen und Verkehrsinfarkt im Lebensfluss. Anstatt das Wachstum der Taktzahlen und Gigabytes zu bestaunen, lenkt sie den Blick auf etwas, das weniger wird: soziale Gesundheit. »Du kannst nicht produktiv sein, wenn du nicht motiviert bist oder dich als festgefahren, erdrückt, schlecht gemanagt oder in einem dysfunktionalen Umfeld empfindest. Aber die meisten unserer Arbeitsleben und politischen Leben sind genau das: dysfunktional. Ihnen fehlt soziale Gesundheit.«[69]

Wie oft haben Sie auf die Frage, wie es ihnen gerade geht, schon geantwortet: »Ganz gut, es ist nur ein bisschen viel im Moment«?

Glauben Sie wirklich, das wird in fünf Jahren anders sein? Oder wird Ihnen die Vergangenheit im Rückblick eher entspannt erscheinen, verglichen mit dem, was sie dann alles zu tun haben?

Auch die Halbwertzeit der Definition davon, wie viel eigentlich viel ist, ändert sich in rasender Geschwindigkeit. Nur genug ist es nie.

Betrachtet man moderne Gesellschaften aus Sicht der Systemtheorie, dann handelt es sich um Systeme, die sich strukturell im Ungleichgewicht befinden. Um Stabilität zu gewinnen, brauchen sie Energie von außen, um ihre Aktivitäten weiter zu steigern. Sie werden komplexer und produzieren so ökologische oder soziale Verwerfungen, die sie aufzufangen versuchen, indem sie noch mehr wachsen, mehr beschleunigen und komplexer werden. Es ist genauso, wie die Rote Königin in Lewis Carrolls *Alice hinter den Spiegeln* erklärt: »Hierzulande musst du so schnell rennen, wie du kannst, wenn du am gleichen Fleck bleiben willst.«[70]

Im Ergebnis können Menschen in modernen Gesellschaften nicht langsamer werden, ohne ins Stolpern zu geraten. Beschleunigung und Steigerung werden zur Normalität. Solange wir aus dieser Logik nicht heraustreten, sind alle Versuche, die durch die Steigerung entstandenen Probleme zu lösen, nur kosmetisch. Denn im Grunde laufen wir, wie auf einem Laufband, ja nur den Folgen davon – ohne ihnen entkommen zu können.

Wer also bestimmt, worin Fortschritt besteht? Ist es die Menschheit, oder sind es die auf exponentielles Wachstum ausgerichteten Systeme, in denen wir leben? Wer entscheidet, wann das ursprüngliche Ziel des Guten Lebens hinter all der technologischen Entwicklung erreicht ist und wir aufhören können zu rennen?

Natürlich sind dynamische Systeme immer in Veränderung, und wir müssen auf sie reagieren. Aber welche Art der Reaktion hilfreich ist, kommt, das haben wir im ersten Teil dieses Buches gesehen, eben auf die Bestände und die im System bereits angelegte Dynamik an. Wenn Menschen an materieller Unterversorgung leiden, macht es sehr viel Sinn, so einige Prozesse zu beschleunigen oder zu vermehren. Auch sehr schnell. Trotzdem entbindet uns das nicht von der Frage: Welches Ziel soll *eigentlich* erreicht werden – und welches vernetzte Umfeld ist von den Aktivitäten betroffen? Wenn Beschleunigung und Vernetzung in einem System an ihre Grenzen stoßen, entsteht Über-Forderung. Überforderung bedeutet, dass mehr erreicht oder verausgabt werden soll als das, wofür ein System ausgelegt ist. Kurzfristig ist das immer möglich, gerade komplexe Systeme sind Weltmeister im Puffern. Wird dem System aber keine Zeit zur Regeneration gegeben, dann führt das zu schwerwiegenden Schäden. Das gilt für die Natur genauso wie für den Menschen. Auch für Mitarbeitende von Goldman Sachs hat der Tag nur vierundzwanzig Stunden.

Warum machen wir dann trotzdem weiter?

Dieser Frage ist der britische Ökonom Fred Hirsch in seinem Buch *Social Limits to Growth* 1976 nachgegangen.[71] Im Prinzip hat er Gründe dafür gesucht, warum Keynes' Prognose sich so überhaupt nicht abzuzeichnen schien. Warum konkurrieren die bereits Wohlhabenden immer weiter untereinander – und schaffen damit auch noch Knappheiten für andere Personen in der Gesellschaft? Und wieso zeigen materiell reiche Gesellschaften sich trotzdem als frustrierte Gesellschaften – manchmal sogar schlimmer als ärmere?

Hirsch startete mit dem, was wir klassischerweise mit »Wachstum« verbinden. Mit Gütern und Dienstleistungen und dem Wert, den sie für die Menschen haben. Der direkte Nutzwert ist einfach, der erschließt sich aus der Konsumsituation selbst, wenn eine Heizung wärmt, ein Brot sättigt, eine Stunde Unterricht mein Können steigert. Jenseits dieser klassischen Sicht der Ökonomie interessierte Hirsch sich aber auch noch für soziologische Perspektiven auf die Gesellschaft. Also für die Disziplinen, die genauer zu verstehen versuchen, wieso es eigentlich immer besser sein soll, immer noch mehr Güter und Dienstleistungen zu haben – egal, wie viele schon da sind.

Hirschs Antwort lautete: wegen des sozialen Nutzwerts, den wir uns davon versprechen.

Bei diesem Nutzwert geht es nicht primär darum, dass mir der Konsum von etwas guttut oder schmeckt, sondern dass andere dieses Etwas eben nicht haben. Der Besitz oder Zugang zu diesen Gütern und Dienstleistungen verschafft mir eine andere Position in der Gesellschaft. Eine, in der ich mich besser fühle, weswegen Hirsch diese Güter auch Positionsgüter nennt. Seiner Ansicht nach sind sie es, die uns sozial in die Wachstumsdynamik hineintreiben. Ähnlich wie mit anderen Wachstumstreibern auch, ist das so lange unproblematisch, bis eine exponentiell ansteigende Dynamik dazu führt, dass wir übers Ziel hinausschießen. Darauf wies

Hirsch mit seinem Konzept der *Gesellschaftlichen Knappheiten* hin. Es besagt nichts weniger, als dass die Wachstumsgesellschaft gar nicht in der Lage ist, das größte Glück für die größtmögliche Anzahl von Menschen herzustellen. Stattdessen eine Menge Gedränge.

Denn zum einen entstehen auf einer begrenzten Fläche wie einem Planeten *physische Engpässe*, wenn alle von allem immer mehr haben sollen. Immer mehr Mobilität in immer mehr Autos führt nicht zu mehr Freiheit, sondern zu mehr Stau. Zum anderen kann eine Gesellschaft so lange nicht zu Drei-Stunden-Tagen finden, wie das konkurrierende Streben ihre DNA ausmacht: Positional ist ein Gut ja nur dann, wenn es gerade nicht für viele andere zugängig ist. Doch wirtschaftliches Wachstum und damit die Chance, dass sich mehr Menschen vorher unerreichbare Güter leisten können, bietet daraus nur scheinbar einen Ausweg – was schnell klar wird, wenn man die lange Sicht in den Blick nimmt. Denn erstens bekommen positionale Güter, sobald wir materiell satt sind, in unserer vergleichenden Lebensorientierung eher eine noch höhere Bedeutung. Und zweitens wird der Standard, mit dem ich mich als positional bessergestellt empfinden kann, immer weiter nach oben geschoben. In Kombination entstehen vielfältige *soziale Engpässe,* die dann das groß angelegte Versprechen des größten Glücks für alle torpedieren.

Als Beispiel für einen physischen Engpass könnte ein Grundstück am See gelten. Solche Grundstücke sind nur begrenzt vorhanden und damit im doppelten Sinne wertvoll. Geben Kommunen der kurzfristigen Verheißung von Einnahmen durch ihren Verkauf stark nach, ist bald das Ufer vollgebaut und für den Großteil der Leute nicht mehr zugänglich. Dann werden die Grundstücke immer teurer und die öffentlichen Flächen zur Freizeitgestaltung im Land immer weniger. Was sowohl die weniger betuchten Leute frustriert als auch die Personen, die kurz davor waren, sich endlich so ein Grundstück leisten zu können.

Ein Beispiel für soziale Engpässe wären etwa hoch dotierte oder stark hofierte Jobs: Auch sie sind begrenzt – haben sich aber immer mehr Personen die dafür passenden Bildungsvoraussetzungen erarbeitet, steigt die Wettkampfkultur noch weiter an. Dieser Frust kann nie durch noch mehr Wachstum ausgehebelt werden, selbst wenn wir vier Planeten mit unglaublich vielen Seen hätten. »Der individuelle Vorteil aus einer einzeln betrachteten Kaufaktivität ist klar. Die Summe der Vorteile aus allen Kaufaktivitäten zusammen ist trotzdem null«, bringt es Hirsch auf den Punkt, »die Verbindung zwischen individuellem und aggregiertem Fortschritt ist zerbrochen.«[72] Soziales Gedränge schlägt physisches Gedränge, weil dein steigendes Vermögen immer mein relativer Verlust ist.

Aus diesem Wohlstandswachstumsparadox können wir uns nicht nach oben rauskaufen – versuchten wir das, würden wir damit nur die Einsätze erhöhen, aber nicht das Spiel selbst beenden. Wer in einer positionalen Gesellschaft lebt, dem erscheint es rational bis unausweichlich, sich entsprechend einzusetzen. Und so stolpert mit dem immer höheren Wachstumsdruck auch noch das Freiheitsversprechen vom Laufband: Für die meisten wird »das *bekommen*, was man will, zunehmend getrennt vom *Tun*, wie man mag«, schreibt Hirsch.[73]

Das Glücks- und Freiheitsversprechen der Wachstumsgesellschaft kann also so lange nicht erfüllt werden, bis wir uns mit dem Phänomen der gesellschaftlichen Knappheit beschäftigen.

Muss sich der Mensch ändern, damit sich daran etwas ändert?

Geht es nach Fred Hirsch, muss niemand dem Menschen seine natürliche Neigung aberziehen, sich mit anderen zu vergleichen und sie übertreffen zu wollen. Und ihm stattdessen anerziehen, dass er sich kooperativ verhält und mit anderen teilt und zusammenarbeitet. Weil der Mensch sowieso beides kann – Rivalität und Solidarität. Die Frage, um die es Hirsch geht, ist eher, wann wir jeweils auf welche dieser menschlichen Verhaltensweisen zurückgreifen und wie wir sie in unseren gesellschaftlichen Strukturen fördern.

Deshalb, schreibt Hirsch, erkläre sich der Erfolg des Marktsystems in seiner Anfangszeit ironischerweise genau damit, dass es sich innerhalb einer Gesellschaft ausbreitete, die von einem starken vormarktlichen sozialen Ethos geprägt war. In einer Gesellschaft also, die noch nicht alles und jedes nach den Prinzipien von Wettbewerb und Geldwert organisiert hatte und in der Normen der Rücksichtnahme und Gegenseitigkeit stark waren. Erst später habe sich das Einzelinteresse als allgemeine Verhaltensnorm und Organisationslogik immer weiter durchgesetzt und so, systemisch ausgedrückt, die dämpfenden Rückkopplungsschleifen geschwächt, die ein ausbalanciertes Repertoire an Verhaltensformen gewährleistet und normalisiert hatten.[74] Aus den Vorteilen, die das »Vorhandensein eines gewissen Minimums an Wettbewerb und Wahlmöglichkeiten für den Einzelnen« gebracht hätten, so Hirsch, hätten sich über die Zeit und weite Verbreitung »die Nachteile aus den falschen Aussichten des Wettbewerbs ergeben – aus den falschen Signalen, die dem Einzelnen gegeben werden, um seine eigene Position zu optimieren«.[75] Damit sei die Illusion entstanden, dass eine solche Positionsoptimierung für alle möglich sei – statt immer nur für wenige.

Vor diesen sozialen Grenzen des Wachstums hätten laut Hirsch auch Ökonomen wie Friedrich Hayek oder Edmund Burke gewarnt, die er als konservative Liberale bezeichnet. Das große Ganze wird sich nicht unbedingt wie die Summe aller Teile darstellen: Das Zusammenzählen einzelner Wertenscheidungen führt zu verzerrten Messergebnissen, wenn diese sich gar nicht positiv aufsummieren.[76]

Wie kriegen wir den Blick für das große Ganze zurück?

Dafür, so Hirsch, sei eine veränderte Perspektive auf das Zusammenspiel zwischen individuellem Wohlstandsstreben und einer Gesellschaftsentwicklung zentral, die sich an sozialen Zielen und Indikatoren orientiert.[77] Denn ohne dass sich Gesellschaften offen und demokratisch darüber austauschen, wo Grenzen gezogen und wie sie bewahrt werden, sah Hirsch nicht, wie die sozialen Knappheiten überwunden werden könnten. In Wirklichkeit sind sie heute in wohlhabenden Ländern ja nicht einmal ein ökonomisches Problem des Mangels, sondern eine kulturelle und soziale Herausforderung. In der veränderten Perspektive für das große Ganze geht es also darum, beides zu sehen: neben den eigenen Präferenzen auch die Lage der anderen. Und daraus ergeben sich dann auch ethische Richtschnüre dafür, welches Verhalten in welchem Fall angemessen erscheint: Rivalität oder Solidarität.

»Eine der Sünden, die die Verherrlichung der wirtschaftlichen Freiheit begangen hat, besteht gerade darin, dass sie dazu geführt hat, dass der Einzelne nicht mehr weiß, wo die Grenze zwischen den beiden Fällen liegt.«[78]

Das hatten auch Mill und Keynes so gesehen. Letzterer war besorgt, dass wir einige Zeit bräuchten, bis »der alte Adam in uns« an Macht verliert, der immer mehr tun und haben muss, um zufrieden sein zu können. Daher wäre ihm nicht in den Sinn gekommen, die wirtschaftlichen Anreizsysteme und gesellschaftlichen Strukturen primär auf die Unterstützung der Adam-Orientierung auszurichten. Innerhalb des positionalen Gerangels jedenfalls lässt sich die Frage, wann genug eigentlich genug ist, nicht beantworten.

Dort führt sie immer nur zur Gegenfrage.

Und die lautet: Wie viel haben denn die anderen?

Im Jahr 2005 untersuchte das Magazin *National Geographic* die Frage, worin das Geheimnis für ein langes Leben liegt – und reiste dafür in fünf Regionen der Welt, in denen die Menschen besonders alt werden.[79] Diese Regionen, *Blue Zones* genannt, verteilen sich über fast alle Kontinente. Sie liegen auf Sardinien, in Griechenland, Japan, Costa Rica und Kalifornien. So verschieden die Kulturen auch sind, denen die Bewohner dieser Regionen angehören, es gibt ein paar Dinge, die alle miteinander teilen und in denen Forscher:innen die Gründe dafür vermuten, warum diese Menschen so viel älter werden und so viel länger gesund bleiben als der Durchschnitt. Für alle steht die Familie, stehen die Menschen, die ihnen am nächsten sind, an erster Stelle. Alle finden Sinn und Erfüllung darin, etwas für die Gemeinschaft zu tun. Alle sind in eine solche Gemeinschaft eingebunden. Für alle ist Bewegung, moderate körperliche Aktivität, fester Bestandteil ihres Lebens. Alle essen mäßig, ernähren sich vor allem pflanzlich, rauchen nicht, trinken aber ab und an ein Glas Wein und haben Rituale entwickelt, mit Stress umzugehen.

Ist es ein Wunder, dass diese Menschen zufrieden sind?

Ja, das finde ich auch nicht erstaunlich.

Offenbar sind die Aktivitäten, die helfen, ein langes und gesundes Leben zu führen, oft solche, die ihre Qualität verlieren, sobald man versucht, sie zu stark zu beschleunigen und zu verdichten, also immer mehr von ihnen in derselben Zeit zu tun, ausreichend Sport, gesundes Essen, gute Rituale, zufriedenstellende Kontakte. Das heißt aber nicht, dass es in diesen Gesellschaften keine Entwicklung gebe: Sie richtet sich nur nach einer anderen Bestimmung. Und was Menschen in der Blue Zone unternehmen, tun sie offensichtlich um ihrer selbst willen und nicht, um damit ihre Position gegenüber anderen zu verbessern. Was dadurch wächst, ist Lebenszeit, Gesundheit, Sinn. Wertschöpfung, die sich nicht in Geldwerten ausdrückt, mit denen die Ökonomen Wachstum normalerweise messen. Anders zu wachsen muss also auch bedeuten, anders zu messen. Sonst kann der Wert, den wir messen, gar nicht erfassen, ob oder wie das Ziel erreicht ist. Auch Zahlen erzählen Geschichten. Und verändern sich die Geschichten, folgen die Innovationen, Technologien, Regeln und Kooperationen – und schaffen ein anderes Erleben der Welt und des Selbst.

Ich denke da an ein Erleben, das der ungarisch-amerikanische Psychologe und Glücksforscher Mihály Csíkszentmihályi *Flow* genannt hat. In den 1970er-Jahren fragte er sich, was in Menschen vorgeht, wenn sie in ihrer Aufgabe vollkommen aufgehen. Einen Zustand, den wir alle kennen, oft nur kurz aufrechterhalten können, aber immer wieder nach ihm streben, wenn wir ihn einmal erfahren haben. Csíkszentmihályi nannte ihn *Flow*,[80] weil die Probanden seiner Studien – Künstler, Sportler, Wissenschaftler – ganz intuitiv gehandelt haben, so als würde ein Fluss sie tragen. Diese Qualität entsteht durch eine Harmonie zwischen Person, Aufgabe und Situation, eine Erfahrung zwischen diszipliniertem

Training und innerer Ausgeglichenheit, ein spielerisches Moment zwischen Kontrolle und Entstehen. Wichtig ist dabei, dass die jeweilige Tätigkeit in einem – auch Wachstumszone genannten – Bereich zwischen Unter- und Überforderung liegt, dass die Aufgabe also weder zu leicht noch zu schwer ist, sodass Konzentration und Hingabe, Freude und ein Gefühl von Erfolg entstehen.[81] Wenn Mensch und Aufgabe, Anforderung und Fähigkeit zusammenpassen, kann *Flow* bei allen Tätigkeiten entstehen, allein und in der Gruppe. Tätigkeiten, mit denen wir Güter und Dienstleistungen erstellen und konsumieren zum Beispiel. Nur eben nicht hundert Stunden die Woche wie bei Goldman Sachs. Oder wenn Pflege- und Erzieher:innenteams ständig unterbesetzt antreten müssen. Sowohl die Sorge um sich selbst als auch die Angst vor der Bewertung durch andere stoppen den *Flow* übrigens sehr effektiv.

»Es gibt zwei gegensätzliche Tendenzen in der Evolution«, schreibt Csíkszentmihályi, »Veränderungen, die zur Harmonie führen, zum Beispiel die Fähigkeit, Energie durch Kooperation zu gewinnen und indem man neue oder verbrauchte Energie nutzbar macht; und Veränderungen, die zur Entropie führen, das heißt, egoistische Methoden der Energiegewinnung, bei denen andere Organismen ausgebeutet werden und die schließlich in Konflikt und Chaos enden.«[82]

Wie Mill, Keynes oder Hirsch trieb Csíkszentmihályi also die Frage um, welche Einhegungen der Steigerungslogik in menschlichen Gesellschaften entgegenwirken können. Und er fand sie in den Flow-Beschäftigungen, deren entscheidendes Merkmal es ist, dass ihnen um ihrer selbst willen nachgegangen wird und nicht, um die eigene Stellung innerhalb eines Systems zu verbessern.[83] Im *Flow* entsteht nicht nur Glück aus dem Tun selbst – was dem Gedränge um Vergütungen, Statussymbole und Machtpositionen ein Schnippchen schlägt –, es entstehen oft auch Spitzenleistungen, Kreativität, Talententwicklung, Produktivität, Stressresilienz und Selbstachtung. Das verleiht Csíkszentmihályis scheinbar individuellem Ansatz eine gemeinschaftliche Dimension. Wenn der oder die Einzelne über sein oder ihr Tun in Einklang mit sich selbst kommen kann, steigen die Chancen, dass eine Gesellschaft, die aus vielen solcher Wirks besteht, weniger rennt und mehr fließt. Intrinsische statt extrinsischer Motivation. »Die Freude«, schreibt Csíkszentmihályi, »die sich einstellt, wenn wir über uns selbst hinauswachsen und neue Hindernisse bewältigen, ist das positive Gegenstück zur ewigen Unzufriedenheit, die (…) von Goethes Faust so trefflich zum Ausdruck gebracht wird«.[84]

Würden wir an solche Momente des Über-sich-Hinauswachsens denken, wenn uns jemand nach unserem Vermögen fragt?

Wahrscheinlich würden wir zunächst an unser Bankkonto denken, an Sparpläne oder Aktienpakete und dann versuchen, die Marktwerte der Besitzstände zu schätzen, die wir möglicherweise haben. Ein Auto, eine Wohnung, ein Grundstück, ein Haus zum Beispiel.

Wenn das Gegenüber fragt, ob das wirklich unser ganzes Vermögen sei, würden wir womöglich noch zu erwartende Einkommen aus dem Job oder Mieten und Pachten angeben. Und vielleicht argumentieren, dass uns diese Finanzmittel Zugang zu Gütern und Dienstleistungen sichern, die wir eben für wichtig halten.[85] Denn mehr Geld zu haben erhöht in aller Regel die persönliche Freiheit, vor allem in marktbasierten Gesellschaften.[86]

Aber würden wir auf die Idee kommen, zu erzählen, was wir in unserem Umfeld beizutragen vermögen? Oder wie sehr uns umgekehrt andere Menschen, öffentliche Güter und Infrastrukturen in die Lage versetzen, gut zu leben? Würden wir gar an die Dienstleistungen der Natur denken, die wir alle wie selbstverständlich jeden Tag in Anspruch nehmen?[87]

Aus meiner Sicht wäre das sehr hilfreich, denn mittlerweile sehen wir, dass der Aufwand, den wir treiben, um noch mehr zu konsumieren und zu besitzen, in Natur und Mensch Schäden anrichtet, die diese Zugewinne nicht mehr aufwiegen.[88]

Inzwischen gibt es viele Ansätze, die versuchen, das Konzept »Bruttoinlandsprodukt« so zu ergänzen, dass sie gesellschaftliches Wohlergehen, *Wellbeing* genannt, besser zu fassen bekommen. Und zwar nicht nur als eine Momentaufnahme, sondern auch mit Blick darauf, wie die Grundlagen für zukünftiges Wohlergehen aussehen. Die standardsetzende Organisation für wirtschaftliche Zusammenarbeit und Entwicklung (OECD) beispielsweise arbeitet heute mit vier verschiedenen Vermögensbegriffen.[89] Hierzu gehören *ökonomisches Kapital*, das sowohl menschengemachte als auch finanzielle Vermögenswerte umfasst. *Naturkapital*, wozu natürliche Ressourcen, Landnutzung und Artenvielfalt zählen, aber auch sogenannte Ökosystemdienstleistungen. *Humankapital* zielt auf die Fähigkeiten und die Gesundheit des einzelnen Menschen ab. *Sozialkapital* dagegen meint soziale Normen, geteilte Werte und Institutionen, die Zusammenarbeit untereinander fördern. Sie alle bilden die Vermögensbestände einer Gesellschaft, aus denen Informationen, Kompetenzen, Ressourcen und Investitionen in die Gestaltung der Gesellschaft fließen können.

In einer verbesserten Art, *wie* Bedürfnisse der Menschen befriedigt werden, liegt heute viel Potenzial dafür, diese Vermögensbestände nicht weiter runterzuwirtschaften, sondern zu regenerieren und qualitativ weiterzuentwickeln.

Wie sehr sich ein erweiterter Vermögensbegriff lohnt, konnte man zuletzt auch an der Studie zur Biodiversität sehen, die der britische Ökonom Sir Partha Dasgupta 2021 für die britische Regierung verfasst hatte.[90] Darin erklären er und ein internationales Netzwerk an Co-Autor:innen auf gut sechshundert Seiten, wie stark unser gesellschaftlicher Stoffwechsel von der Natur durchwachsen ist.[91] Dabei unterscheidet das Forschungsteam drei Arten von Ökosystemdienstleistungen: die *Bereitstellung* von Materialien und Energie, die wir als Nahrung, Süßwasser, Biochemikalien, Pharmaka oder genetische Ressourcen alltäglich in Anspruch nehmen. *Regulierung und Erhaltung* spielen sich eher im Hintergrund ab und umfassen die Erdsystemprozesse, die Konzepte wie Planetare Grenzen zu greifen versuchen, den Kohlendioxidkreislauf, die Reinigung von Wasser, die Kompostierung von Müll, die Sauerstoffproduktion oder das Nährstoffrecycling. *Kulturelle Dienstleistungen* wiederum sind nicht wirklich zu beziffern, sondern haben mit Erholung, Inspiration, religiösen Ritualen und spirituellen Erfahrungen zu tun. All diese Leistungen vermögen natürliche komplexe Systeme nur zu erfüllen, weil auch sie im Fluss – im *Flow* – sind, verbunden durch Nährstoffzyklen und Energie. So können sie über die Zeit immer wieder einen immensen Reichtum für menschliches Leben bereitstellen. Allerdings orientiert sich ihr Rhythmus dabei nicht am menschlichen Bedarf nach positionalen Gütern oder in Euro gemessenen Lebensstandards, sondern an der Geschwindigkeit, mit der Organismen bestäuben, zersetzen, filtern, spülen, transportieren, umwandeln oder neu sortieren können. Wer sich vom Wert dieser Prozesse keinen Begriff macht, weil er dafür keine Indikatoren hat, der kann sie auch nur schwer wertschätzen. Das erklärt vielleicht, warum wir dauernd stolz darauf schauen, dass sich das globale Bruttoinlandsprodukt in den Jahren zwischen 1992 und 2014 pro Kopf verdoppelt hat. Und dabei übersehen, dass der Vorrat, der uns pro Kopf an Natur zur Verfügung steht, im selben Zeitraum um vierzig Prozent geschrumpft ist.

»Und so sieht es aus, als lebten wir in der besten und schlimmsten aller Zeiten« schreiben die Forscher:innen der Dasgupta-Studie.[92]

Und wie sehen unsere politischen Strategien dazu aus?

Nehmen wir die Getreideengpässe, die der Krieg gegen die Ukraine auslöst. Wie lautet die aktuelle Ansage? Ziele zum Schutz der Biodiversität aussetzen, die Flächen sofort für Anbau verwenden – aber bloß nicht die Tierbestände reduzieren, deren Mägen wir in Deutschland mit sechzig Prozent dieser benötigten Erzeugnisse füllen und für die wir global siebzig Prozent der gesamten landwirtschaftlichen Nutzfläche als Weideland und Äcker für den Futteranbau nutzen.[93] Um 1 Kilogramm Rindfleisch zu erhalten, brauchen wir dann rund 25 Kilogramm Futter – Mais, Soja, Rüben –, und von den darin enthaltenen Proteinen gehen auf dem Weg durch die Kuh zum Menschen 94 Prozent verloren. In Energiewerten, also Kalorien gerechnet, ist der Umwandlungsprozess noch unökonomischer: Nur 1,8 Prozent des Brennwertes der Futtermittel sind noch übrig, wenn das Rind auf dem Teller liegt.[94] Stattdessen könnten wir dieses Getreide oder Gemüse auch direkt essen oder in ärmere Länder exportieren. Das hätte auch viele Co-Benefits für das Klima, den Tierschutz und unsere Gesundheit.

Um dem Begriff des Vermögens eine dem 21. Jahrhundert angemessene Bedeutung zu geben, sollten wir also zuerst ehrlich hinschauen, was wie und wie lange wachsen kann – und welche Emissionen und Verschmutzungen wie lange wo wieder umgewandelt werden können. Deshalb ist es so wichtig, dass eine schnell zunehmende Anzahl von Initiativen, Unternehmen, Kommunen und Ökonom:innen dabei ist, das Naturvermögen detaillierter zu erfassen und zu bewerten.[95] Und zwar nicht nur das Wieviel, sondern auch die Art und Weise, in der die komplexen Prozesse dahinter funktionieren und ihr Regenerieren wieder gestärkt werden kann.[96] Ja, die tatsächliche Lage ist erschreckend. Stimmt. Aber nur aus ehrlichem Hinschauen können die Antworten entstehen, mit denen wir diese Vermögensbestände wieder aufbauen können.[97] Sodass der zukünftige Handlungsfreiraum wächst und nicht schrumpft. Längst spricht auch das Geldzählen dafür: Für Waldflächen zum Beispiel wird bei einem investierten Dollar mit einer Wertschöpfung von 7 bis 30 Dollar gerechnet.[98] Würden wir auf »naturpositiv« schalten – ein Begriff, der dafür steht, die Art der Bewirtschaftung der Ökosysteme so umzustellen, dass menschliche Aktivitäten genau darauf abzielen, ihre Bestände und Kreisläufe wieder zu stärken –, ließen sich laut Weltwirtschaftsforum bis 2030 mehr als zehn Billionen Dollar an ökonomischem Mehrwert gewinnen.[99] Und 375 Millionen neue Jobs schaffen, in denen Menschen ihr Vermögen schulen, diese regenerativen Netzwerke zu verstehen und zu einem respektvolleren Umgang mit anderen Lebewesen auf diesem Planeten zu finden.

Was, wenn die Politik hinterherhinkt?

Dann braucht sie aus der Gesellschaft mehr Rückenwind. Also obliegt es allen Wirks, klar zur sagen, welche Vermögensbestände in Zukunft wachsen sollen und welche Weichen wir dazu brauchen. Die Bewegung für *wellbeing economies* zeigt bereits überzeugend, wie das gehen kann.[100] Es liegt an uns allen, bei Unternehmen einzufordern, ihre Kosten und Nutzen transparent darzulegen, sodass die Auswirkungen ihrer Wirtschaftsprozesse über die Marktpreise hinaus sichtbar werden. Auch die, mit denen sich nichts verdienen lässt, die aber viel Wert schöpfen. So, wie es von verschiedenen Wirtschaftsvertreter:innen schon selbst vorangetrieben wird.[101]

Heute feiert unsere Kultur Geld und Güter als Maßstab des Erfolges. Dabei zeigt auch hier die Debatte um bessere Indikatoren für Finanzmärkte und Investoren, dass viel Geld machen bei Weitem nicht das Gleiche ist wie nachhaltige Wertschöpfung hinlegen.[102] Stellen Sie sich vor, wir feierten stattdessen nur noch Lösungen, die klar aufzeigen, dass und wie sie unser soziales, menschliches und ökologisches Vermögen regenerieren. Outside-in. Dann wäre Vermögen auch kein Substantiv, sondern ein Verb. Es würde nicht mehr dafür stehen, etwas zu besitzen, sondern dafür, in der Lage zu sein, etwas zu tun. Was eine sehr gute Nachricht wäre. Denn sie bedeutet den ersten Schritt auf dem Weg von Horizont 1 zu Horizont 3.

Und müssen wir dann nicht den Kapitalismus abschaffen?

Sosehr ich die Frage verstehe – und ich bekomme sie

immer wieder gestellt –, ich finde sie in diesem Zusammenhang nachrangig.

Fangen wir damit an, uns von den Fesseln zu befreien, die uns all die Ismen auferlegen. Begriffe, die oft nicht mehr als Schlagworte sind, hinter denen sich die einen verschanzen und die anderen aufbauen, die Fronten markieren, aber selten als Brücken taugen. Denn natürlich gibt es nicht den einen Kapitalismus, und unsere Marktwirtschaft hat sich allein in den letzten vierzig Jahren rasant verändert. Lassen wir die Label beiseite, geht es im Kern doch vor allem darum, zu verstehen, warum unser heutiges Wirtschaftssystem nicht hält, was es uns verspricht. Denn solange das nicht erfüllt ist, muss sich etwas ändern. Die zentralen Treiber dafür zu identifizieren, ist die Aufgabe von Wissenschaft. Wir können das als Kapitalismuskritik bezeichnen[103] oder aber als Fortschrittsagenda. Ich bevorzuge Letzteres, da es den Blick auf den dritten Horizont hebt. Am wichtigsten ist, dass wir mit klarem Kopf, bewusst und lernend fortschreiten. Denn Zukunft entsteht aus unserer Gegenwart. Sie ist kein Zustand. Sie ist eine Haltung.

Systemfalle: Abhängigkeit

Wenn eine Gesellschaft bei der Lösung eines Problems nur die Symptome bearbeitet, aber nicht die tiefer liegenden Ursachen, entsteht Abhängigkeit von den symptombekämpfenden Mitteln. Es ist wie beim Burn-out: Wenn wir dem beunruhigenden Zustand unserer Gesundheit nicht ehrlich gegenübertreten, können wir keine Eingriffe vor-

nehmen, die unser Vermögen stärken, wieder in Balance zu finden. Die klare Sicht darauf, worum es eigentlich geht, wird vernebelt, und wir können das Problem nicht bei der Wurzel packen. Wir verrennen uns in der Symptombekämpfung, die unsere Gesellschaft weiter schwächt und die Abhängigkeit verstärkt. Wollen wir nicht irgendwann umkippen, müssen wir den Fokus von kurzfristiger Erleichterung auf langfristige Umstrukturierung legen.

Vermitteln – Anders Technik einsetzen

»Eine Gesellschaft, die sich auf eine Technik einlässt, braucht eine starke innere Kraft, um von den Zielen nicht verführt, nicht gierig zu werden.«

Joseph Weizenbaum, Internetpionier[104]

Im Jahr 2017 machten die Verantwortlichen von Facebook eine beunruhigende Entdeckung. Zwar war das soziale Netzwerk noch immer mit weitem Abstand das größte der Welt, hatte weltweit mehr als zwei Milliarden Nutzer:innen und wuchs immer noch. Die internen Statistiken aber zeigten, dass sich die Leute auf der Plattform nicht mehr so engagierten wie früher. Sie kommentierten weniger, teilten weniger Inhalte, waren nicht mehr so lange eingeloggt. Es sah so aus, als könnte es auf Facebook langweilig und lahm werden, ohne dass für die Verantwortlichen erkennbar war, woran das lag. Aber es war klar, dass sie etwas unternehmen mussten. Schließlich verdient Facebook sein Geld nicht damit, der Welt ein kostenloses soziales Netzwerk zur Verfügung zu stellen, das die Leute mögen oder nicht. Es verdient sein Geld mit der Werbung, die man auf diesem Netzwerk schalten kann. Firmen, die auf Facebook gezielt werben wollen, bietet der Konzern nicht nur Zugang zur Aufmerksamkeit der Nutzer:innen, sondern auch Informationen über deren Interessen, Einstellungen und Entscheidungsmuster. Sie sind die eigentliche Ware von Facebook. Mit diesem Geschäftsmodell erwirtschaftete der Konzern im Jahr 2017 siebzehn Milliarden Dollar Gewinn[105] – und ist damit einer der Großen in einem Wirtschaftszweig, der vollkommen zu Recht als Aufmerksamkeitsökonomie bezeichnet wird.[106] Als das Interesse der Nutzer:innen für das Netzwerk nachzulassen schien, waren die Verantwortlichen daher entsprechend alarmiert und entschieden sich, an einer zentralen Stelle von Facebook eine Veränderung vorzunehmen – am Algorithmus.[107]

Wann immer sich jemand auf dem Netzwerk anmeldet, wird ihm oder ihr eine Liste von Inhalten empfohlen, die Facebook für ihn oder sie als interessant oder relevant einstuft. Diese Liste, genannt Newsfeed, ist eine Art personalisiertes Journal, das die Plattform für jede:n User:in erzeugt und ständig aktualisiert. Es umfasst Fotos, Videos, Links oder Beiträge, die Freunde oder Familienmitglieder kommentiert haben. Natürlich sind das längst nicht alle Inhalte, die auf Facebook kursieren, dafür sind es zu viele. Es ist eine Auswahl, die ein Algorithmus speziell für jede:n User:in kuratiert. Anhand der Daten, die Facebook über seine Nutzer:innen sammelt, entscheidet dieser Algorithmus, welche Inhalte er prominent anzeigt und welche nicht. Und legt damit fest, was Reichweite bekommt und was unter den Tisch fällt. Der Newsfeed-Algorithmus ist das Herzstück von Facebook und Geschäftsgeheimnis Nummer eins.[108] Wie er funktioniert und nach welchen Maßstäben er auswählt, darin hat außerhalb des Konzerns kaum jemand Einblick – was nicht unproblematisch ist für ein Werkzeug, das für Milliarden von Menschen ihre Sicht auf die Welt prägt.

Im Jahr 2017 veränderten die Verantwortlichen des Konzerns den Algorithmus in einem Ausmaß, wie sie das nur selten tun. Ziel war es, die Nutzer:innen wieder zu mehr sozialer Interaktion zu bewegen, um sie so länger auf der Plattform zu halten, als wenn sie passiv Videos oder Nachrichten konsumierten, die von Medien und Marken gepostet wurden. Dazu führte Facebook Emojis ein, Minigesichter, die Freude, Trauer, Überraschung oder Wut ausdrücken – und programmierte den Algorithmus so, dass er Inhalte, die mit Emojis kommentiert worden waren, in Zukunft fünfmal höher bewertete als solche, die bloß den üblichen Daumen-hoch-Button für ein »Like« bekommen hatten. Auch das Kommentieren und Teilen selbst bewertete der Algorithmus nun höher. Führte ein Beitrag unter den Nutzer:innen zu einer Diskussion, verbesserte das nun automatisch seine Position im Newsfeed.

»Ich ändere das Ziel, das ich unserem Produktionsteam vorgebe«, schrieb Facebook-Chef Mark Zuckerberg damals in einem Post, »um euch zu helfen, mehr bedeutsame soziale Interaktionen zu haben« und euch »verbundener und weniger einsam« zu fühlen. »Wir fühlen uns verantwortlich dafür, dass unsere Dienste nicht nur Spaß machen, sondern auch dem Wohlbefinden der Menschen dienen.«[109]

Schon nach kurzer Zeit zeigte sich, dass die Überarbeitung gewirkt hatte. Beiträge mit Emojis tauchten aufgrund der besseren Bewertung durch den Algorithmus nun schneller im Newsfeed auf. Zugleich bemerkten die Datenanalysten des Konzerns, dass viele dieser Beiträge *fake news*, Verschwörungstheorien und Hassbotschaften enthielten. Medienkonzerne meldeten sich bei Facebook und wiesen darauf hin, dass sie im Newsfeed inzwischen vor allem mit krawalligen, polarisierenden Stoffen vertreten sind. Politische Parteien schilderten, dass sie nun in schärferem Ton kommunizierten und härtere Angriffe auf den politischen Gegner führten, weil das auf Facebook inzwischen besser laufe. Zwar war der Algorithmus nicht darauf programmiert worden, negative Inhalte zu belohnen, er sollte lediglich Emotionen bevorzugen – aber negative Nachrichten bewegen uns nun einmal mehr als positive. Sie regen uns auf, sie ängstigen oder machen wütend. Je mehr aber ein Beitrag die Nutzer:innen erregte, je häufiger er kommentiert wurde, je eher er Diskussionen hervorrief, umso besser listete ihn der Algorithmus. Tatsächlich blieben die Leute nun länger auf der Plattform, sie verbissen sich aber auch immer häufiger in dem Versuch, in den Debatten das letzte Wort zu behalten. Rechthaberei, Konfrontation und Ausgrenzung nahmen zu. Anstatt die Menschen wie versprochen näher zusammenzubringen, vergrößerte Facebook ihre Differenzen. Statt Wohlbefinden steigerte sich das Wutempfinden. Auch das blieb den Datenanalysten nicht verborgen.

Im Jahr 2019 machte ein Mitarbeiter des Konzerns ein Experiment, in dem er zwei fiktive Personen im Netzwerk anmeldete. Beide sollten Frauen Anfang vierzig sein, Kinder haben, in North Carolina leben und sich für Politik interessieren. Der einzige Unterschied zwischen Carol und Karen, wie er sie nannte, war, dass Carol mit den Republikanern sympathisierte und den Accounts von Donald Trump, seiner Frau Melania und *Fox News* folgte, während Karen den Demokraten zugeneigt war und dem linken Senator Bernie Sanders folgte. Dann ließ der Mitarbeiter den Algorithmus arbeiten, der den Frauen schon kurz danach Inhalte empfahl, die am äußersten Rand ihres jeweiligen politischen Spektrums lagen. Carol, konservativ, aber nicht reaktionär, ordnete er Material der rechtsextremen Verschwörungstheoretiker:innen von QAnon zu, die behaupten, die Welt werde von einer Elite pädophiler Satanisten um Barack Obama regiert. Der liberalen Carol dagegen schlug er Anti-Trump-Seiten mit zum Teil widerlichen Fotomontagen vor. Zwei Frauen, die anfangs gar nicht so verschieden waren, fanden sich innerhalb von Tagen in zwei vollkommen gegensätzlichen Welten wieder.[110] Ein Beispiel, wie auf Facebook jene Echokammern entstehen, die man auch aus anderen sozialen Netzwerken kennt.

Der Bericht über jenes Experiment gehört zu den Dokumenten, die Frances Haugen im Jahr 2021 heimlich an die Presse weiterreichte und der Gesellschaft damit einen Einblick in den Konzern gab, wie sie ihn bis dahin nicht gehabt hatte. Haugen hatte bei Facebook in einer Abteilung gearbeitet, die offiziell *fake news* und Hetze auf dem Netzwerk bekämpfen sollte, aber sie war zunehmend enttäuscht darüber, wie klein und unterbesetzt diese Abteilung angesichts ihrer Aufgabe war und wie wenig der Konzern seinen deklarierten Ansprüchen entsprach. Als ihre Abteilung nach der amerikanischen Präsidentschaftswahl 2020 aufgelöst wurde, entschied sich Haugen, als Whistleblowerin an die Öffentlichkeit zu gehen.

»Ich bin heute hier, weil ich glaube, dass die Produkte von Facebook Kindern schaden, dass sie Spaltung schüren und unsere Demokratie schwächen«, sagte sie im Herbst 2021 bei einer Anhörung vor einem Ausschuss des amerikanischen Senats. Die Führung des Konzerns wisse genau, wie das Netzwerk sicherer werden könnte, so Haugen. »Aber sie nimmt die notwendigen Änderungen nicht vor, weil sie ihre immensen Profite über die Menschen gestellt hat.«[111]

Es war nicht so, dass Frances Haugen die einzige Mitarbeiterin von Facebook war, die erkannte, dass der Algorithmus dazu beitrug, die Gesellschaft zu spalten; dass Aufregung zum Treiber für jene Maßzahlen geworden war, mit denen Facebook Wachstum und damit Erfolg maß. Immer wieder schrieben Mitarbeiter:innen Memos und machten Vorschläge, wie sich diese Entwicklung korrigieren ließe. In den Tagen, bevor Anhänger:innen des abgewählten Präsidenten Trump das Kapitol in

Washington stürmten, weil sie der Meinung waren, Trump sei die Wahl gestohlen worden, hatten Mitarbeiter:innen intern immer wieder gewarnt, wie rasant sich diese Bewegung über das Netzwerk formierte – und Eingriffe gefordert. Schließlich arbeiteten sie im Inneren des vielleicht einflussreichsten Kommunikationssystems, das jemals von einer einzelnen Gruppe Menschen gesteuert wurde. Sie wussten, welche Dynamiken das Unternehmen besser nicht weiter beschleunigte, wenn es sein erklärtes Ziel (*declared purpose*) erreichen wollte, nämlich dass Menschen auf Facebook ein bedeutsames soziales Miteinander haben. Gleichzeitig bemerkten sie, dass ihr Arbeitgeber dem zuwiderhandelte, sein tatsächlich gelebtes Ziel (*lived purpose*) also ein anderes war. Doch die Entscheidung zu treffen, diesen Graben konsequent zu verringern, das konnte nur Mark Zuckerberg, Gründer, Chef und größter Anteilseigner von Facebook. Aber der wollte die Trends nicht abbremsen, zögerte und rang sich erst sehr viel später dazu durch, den Algorithmus wieder zu korrigieren.

»Schlussendlich liegt die Verantwortung immer bei Mark«, sagte Frances Haugen bei ihrer Anhörung vor dem amerikanischen Senat.[112]

Wie konnte ein einzelner Mensch in die Position kommen, das Kommunikationsverhalten und die Weltwahrnehmung von nun fast drei Milliarden Menschen zu beeinflussen – zu dem Konzern, der sich inzwischen »Meta« nennt, gehören neben Facebook ja noch Instagram und WhatsApp –, ohne dass die Öffentlichkeit (oder sogar er) genau weiß, was er da tut und welche Auswirkungen das hat?

Gehört das zwangsläufig zu den Folgen des technologischen Fortschritts? Oder würde es auch anders gehen?

Technik ist für uns heute so allgegenwärtig, dass wir kaum noch grundsätzlich über sie nachdenken. Wir haben sie auf die Lösungsseite und nicht auf die Problemseite gebucht. Und das ist kein Wunder, verdanken wir die Tatsache, dass wir heute wohlhabender, sicherer und angenehmer leben als je eine Generation vor uns, doch den immer weiter gestiegenen Möglichkeiten, Technik für uns arbeiten und Probleme lösen zu lassen. Der technische Entwicklungsstand ist es, in dem sich die Welt unserer Großeltern und Eltern am greifbarsten von unserer Welt heute unterscheidet. Hatten die Maschinen zunächst die physische Kraft der Menschen gesteigert und die Geschwindigkeit, mit der sie sich fortbewegten, vervielfachen Maschinen heute die Menge und die Geschwindigkeit, mit der sie Informationen erfassen, verarbeiten und übermitteln können. Einst waren es die wuchtigen Industriekomplexe, heute faszinieren vor allem vernetzte Miniaturen. Als wir im Wissenschaftlichen Beirat Globale Umweltveränderungen (WBGU) ein Gutachten zu Digitalisierung und Nachhaltigkeit geschrieben haben, bestand unsere Technikexpertin daher darauf, dass wir bei der Betrachtung der Wirklichkeit auch eine Technosphäre verstehen müssen, »die die technische Umgebung des Menschen bildet« und gemeinhin als »die Gesamtheit der von Menschen hervorgebrachten technischen Systeme und die damit verbundenen gestaltenden Veränderungen der Natur bezeichnet« wird.[113]

Würde man die Geschichte der Menschheit entlang ihrer technologischen Errungenschaften erzählen, ergäbe das eine exponentiell aufsteigende Linie, die beim Faustkeil beginnt und beim Quantencomputer endet. Der Mensch erscheint in dieser Geschichte als schnell lernendes und enorm einfallsreiches Wesen, das unermüdlich an der steten Verbesserung der eigenen Lage arbeitet. Entlang ihrer zivilisatorischen Entwicklung lässt sich die menschliche Geschichte ungleich schwieriger erzählen, wirken doch Errungenschaften wie das Ende der Sklaverei, die Gleichberechtigung der Frau oder auch die Demokratie als Regierungsform keinesfalls gesichert, sondern immer wieder gefährdet, sogar revidierbar. Soziale Techniken wie Gesetze, Institutionen und normative Regelsysteme brauchen für ihr Fortbestehen immer wieder unser aktives Mitwirken. Sie bilden ein Beziehungs- und Aufgabengeflecht mit Rollen und Verantwortlichkeiten – und Menschen, die ausscheren können, wenn sie wollen. Das unterscheidet soziale Systeme von automatisierten. Vielleicht ist das der Grund dafür, warum die technologischen Errungenschaften standhafter erscheinen: Ihre Strukturen sind materiell verfestigt. Dass Krieg kein hilfreiches Mittel der Auseinandersetzung ist, vergisst die Menschheit hingegen trotz besseren Wissens immer wieder. Dass sie dagegen vergessen würde, wie man Computer programmiert, erscheint undenkbar. Fast könnte man also glauben, dass die technologische Entwicklung der Menschheit nicht mit ihrer zivilisatorischen zusammenhängt. Dass Technik nur eine dinghafte, aber keine soziale Seite hat. Dass sie nur ein neutrales Werkzeug ist. Dass sie Gesellschaften als solche nicht verändert.

Aber stimmt das denn?

Als sich der amerikanische Technikphilosoph Albert Borgmann Mitte der 1980er-Jahre mit dieser Frage beschäftigte, liefen viele der Innovationen, die heute alltäglich sind, unter Science-Fiction. Doch das macht seine Analyse nicht weniger aktuell, im Gegenteil. Für Borgmann besteht das Versprechen, das Technik der Menschheit gibt, in Wohlstand und Freiheit. Sie erfüllt jenes Versprechen, indem sie Verfügbarkeit schafft. Dinge technologisch verfügbar zu machen, heißt, dafür zu sorgen, dass sie »sofort, allgegenwärtig, sicher und einfach« zugänglich sind. Das Mittel, mit dem Technik das leistet, nennt Borgmann *device* – Gerät. Im Gegensatz zu etwas, das Borgmann als *thing* – als Ding – bezeichnet, das all das nicht kann.[114]

Eine Zentralheizung ist dieser Definition nach ein *device*. Sobald man den Regler aufdreht, liefert sie Wärme in jeden Raum, in dem sie installiert ist, gefahrlos und kinderleicht. Niemand muss verstehen, wie eine Zentralheizung funktioniert, um sie zu benutzen. Für den Kamin dagegen braucht man Holz, das jemand einschlagen, transportieren, zerkleinern muss. Auch die Wärme ist nicht sofort da. Man muss zuerst ein Feuer in Gang bringen und wissen, wie das geht, muss es beaufsichtigen, immer wieder Holz nachlegen – und auch dann wärmt der Kamin nur einen einzigen Raum. Diese Anstrengungen nimmt uns die Zentralheizung ab. Sie löst die Nutzung der Wärme von all den Tätigkeiten ab, die bisher zu ihrer Herstellung nötig waren. Niemand muss das Haus verlassen, früher aufstehen oder auf das Feuer achten. Jedes Familienmitglied, das bisher eine dieser Aufgaben übernommen hatte, kann nun einer anderen Beschäftigung nachgehen. Es muss auch nicht mehr mit den anderen zusammensitzen, weil die Zentralheizung mehr als nur einen Raum wärmt. Der Kamin ist nicht mehr Zentrum des Hauses. Und das hat Folgen für die Art, wie der oder die Einzelne seine Umwelt erlebt – Wärme kennt keinen bestimmten Geruch mehr, keine Stimmung, kein Knacken der Scheite, auch kein gemeinsames Feuermachen.

Wir leben in einer Welt, so Borgmann, in der das »Device-Paradigma« im Zentrum unserer Technologiegeschichten steht. Güter und Dienstleistungen werden in einer »nicht belastenden Art« angeboten, indem die Abläufe, die zu ihrer Bereitstellung notwendig sind, dem menschlichen Auge entzogen werden. Und damit auch dem Wahrnehmen und möglicherweise dem Verstehen.[115] Also verändern Geräte immer auch unser Alltagserleben.

Heißt das nun, wir sollen alle wieder am offenen Feuer sitzen?

Es heißt erst einmal, dass, wenn wir es doch noch irgendwo einmal tun, im Urlaub, im Ferienhaus, bei Freunden, wir es meist wegen genau der Dinge tun, die uns eine Zentralheizung eigentlich ersparen soll.

Der entscheidende Unterschied zwischen Ding und Gerät ist, so Borgmann, dass uns ein Ding mit der Umgebung verbindet. Es erfordert ein Einlassen, Handwerk, Fertigkeiten und Wissen, um die Situation zu verstehen, in der ein gewünschter Nutzen entstehen soll. Das alles erfordert die Benutzung eines Gerätes nicht oder fast nicht. Ein Gerät trennt die Ressourcen und Prozesse, die zur Erreichung eines Zwecks notwendig sind, vom Nutzungsmoment ab. Darin liegt die Freiheit – und die Bequemlichkeit, die es uns verspricht: dass wir uns mit dem ganzen Kram rundherum nicht mehr beschäftigen müssen. Wir wissen nicht, wie ein Smartphone funktioniert, müssen wir aber auch nicht, wir könnten es sowieso nicht reparieren. Wir wissen nicht, unter welchen Arbeitsbedingungen es zusammengeschraubt wurde, wie viele Seltene Erden dafür ausgebuddelt werden mussten und wie viel Energie in den Rechenzentren verbraten wird, wenn wir die dort gespeicherten Informationen abrufen. Wir öffnen Google und finden, was wir suchen, haben aber keine Ahnung, wie das Suchergebnis gefiltert wurde und was der Konzern mit den Daten macht, die wir hinterlassen. Wir bestellen bei Amazon, aber wir können nicht erkennen, warum uns ausgerechnet die Produkte von diesen und nicht von anderen Firmen vorgeschlagen werden. Wir nehmen das Paket an der Tür entgegen, aber welchen Weg es zurückgelegt hat, erfahren wir nur, wenn sich im Suezkanal ein Containerschiff quer stellt oder die Mitarbeiter:innen in den Verteilzentren für bessere Löhne streiken. Wir ordern bei den All-inclusive-Konzernen und wundern uns, dass die kleinen Marken aus dem Angebot verschwinden und die Einzelhändler aus den Innenstädten.

Und für all diese Vorgänge öffnen wir eine Social-Media-App und denken dabei an ein kleines Produkt zur weltweiten Kommunikation, unser persönliches Eintrittstor in das freie Internet, ins World Wide Web. Aber dieses kleine Produkt ist nur die Schnittstelle zu einer riesigen Ansammlung von vernetzten Dingen und Daten, und die meisten Zugänge werden inzwischen von einigen wenigen Unternehmen kontrolliert. Achten Sie einmal darauf. Auf den meisten Websites bietet sich direkt der Amazon-Bestellbutton an, und anstatt bei diversen Dienstleistern immer neue Passwörter zu vergeben, können Sie Ihr Google-, Facebook- oder Apple-Profil verwenden. Je mehr Zugänge Sie mit dem einen Profil verknüpft haben, umso mehr weiß das Unternehmen über Sie, und umso unwahrscheinlicher wird es, dass Sie es jemals löschen – Sie müssten sich ja überall neu anmelden. Das nennt sich »Netzwerkeffekt«. Und so wirkt die ursprüngliche Vision eines freien Internets zwar immer noch in Geschichten nach oder wird mit dem Metaverse neu inszeniert, aber der Zugang in diese Welten ist nicht frei, er wird vermittelt. Aus der Summe einzelner digitaler Produktentwicklungen ist eine weltumspannende, parastaatliche Technosphäre geworden, die in der Hand einiger weniger Unternehmen liegt, die darüber unermesslich reich geworden sind.

Und mittlerweile ist das Internet das größte Gerät der Welt. Wir schauen auf unsere Displays, aber sie verstecken die Vernetztheit hinter der Verfügbarkeit. Und wie unser Verfügen auf diese Netzwerke und unsere Ressourcen rückwirkt. In Japan, einem kulturell sehr digitalisierungsaffinen Land, werden die Effekte der »digitalen Vorhänge« auf die menschlichen Erfahrungen von Mit- und Umwelt inzwischen als »unintendierte Nebeneffekte« diskutiert.[116]

Auch wenn Albert Borgmann sein Buch vor dem Aufstieg des Internets der Dinge schrieb, so hat er das Device-Paradigma als zentrales Merkmal unserer heutigen Zivilisation ausgemacht. Es zeigt uns, warum wir hinter die Displays gucken müssen, um zu verstehen, ob technologischer und zivilisatorischer Fortschritt im Takt tanzen oder nicht.

Welchen Fortschritt verfolgen wir überhaupt mit Technik?

Im Jahr 2019 erschien ein Buch des amerikanischen Technologen Andrew McAfee, in dem er zu beweisen schien, dass es durchaus sinnvoll sei, technischen Fortschritt und das Wachstum des Bruttoinlandsprodukts gekoppelt zu denken. Denn dann würden sich durch das Streben nach Profit immer die effizientesten Lösungen durchsetzen – und damit auch die Umwelt geschont werden.[117] Am Beispiel der Vereinigten Staaten machte er Rechnungen auf, die einen alten Techniktraum belegen sollten: Dass die noch immer größte Volkswirtschaft der Welt es dank technologischen Fortschritts und eines auf stete Kostensenkungen abzielenden Kapitalismus schaffe, ökonomisches Wachstum vom Verbrauch natürlicher Ressourcen zu entkoppeln. »Mehr aus Weniger« lautet übersetzt der Titel des Buches, und glaubt man dem Untertitel, erzählt es »die überraschende Geschichte, wie wir mit weniger Ressourcen zu mehr Wachstum und Wohlstand gekommen sind – und wie wir jetzt unseren Planeten retten«.

Die Beispiele, die McAfee anführt, sind beeindruckend. Tatsächlich schafft es die amerikanische Wirtschaft spätestens seit der Jahrtausendwende weiterzuwachsen, obwohl ihr Verbrauch von wichtigen Metallen wie Aluminium, Nickel, Kupfer, Stahl oder Gold sinkt.[118] Genauso verhält es sich mit Zement, Sand, Stein, Holz und Papier. Laut der *US Geological Survey*, einer Bundesbehörde, die den nationalen Durchsatz von 72 Rohstoffen erhebt, wurde bei 66 davon der Verbrauchshöhepunkt bereits überschritten. Offenbar werden die reichen Länder auch noch die sauberen.

Dinge, die früher groß, schwer, ungenau, schmutzig oder energieintensiv waren, sind heute kleiner, leichter, präziser und effizienter. Sicher, so McAfee, seien noch immer mehr öffentliches Bewusstsein nötig und reaktionsschnellere Regierungen, aber ansonsten genüge es, einfach mehr von dem zu machen, was wir ohnehin bereits tun. »Wir müssen das Lenkrad unserer Ökonomien und Gesellschaftsordnungen nicht herumreißen«, schreibt er, »sondern einfach nur mehr Gas geben.«[119]

Die Geschichte klingt super. Sie hat nur einen Haken. Sie lässt sich nur erzählen, weil McAfee sein Display so konfiguriert hat, dass es einen signifikanten Anteil der Ressourcen und Prozesse, die es für das amerikanische Wohlstandmodell braucht, nicht anzeigt. Doppelt deutlich wird das ausgerechnet am iPhone, jenem Gerät, das er als Paradebeispiel dafür präsentiert, wie technischer Fortschritt aus Weniger Mehr macht. Das Gerät wird fast vollständig im globalen Süden gebaut. Rohstoffe und Arbeitsleistung kommen von dort. Der Gewinn aus den Verkäufen aber wird im amerikanischen Bruttoinlandsprodukt verbucht, während die Schäden, die bei der Massenproduktion entstehen, im globalen Süden verbleiben.[120] Dass viele Länder des globalen Nordens in Sachen Umweltschutz so gut dastehen, erklärt sich eben leider auch oft damit, dass sie die dreckigen Glieder ihrer Wertschöpfungskette in ärmere Länder ausgelagert haben. Eine Praxis, die man als »Externalisierung« bezeichnet.

Sobald man das Display, anders als McAfee, nicht auf ein bestimmtes Land einstellt, sondern die Welt als Ganzes anzeigen lässt, wird nämlich klar, dass es der Menschheit bisher nicht gelungen ist, Naturverbrauch und Wirtschaftswachstum zu entkoppeln.[121] Allein die globale Rohstoffförderung hat sich seit der Jahrtausendwende um mehr als fünfzig Prozent erhöht und liegt doppelt so hoch, wie sie für einen nachhaltigen Umgang mit den Ressourcen unseres Planeten sein dürfte.[122] Metalle, Nichtmetalle, fossile Brennstoffe oder Biomasse – überall gehen die Kurven nach oben. Dasselbe gilt für den weltweiten Verbrauch an Wasser und Energie.[123] Und gerade im Fall der USA liegt der Ressourcenverbrauch mit durchschnittlich 32 Tonnen pro Kopf signifikant höher als in den G20-Ländern, dreimal so hoch wie der globale Durchschnitt und zehnmal so hoch wie auf dem afrikanischen Kontinent.[124]

Vor diesem Hintergrund kann es natürlich auf der einen Seite als Erfolg gelesen werden, wenn ein Land es schafft, dass der Ressourcenverbrauch nicht *noch* weiter steigt – auf der anderen Seite ließe sich fragen, wie viel Verbrauch pro Kopf denn ein gutes Ziel wäre, wenn andere Länder es wie die USA machen wollen.[125]

McAfees Buch wurde in den USA und Europa breit in der Presse besprochen, was nicht verwunderlich ist, bot es doch dem wohlhabenden Teil der Welt ein Narrativ, mit dem dieser seinen Status als Vorreiter wiederherstellen konnte. Vorreiter im Anhäufen von Gütern, angetrieben vom positionalen Statuswettbewerb in der Echtzeit der sozialen Medien, die mit personalisierten, auf die aktuelle Stimmung ausgerichteten Botschaften noch die letzten Kaufbarrieren unterlaufen, wenn die Märkte eigentlich schon gesättigt sind.

Im Jahr 2020 betrugen die digitalen Werbeausgaben

weltweit 140 Milliarden Dollar, wovon drei Viertel bei zehn großen Firmen aufliefen. In den USA verbuchen Facebook und Google zusammen die Hälfte der online getätigten Werbeausgaben.[126] Und so hat die technologische Revolution der Digitalisierung einen signifikanten Anteil an wachsenden Konsumniveaus. Letzten Endes nutzen wir den Effizienzgewinn, den uns die Technik beschert, nur, um mehr zu konsumieren – statt mit ihm die Umwelt zu entlasten. Ein Effekt, der seit Langem als *rebound* bekannt ist.[127] Solange der Anspruch, was Versorgungssicherheit alles beinhalten soll, jedes Jahr weiterwächst, wird sich das nicht ändern.

Das lässt sich wunderbar bei den in reichen Ländern viel beklagten Lieferengpässen beobachten: Staatliche Ausgaben und billige Kredite sowie ein rasantes Ausgeben der gesparten Dollar am Ende der Lockdowns haben in den USA zu einem Wachstum der Güterströme um siebzehn Prozent in zwei Jahren geführt.[128] Das wurde in der Berichterstattung zur Sorge um die Versorgungslücke aber gar nicht thematisiert. Dort ging es eher darum, wie man Fahrer, Lkws und Container – mittels Quantencomputing – noch effizienter aufeinander abstimmen könne, damit weiter genug ankommen kann. Eine viel simplere Lösung, die zwar weniger digitale und dafür mehr soziale und kulturelle Revolutionen benötigt, hat die US-Kolumnistin Amanda Mull auf den Punkt gebracht: »Hört auf, zu shoppen – Amerika braucht, dass ihr weniger Plunder kauft«.[129]

»In einem System, in dem technologische Innovation

als Hebel für eine *Ausweitung* von Förderung und Produktion genutzt wird, macht es wenig Sinn, zu hoffen, dass weitere technologische Innovation auf irgendeine magische Weise das Gegenteil erreichen wird«, schreibt der britische Wirtschaftsanthropologe Jason Hickel in seinem Buch, das sich wie die Gegenrede zu Andrew McAfee liest. Es heißt »Weniger ist mehr« statt »Mehr aus Weniger« und geht von einer anderen Fortschrittsdefinition aus: Statt des Bruttoinlandsprodukts steht die Frage im Mittelpunkt, was Menschen wirklich brauchen, um gesund, zufrieden und glücklich zu sein.[130]

Ohne uns immer wieder bewusst zu machen, welchem Zweck Technik dienen soll, werden wir ihre Ausgestaltung nicht verstehen und ihre Anwendung nicht steuern können.

Nehmen wir noch einmal die Energiesysteme. Mit Ausnahme der Wasserkraft existierte lange keine Möglichkeit, in großen Mengen erneuerbaren Strom zu gewinnen. Zwar gab es seit Ende der 1950er-Jahre Solarmodule, sie wurden aber nur in der Raumfahrt eingesetzt, um Satelliten zu versorgen. Das änderte sich erst mit der Ölkrise Ende der 1970er-Jahre. Damals ließ der amerikanische Präsident Jimmy Carter auf dem Dach des Weißen Hauses Sonnenkollektoren anbringen und rief in einer heute visionär anmutenden Rede das solare Zeitalter aus, obwohl die Anlage lediglich für Warmwasser sorgte.[131] Aber schon Ronald Reagan räumte die Anlage wieder ab. Die Ölkrise war vorbei, der Klimawandel noch nicht untersucht, und der Druck, Strukturen zu verändern, nahm wieder ab. Ähnlich verhielt es sich mit der Windkraft. Ernsthafte Versuche, Strom aus Wind zu gewinnen, hatte es bis dahin vor allem in Dänemark gegeben, sie kamen allerdings nicht über eine Testphase hinaus. Das größte Windrad der Welt wurde Anfang der 1980er-Jahre im Auftrag des Bundesforschungsministeriums errichtet. Es stand in Schleswig-Holstein und war so störanfällig, dass es nur einige Hundert Stunden lief. Hartnäckig hielten sich die Gerüchte, dass die Energiekonzerne, die es betreiben sollten, mit der ganzen Sache nur beweisen wollten, dass Windkraft keine Zukunft habe.[132]

Ich erinnere mich noch gut, wie wir 2006 in der Stiftung World Future Council ein Poster erstellt haben, auf dem wir darauf hinweisen wollten, dass es bei erneuerbaren Energien aber noch um viel mehr geht als um den Preis der Kilowattstunde und die Klimakrise. Wir hatten eine lange Liste von Vorteilen: weniger Übertragungsverluste durch dezentrale Erzeugung, geringere Stromkosten, wenn die Anlagen stehen und keine Brennstoffe mehr bezahlt werden müssen, Energieversorgung in Bürger:innenhand, weil die Verbraucher:innen auch Produzent:innen werden können und daher ihre Preise nicht manipulierbar sind. Und nicht zu vergessen: Energiesicherheit anstatt Abhängigkeit von rohstoffreichen Ländern. Die Politik hingegen schien sich insbesondere nach 2010 nicht mehr besonders für dieses Multisolving zu interessieren: Während öffentlich eine Energiewende ausgerufen wurde, ist die einflussreichste Zielsetzung wohl eher von den großen und machtvollen Energieversorgern vorgegeben worden: Wie können wir den Horizont 1 besonders lange erhalten und auch im neuen System die Gewinner sein?

Was also tun, wenn Systeme nicht das abliefern, was draufsteht?

Passen die erklärten Ziele – sprich: Energiewende beziehungsweise die von Zuckerberg beteuerten bedeutsamen sozialen Interaktionen – und die tatsächlich gelebten Ziele – sprich: maximale Gewinnorientierung – wirklich zusammen? Und wer entscheidet, ob der Graben zwischen ihnen zu groß wird, spätestens wenn es um die Schädigung humanen und sozialen Vermögens in ungekanntem Ausmaß geht? Ist es ratsam, die Kontrolle über die kommunikativen und kooperativen Nervenbahnen unserer Gesellschaften in die Hand einiger weniger Konzerne zu legen? Profitriesen, die nicht gemeinwohlorientiert sind? Die so groß geworden sind, dass wir kaum mehr zu anderen Anbietern wechseln können, selbst wenn uns das Angebot missfällt? Und die ihre massive Lobbymacht nun dafür einsetzen, dass sich das auch nicht ändert?

Natürlich stellen auch viele frühere oder jetzt aktive Vertreter:innen der Technosphäre diese Fragen. »Technikabhängigkeit, Polarisierung, Empörungskultur, Aufstieg der Eitelkeiten und eine Mikro-Promi-Kultur, in der jeder berühmt sein muss, das sind keine separaten Probleme«, sagt der Technikethiker und frühere Google-Produkt-Manager Tristan Harris. »Sie alle entstehen durch den Wettlauf, den die Technologieriesen um unsere Aufmerksamkeit führen.« Wenn wir Technik so einsetzen, verstärke sie nicht unsere Stärken, sondern unsere Schwächen, glaubt Harris. Das Ergebnis bezeichnet er als *human downgrading* – menschliche Herabstufung – und nennt es den »sozialen Klimawandel der Kultur«.[133] Das klingt ziemlich pessimistisch. Urteile von anderen Aussteiger:innen aus den großen Konzernen des Silicon Valley fallen ähnlich aus[134], und auch Expert:innen für die Rolle, die Aufmerksamkeit für unser Wohlbefinden und kooperatives Zusammenleben spielt, betrachten die Entwicklung mit Besorgnis.[135]

Sollten wir also lieber alle Technik abschalten?

Natürlich nicht.

Wir sollten sie nur anders konzipieren und einsetzen.

»Neue Technologien werden mental konstruiert, bevor sie physisch konstruiert werden«, schreibt der britische Ökonom Brian Arthur, »und dieser mentale Prozess muss sorgfältig untersucht werden.«[136]

Kurz gesagt: Wenn sich unser Denken und unsere Intention ändern, dann ändern sich auch unsere Apps und die Art, wie sie uns verbinden, uns den Zugang zur Welt vermitteln. Um das Bewusstsein dafür zu schulen, hat Albert Borgmann dem Geräte-Paradigma etwas gegenübergestellt, das ich Fokus-Paradigma nennen würde: »Sich auf etwas fokussieren oder in den Fokus nehmen bedeutet, es zentral, klar und deutlich zu machen« schreibt er. So, wie wir auch die Blende bei einer Kamera einstellen.

Viele Dinge, die Fokus im Sinne Borgmanns ermöglichen, sind Werkzeuge im klassischen Sinn, die wir mit menschlicher Kraft und Bewegung nutzen und die uns dadurch mit der Situation verbinden, in der wir uns befinden. Das Fokus-Paradigma beschreibt deshalb immer Interaktivität, Borgmann spricht von »fokalen Praktiken«. Wenn wir sie ausüben, blenden wir die Beziehungen zwischen Nutzen und Erzeugen nicht aus, sondern haben sie klar vor Augen, sodass eine »Einheit von Leistung und Genuss, von Geist, Körper und Welt, von mir selbst und anderen« entstehen kann.[137] Ich bin mir nicht sicher, ob Borgmann sich jemals mit Mihály Csíkszentmihályi über Flow unterhalten hat, aber da unsere digitale Technosphäre weiterwachsen wird, wäre ein balancierendes Fokus-Paradigma sicher hilfreich, um deren Rückbindung an physische Realitäten nicht aus Augen und Sinn zu verlieren.

So weitergedacht, können zum Beispiel auch Geräte die Mittel und Prozesse sicht- und wertschätzbar machen, die hinter ihrem Display liegen. Diese Form von Technikentwicklung findet überall statt. Nur meist außerhalb der großen Zukunftserzählungen, mit denen die Schlachten der Aufmerksamkeitsökonomie ausgefochten werden. Wie das gehen kann, zeigt die Triodos Bank, die online nachvollziehbar macht, wohin ihre Investitionen fließen.[138] Oder die Suchmaschine Ecosia, die für durchschnittlich jede fünfundvierzigste Onlinesuche einen Baum pflanzt, um ihren Energieverbrauch zu kompensieren.[139] Oder Projekte, wie sie die Global Commons Alliance auf die Beine stellt: Das Netzwerk nutzt neue Sensoren, Drohnen, Datenbanken und Modellierungen, um Ökosysteme besser verstehen zu lernen, damit es Landwirte und Unternehmen für deren Erhalt informieren und bezahlen kann.[140]

Mich persönlich würde auch eine Unterhaltung zwischen Arthur Brian, Albert Borgmann und Audrey Tang interessieren, die heute Digitalministerin von Taiwan ist und eindrücklich zeigt, wie sozialer und technischer Fortschritt im Takt tanzen können. Mit acht Jahren beginnt sie zu programmieren, bricht aber mit vierzehn die Schule ab, weil sie als Hochbegabte wenig Anschluss in den Bildungsinstitutionen findet und im Konkurrenzsystem um beste Noten von Mitschüler:innen gemobbt wird. In Onlinekursen gestaltet sie sich daraufhin ihre eigenen Bildungsräume, lernt Englisch, liest Fachzeitschriften und diskutiert mit Expert:innen, die mehr als doppelt so alt sind wie sie. Mit neunzehn gründet sie ihr erstes eigenes IT-Unternehmen.[141] Sie geht nach Amerika, arbeitet für Apple und die Wikimedia Foundation Stiftung und berät Firmen bei der Digitalisierung. Mit dreiunddreißig hat sie vor, sich in den Ruhestand zu begeben. Doch dann kommt es im Jahr 2014 in Taiwan zu Protesten. Vor allem in der jungen Bevölkerung regt sich Unmut darüber, dass die Regierung eine Annäherung an China betreibt und vermutlich viele ihrer Kampagnen von dort finanziell unterstützt werden. Als es um den Abschluss eines neuen Handelsvertrages geht, belagern Hunderte Student:innen und Akademiker:innen erst das

Parlament und stürmen dann den Sitz des Kabinetts. Sie forderten Offenheit. Tang fliegt nach Hause, weil »die Demokratie mich braucht«, wie sie es formuliert.[142] Sie mischt sich unter die Protestierenden und trägt meterweise Datenkabel ins Parlament, um von dort in die Welt zu berichten. Das war die Geburtsstunde der taiwanesischen »Sonnenblumen-Bewegung«, in deren Zentrum die Transparenz und Effektivität demokratischer Entscheidungsfindung steht. Die Nutzung digitaler Technologien ist dabei immer Teil der Lösungssuche, angefangen bei der Frage, welches Ziel jeweils verfolgt wird. »Situative Anwendungen« nennt Tang die vielen unterschiedlichen Plattformen und Initiativen, »Konfigurationen für soziale Interaktion im digitalen Raum«. Es sind die Teilnehmenden selbst, die deren Charakter bestimmen. Die Anwendungen laufen als Open Source und werden von einem klaren Bekenntnis zu Normen wie Klarheit, inklusivem Diskurs und Teilhabe von Betroffenen getragen. Den Erzählungen der Tech-Giganten traut Tang nicht über den Weg: »Ich denke in den Kategorien einer prosozialen, zivilgesellschaftlichen Infrastruktur im Gegensatz zu einer antisozialen, eher privatwirtschaftlichen Infrastruktur.«[143]

Ihre Vision einer lebensdienlichen Technosphäre beschreibt sie so:

»Wenn wir ›Internet der Dinge‹ sehen, lasst uns ein Internet der Wesen draus machen. Wenn wir »virtuelle Realität« sehen, lasst uns eine geteilte Realität draus machen. Wenn wir ›Maschinenlernen‹ sehen, lasst uns kollaboratives Lernen draus machen. Wenn wir ›Nutzererfahrung‹ sehen, lasst uns menschliche Erfahrung draus machen. Wenn wir hören, ›die Singularität ist nahe‹, lasst uns erinnern: Die Pluralität ist hier.«[144]

Als die Demokratische Partei im Jahr 2016 in Taiwan die Wahlen gewinnt, wird Audrey Tang zur Digitalministerin ernannt.[145] Doch sie fühlt sich nicht als Teil der Regierung, sondern als Vermittlerin zwischen den Entscheider:innen, den Wähler:innen und Aktivist:innen. Als Bürgerin ist Tang von der Demokratie als sozialer Technik zur Problemlösung überzeugt. Als Programmiererin allerdings ist sie mit deren Arbeitsweise unzufrieden. Sie versteht nicht, warum die Bürger:innen der Politik nur einmal alle vier Jahre bei den Wahlen Rückmeldung zu ihrer Arbeit geben sollten, anstatt in die Umsetzung der gesellschaftlichen Veränderungsprozesse involviert zu sein. Zum anderen versteht sie nicht, warum es nur bei der Politik liegen sollte, zu definieren, was das Problem sei und wie es zu bearbeiten wäre. Politik ist für sie mehr, als ein Programm vorzustellen, über das die Bürger in einer Wahl aber nur mit Ja, Nein oder Enthaltung abstimmen können. Das hält Tang für verschenktes Potenzial.[146]

Heute organisiert sich mehr als ein Viertel der Bürgerinitiativen in Taiwan auf digitalen demokratischen Plattformen, die junge Menschen initiiert haben. Sie zeigen die gesellschaftlichen Probleme auf und binden Kritiker:innen direkt in die Lösungssuche ein.[147] Dazu gehört auch die Vermittlung digitaler wie demokratischer Kompetenzen im Bildungswesen, wobei diese Kompetenzen nicht zu verwechseln sind mit der Fähigkeit, Endgeräte bedienen oder etwas programmieren zu können. Auf einer der Plattformen kann man strittige Themen zur Debatte stellen, auf einer anderen Petitionen einreichen und auf einer dritten Gerüchte und Falschinformationen melden. Es geht um Agenda-Setting, Co-Kreation der digital-sozialen Räume und *Verantworten* im Sinne der Beteiligung von Schüler:innen an den Maßnahmen der Digitalministerin. Denn in einer Demokratie, die vom Nachbarstaat China nicht als unabhängiges Land anerkannt wird, sind soziale Medien oft ein Mittel der Einflussnahme auf die öffentliche Meinung, insbesondere in Wahlzeiten.[148] Die taiwanesische Antwort darauf heißt: »Humor zerstreut Gerüchte« (*humour over rumour*). Unter diesem Motto können sogar Schüler:innen mithelfen, vermutliche Fake News mit einer Software in einer großen Gruppe Fact-Checker:innen auszuwerten und innerhalb weniger Stunden eine satirische Antwort dagegenzustellen. »Wenn wir innerhalb von wenigen Stunden eine komödiantische Antwort auf toxische Inhalte ausrollen, motiviert das die Leute, Freude zu teilen und nicht Vergeltung oder Diskriminierung oder Rache. Man fühlt sich dann besser.«[149] Auch hier wirken die Emotionen, aber in eine andere Richtung als bei Facebook.

Tang und ihre Initiativen machen eindrucksvoll vor, wie sich die Rolle der Bürger:innen von Abstimmenden zu

Mitdenkenden wandelt. Aber auch die Rolle von Abgeordneten wird eine andere, indem politische Abstimmungsergebnisse und Budgetentscheidungen immer öffentlich einsehbar sind. Jedes Treffen mit Mitgliedern des Kabinetts, parlamentarische Debatten, Verhandlungen zwischen Bürger:innen und Regierungsvertreter:innen wird protokolliert, und die Transkripte werden online gestellt. Audrey Tang selbst ist jeden Mittwoch an ihrem Amtssitz, dem Social Innovation Lab in Taipeh, für alle zu sprechen. Bis zu vierzig Minuten. Unter der Voraussetzung, dass auch hiervon ein Transkript online geht. Alle zwei Wochen ist sie auf diese Weise in den anderen vier Servicezentren des Landes zu erreichen, auch um von den neuesten Sozialinnovationen zu hören.[150]

Und in Europa? Dort versucht die Europäische Kommission, SMS und Messenger-Dienste aus den Transparenzverordnungen herauszuverhandeln. Auch wenn dort inzwischen identische Textmengen wie in E-Mails verschickt werden, kann eine Kommissionspräsidentin dann mit einem Impfstoffhersteller Milliardendeals einfädeln, ohne dass die Öffentlichkeit Genaueres darüber erfahren darf.[151]

Taiwan mit seinen 23,5 Millionen Bewohner:innen gilt laut *Economist* heute noch vor Deutschland und der Schweiz als eine der stabilsten Demokratien der Welt, während die Zeitschrift *Foreign Policy* Audrey Tang auf der Liste der einflussreichsten globalen Vordenker:innen unserer Zeit führt.[152]

Klingt das, wofür Tang sich einsetzt, nicht nach dem erklärten Ziel der »sinnstiftenden sozialen Interaktionen«, das Facebook für seine Nutzer:innen schaffen wollte? Ich finde schon. Und wird es auch tatsächlich gelebt, kommen ganz andere Infrastrukturen dabei raus. Dann muss, so zeigt es Tang, die öffentliche Hand auch keine lahme Ente sein, die der disruptiven Fortschrittsmacht der Digitalkonzerne hinterherhinkt.

Vielleicht rennt die private Hand auch einfach zu schnell, um das gemeinwohlorientierte Ziel (*purpose*) leben zu können.[153] Donella Meadows hatte jedenfalls schon vor der ersten DotCom-Blase um die Jahrtausendwende festgestellt, dass es »bei allen Technologien« darauf ankommt, »wer sie betreibt und mit welchem Ziel«. Werden sie »von Unternehmen betrieben, um marktfähige Produkte zu erzeugen, bedeutet das ein komplett anderes Ziel, einen komplett anderen Auswahlmechanismus«.[154]

Es lohnt sich also, genau hinzusehen, wieviel Fokus-Denken bei großen Konzernen vorherrscht, insbesondere bei denen, die den Slogan *»move fast and break things«* – »Handle schnell und zerbrich Dinge« mit nachweislich aggressiven Geschäftspraktiken verfolgt haben.[155] Und zu verstehen, dass sie nur deshalb so schnell so viel verändern können, weil ihnen ebenso viel Finanzkapital zur Verfügung steht. Finanzkapital, das primär am schnellen Geldvermehren orientiert ist, nicht am Gemeinwohl oder der begrenzten Verfügbarkeit lebendiger Systeme. Für diese Geldvermehrung müssen wir alle immer mehr Bequemlichkeit kaufen. Und regelmäßig Geräte ersetzen. Sonst drohen den Unternehmen schlechte Aktienkurse oder feindliche Übernahmen.

Hört sich mal wieder nach Teufelskreis an?

Ist es nicht.

Es ist erst einmal nur eine Falle in dem System, in dem ein Großteil unserer Technik heute entsteht. Es ist kein Naturgesetz. Wollen wir die Planetaren Grenzen einhalten, brauchen wir eine couragierte Debatte dazu, in welche Technik begrenzte Rohstoffe eingebaut werden sollen. Die aktuellen Lieferprobleme bieten da eine gute Übung, wenn wir nicht wieder einfach so tun, als wäre das alles ein temporäres Problem: Sollen Computerchip-Hersteller die Gaming-Industrie vor den Solarunternehmen beliefern, nur weil Erstere mehr zahlen kann?[156]

»Bedeutsame soziale Interaktion« lässt sich jedenfalls auf vielfache Art finden. Lassen Sie sich also nicht von kryptischem Tech- und Finanzjargon einschüchtern oder als abgehängt vom Metaverse und seinen optimierten Performer:innen belächeln, wenn Sie sich lieber Zeit für Sorgfalt, menschliche Begegnungen und Genuss wünschen anstatt noch mehr Beschleunigung, Paketmüll und Multitasking. Die Diskussion um die Soziale Lizenz (*Social License to Operate*)[157] von Technologie-Konzernen nimmt gerade Fahrt auf. Auch die Suche nach alternativen Geschäftsmodellen wie Genossenschaften, Open-Innovation-Plattformen oder auch Verantwortungseigentum, wie die Purpose Stiftung es sich auf die Fahnen geschrieben hat. Sie sieht es als ihren

Zweck an, erklärte Unternehmensziele und die daran Mitarbeitenden davor zu schützen, dass Partikularinteressen finanziell beteiligter Personen die Umsetzung erschweren.[158]

Auch eine Rechtsform ist eine Technik. Eine soziale. Denn ursprünglich stammt der Begriff vom griechischen *téchne*, und das bedeutet so viel wie Kunst, Handwerk, Kunstfertigkeit. Antworten auf Fragen finden. Und umgekehrt klare Sicht gewinnen: Wenn das heutige Facebook die Antwort ist, was war dann die Frage? Für die Vermittlung menschlicher Beziehungen ist da sicher noch Luft nach oben.

Systemfalle: Konkurrenz und Eskalation

Gesunde und agile Systeme bestehen aus einer Vielzahl von Teilsystemen, die diverse Lösungen für übergeordnete Fragestellungen finden. Geht es in Teilsystemen allerdings primär um die Verdrängung anderer, verrutscht der kooperative Wettbewerb in eskalierende Konkurrenz. Sind Oligopole erst einmal entstanden, kann der Trend schnell zu extremen Ergebnissen und mangelnder Gestaltungsfreiheit führen: Selbst wer Amazon kritisch sieht, kommt beim Verkauf der eigenen Güter kaum an der Plattform vorbei und befeuert so den Trend weiter. Als Ausweg kommt eine einseitige Abrüstung infrage oder eine verordnete Neuausrichtung auf die übergeordnete Fragestellung durch verbesserte Regeln.

Verhalten – Anders organisieren

> »Je größer der Druck der Verbände und Gruppen auf den Gang der Politik, je ungehemmter der Egoismus von Teilgewalten sich entfesselt, um so entschiedener ist es allen verantwortlichen Kräften (…) aufgegeben, für die Respektierung des Gemeinwohls Sorge zu tragen.«
>
> Ludwig Erhard, Politiker[159]

Paris ist die am dichtesten besiedelte Stadt in Europa. Auf einer Fläche, die kleiner ist als ein Achtel von Berlin, leben mehr als zwei Millionen Menschen. Den Tourist:innen, die jedes Jahr zu Hunderttausenden in die Stadt kommen, mag das egal sein. Die französische Hauptstadt besucht man ja normalweise wegen anderer Superlative. Für Menschen aber, die in und um Paris leben, hat diese Tatsache enorme Auswirkungen. Sie bedeutet, dass Platz in der Stadt knapp ist – und das macht ihn teuer. Wer im Zentrum von Paris eine Wohnung sucht, muss als Mieter:in fast 30 Euro pro Quadratmeter zahlen können und als Käufer:in fast 13 000 Euro.[160] Das können sich nur sehr wenige Menschen leisten, und die, die es können, leben oft gar nicht in der Stadt, sondern nutzen die Wohnung als Geldanlage. Paris ist nicht nur die am dichtesten besiedelteste Stadt in Europa, sie ist auch die zweitteuerste der Welt.[161] Von den zwölf Millionen Menschen, die im Großraum der Metropole leben, wohnen daher zehn Millionen in den Vororten, den *Banlieues*, Hochhaussiedlungen, die hinter dem mehrspurigen Autobahnring liegen, der die Stadt von ihrem Umland abgrenzt. Von dort aus pendeln sie jeden Morgen zur Arbeit, fahren abends wieder zurück und stecken dabei – auch das für Europa ein Superlativ – pro Jahr fast sieben ganze Tage im Stau.[162] Oder steigen stattdessen in die Regionalbahn oder in die Metro, die fast immer so voll sind, dass man sich buchstäblich in sie hineinquetschen muss.

»*Métro, boulot, dodo*«, so nennen viele Pariser:innen jenen Dreiklang, der ihren Alltag prägt. Die Aufzählung bedeutet so viel wie »Metro, Arbeit, Schlafen« und ist angelehnt an ein Gedicht, mit dem der französische Schriftsteller Pierre Béarn bereits in den 1950er-Jahren beschrieben hat, wie sich aus der scheinbar unveränderlichen Tatsache, dass Arbeit und Wohnen sehr weit voneinander entfernt liegen, ein monotoner Lebensrhythmus ergibt, der offenbar nicht zu durchbrechen ist.

Das ursprüngliche Leitbild einer europäischen Stadt, nämlich viele unterschiedliche Funktionen des Austauschs auf kurzen Wegen bequem miteinander zu verbinden, schien in Paris verloren gegangen zu sein.[163] Anderen Metropolen ging es ganz ähnlich. Deshalb umfasst die globale Agenda der siebzehn Nachhaltigkeitsziele ein eigenes Ziel für nachhaltige Städte. Sie sind Ballungszentren, an denen sich die Vernetzung zwischen sozialen, ökologischen, kulturellen und ökonomischen Trends am deutlichsten zeigt. Für europäische Städte gibt es darüber hinaus mit der Leipzig Charta 2007 und 2020 ein klares Leitbild der »integrierten Stadt« mit einem Fokus auf Gemeinwohl: »Zum Gemeinwohl gehören verlässliche öffentliche Dienstleistungen der Daseinsvorsorge sowie die Verringerung und Vermeidung von neuen Formen der Ungleichheit in sozialer, wirtschaftlicher, ökologischer und räumlicher Hinsicht. Unser gemeinsames Ziel sind der Erhalt und die Verbesserung der Lebensqualität in allen europäischen Städten und Gemeinden und ihren funktional zusammenhängenden Räumen. Niemand soll dabei zurückgelassen werden.«[164]

Ob aus einem solchen erklärten auch ein gelebtes Ziel wird, hängt, Sie ahnen es, natürlich von Menschen ab. Den Wirks in unserer Welt.

Als sich die Pariser Bürgermeisterin Anne Hidalgo im Jahr 2020 um ihre Wiederwahl bewarb, trat sie mit einem Konzept an, das sie die »15-Minuten-Stadt« nannte. Sie will, dass die Bürger:innen alles, was sie in der Stadt zu erledigen haben, in einem Umkreis von einer Viertelstunde erledigen können. Das soll nicht nur für den Einkauf gelten, den Besuch beim Arzt, die Schule, das Kino, Theater oder Fitnessstudio, auch der Arbeitsplatz zählt dazu – und alles, ohne ein Auto benutzen zu müssen.[165] Schon in ihrer ersten Amtszeit hatte die Bürgermeisterin begonnen, Paris für dieses Ziel umzubauen.[166] Sie sperrte die große Schnellstraße entlang des Nordufers der Seine, die die Stadt von Ost nach West durchzog. Wo bis dahin täglich mehr als 70 000 Autos unterwegs waren, ließ sie einen Park anlegen, den sie für Radfahrer:innen und Fußgänger:innen freigab. Heute gibt es dort Cafés, Bars und kleine Läden. Für den Fall ihrer Wiederwahl kündigte Hidalgo an, fast die Hälfte der öffentlichen Parkplätze, das sind etwa 70 000 Stück, in Grünflächen umwandeln zu lassen. Auf dem Autobahnring sollen Autos, in denen nur eine einzige Person sitzt, nur noch eine Spur benutzen dürfen, der Rest gehört Mitfahrgemeinschaften, Bussen und Fahrrädern. Einige der großen Avenuen, die die Stadt durchqueren, sollen zu Radwegen werden, einige der berühmten Plätze zu Fußgängerzonen. In bestimmten Wohnvierteln soll sogar jede Straße so verschmälert werden, dass Autos dort nicht mehr überholen können. Ohnehin gilt in Paris heute fast flächendeckend Tempo dreißig.

Was wäre in Deutschland los, wenn sich eine Politikerin in einer derart großen Stadt mit so einem Programm zur Wahl stellt? In Hannover etwa wurde Belit Onay für seine Vision der autofreien Innenstadt 2019 zwar als Oberbürgermeister wiedergewählt. Doch jetzt, wo es konkret wird, sinkt die Zustimmung: Den Einkauf würden die Leute eben lieber mit dem Auto erledigen, heißt es aus dem Einzelhandel, und es müssten doch alle willkommen sein, egal wie sie anreisen.[167] Dabei geht es doch erst einmal um den Durchgangsverkehr, der sinken soll. Wenn Menschen zu Fuß oder mit dem Rad einkaufen, scheinen sie übrigens gar nicht weniger einzukaufen, sie kaufen nur, wie Studien zeigen, häufiger und dafür kleinere Mengen auf einmal ein.[168] Und Berlin? Dort hat der Senat einen Volksentscheid zur autofreien Innenstadt gar nicht erst zugelassen. Dabei ging es allerdings auch gleich um einen Gesetzesentwurf, und der sah auch für Anwohner:innen nur noch begrenzte Fahrerlaubnisse für Urlaub oder Transport vor. Das schränke die Handlungsfreiheiten der Bürger:innen zu stark ein, urteilte die lokale Regierung.[169]

So schnell landet man wieder in Tanaland, wenn die Aufmerksamkeit zu stark auf das scheinbar drängendste Problem fixiert wird. Mit der »Überwertigkeit des aktuellen Motivs« verlieren sich die größeren Zusammenhänge aus dem Blick.

Das passiert Anne Hidalgo nicht.

Hidalgo hat verstanden, dass sie den Bewohner:innen der Stadt nicht einfach ihr Auto wegnehmen konnte, egal wie viele gute Gründe es dafür gab. Sie musste ihnen ein Angebot machen, wie sie den Alltag stattdessen ohne Auto besser bewältigen konnten. Und zwar so, dass er sogar schöner und stressfreier wurde. Den dritten Horizont klar anvisieren und kommunizieren, auch wenn es sich kurzfristig dann erst einmal unbequemer und umständlicher anfühlt.

Sie wird 2020 als Bürgermeisterin bestätigt, und in ihrer zweiten Amtszeit soll die Metro 200 zusätzliche Kilometer erhalten, um Vororte besser anzuschließen. Das Radwegenetz soll auf 1000 Kilometer anwachsen. Laut Stadtverwaltung hat sich die Anzahl der Radfahrer:innen in der Stadt von 2019 bis 2020 verdoppelt.[170] Seit Langem betreibt Paris mit »Plan Vélo« eines der größten Fahrradverleihsysteme außerhalb Chinas.[171] In den nächsten Jahren will Hidalgo nicht nur 40 000 Sozialwohnungen bauen lassen, sondern auch 30 000 Wohnungen in den städtischen Wohnungsmarkt zurückholen, die den Pariser:innen derzeit noch entzogen sind, weil sie über Plattformen wie Airbnb an Tourist:innen vermietet werden. Außerdem will sie 170 000 Bäume pflanzen lassen. Vor dem Rathaus, der Oper oder dem Bahnhof Gare de Lyon sollen kleine Wälder entstehen. Auch wenn die Kritiker:innen von Hidalgo es gern anders darstellen: Sie kämpft nicht gegen ein bestimmtes Verkehrsmittel. Sie will schlicht den begrenzten öffentlichen Raum der Stadt wieder für das Gemeinwohl öffnen und die soziale, ökologische und räumliche Gleichheit unter allen Bürger:innen ins Zentrum der Stadtgestaltung stellen.

Die Ideen, auf die Anne Hidalgo sich bei ihrer Politik stützt, gehen auf das Konzept einer *living smart city,* einer lebendigen, intelligenten Stadt, zurück, das der französisch-kolumbianische Wissenschaftler Carlos Moreno erdacht hat.[172] Sein Ausgangspunkt war die Beobachtung, dass moderne Metropolen ihren Bewohner:innen kein natürliches Gefühl für Raum und Zeit mehr vermitteln. Der Raum wird geschrumpft, weil die vielen Transportmittel weite Wege überwinden und damit jeden Ort innerhalb der Stadt leicht erreichbar machen. Sobald man diese Transportmittel aber nutzt, wird die Zeit gedehnt, und man verbringt täglich mehrere Stunden im Auto oder der Metro, obwohl man eigentlich nur zur Arbeit will. Mit der Idee, dass alles, was zum Leben wichtig ist, im Umkreis von fünfzehn Minuten zu Fuß oder mit dem Rad erreichbar sein soll, will Moreno den Menschen ihr natürliches Gefühl für Raum und Zeit zurückgeben. Die Strukturen der Stadt sollen sich nach den Bedürfnissen ihrer Bewohner:innen richten, nicht umgekehrt.

Als Anne Hidalgo eines Tages Carlos Moreno anrief, um sich über sein Konzept zu informieren, habe er, wie er später einer Journalistin erzählte, zuerst gedacht, es würde sich am Ende vielleicht irgendwo am Schluss eines Flugblatts wiederfinden.

»Aber sie rückte es ins Zentrum.«[173]

Inzwischen hat das *Time*-Magazin Anne Hidalgo zu einer der hundert einflussreichsten Persönlichkeiten der Welt gewählt,[174] und Paris gilt international als einer der interessantesten Orte, wenn es um einen ökologisch-sozialen Stadtumbau geht. Die französische Hauptstadt reiht sich ein in Entwicklungen, die es auch in Kopenhagen, Amsterdam, Wien, Zürich oder Barcelona gibt. Wenn man als Tourist:in in diese Städte reist und deren Lebendigkeit bewundert, spricht man oft von der Kultur, die diese Städte so besonders macht. Nur selten macht man sich klar, dass Kultur sich auch aus den Strukturen ergibt, die ihre Lebendigkeit ermöglichen. Umgekehrt sind Infrastrukturen Ausdruck einer Kultur. Sie organisieren Beziehungen und Begegnungen, beeinflussen unsere Wahrnehmung, prägen soziale Einstellungen und legen ein gewünschtes Verhalten innerhalb des Systems fest – oder machen zumindest einige Entscheidungen und Verhaltensweisen einfacher und wahrscheinlicher als andere. Sie erleichtern Schritte in eine Richtung und erschweren Schritte in eine andere.

Lange haben sich die Planungen für die städtische Infrastruktur, also für Straßen, Ampeln oder Parkplätze, am dem Leitbild der autofreundlichen Stadt orientiert. Es beeinflusst Regeln wie die Straßenverkehrsordnung, die so gefasst ist, dass sie dem Auto Vorrang gibt, indem sie ihm erlaubt, schneller zu fahren als Radfahrer, und die Grünphasen der Autoampeln aufeinander abstimmt. Ebenso Institutionen, die Flächen zuordnen, Baugenehmigungen erteilen, Verkehrswege planen, die also Zugang gewähren oder Designs bestimmen. Aus der Summe entsteht ein System, das bestimmte Formen der Mobilität attraktiver macht als andere. Und damit die *stocks and flows* eines Mobilitätssystems, also die Bestände an Autos, Straßenbahnen, Radfahrwegen und Parkplätzen sowie die Frequenz und Geschwindigkeit, mit der sie sich hin und her bewegen. Stellen wir uns nun für einen Moment vor, die Ampelphasen würden so umgestellt, dass Fußgänger:innen und Radfahrer:innen doppelt so lange Grün haben wie Autofahrer:innen. Das würde die Staus, die Wegezeiten und damit die Entscheidung, womit man von A nach B kommt, enorm verschieben. Und somit auch die Bestände von Fortbewegungsmitteln, die in einer Stadt vorzufinden sind.

Mit dem Leitbild der 15-Minuten-Stadt ändert sich also die Bestimmung, nach der die Regelsetzung und Anreize ausgerichtet werden – und es ergibt sich eine völlig andere Stadt mit völlig anderem Lebensgefühl. Natürlich nicht von heute auf morgen – aber eben über die Zeit, wenn die Innovationen aus dem zweiten Horizont sich an der neuen Bestimmung ausrichten. Denn dann entstehen aus den vielen einzelnen Aktivitäten und Entscheidungen der in einem System agierenden und lebenden Wirks Schritt für Schritt neue Lösungen, um die übergeordnete Zielerreichung zu organisieren.

Kurz: Es findet gesellschaftliches Innovationslernen statt.

»Wenn Systeme gut arbeiten, erkennen wir eine Art Harmonie in ihrem Funktionieren«, schreibt Donella Meadows.[175] Man könnte diesen Zustand auch als »Harmonie der Hierarchien« bezeichnen. Sie entsteht, wenn das übergeordnete System, hier die Stadtregierung, die für das Wohl des Ganzen sorgen soll, den Rahmen vorgibt, innerhalb dessen sich die untergeordneten Systeme, also die Wohnenden, Arbeitenden, Verkaufenden, Reisenden, mit ihren verschiedenen Ansprüchen frei organisieren können. Zentral für diese Harmonie ist, dass die Summe ihrer Aktivitäten zugleich die Bestimmung des übergeordneten Systems ermöglichen. Wenn das Leitbild »autofreundlich« irgendwann nicht mehr mit ökologischer, sozialer, räumlicher und wirtschaftlicher Gerechtigkeit zusammenpasst, braucht es ein neues. Wird das neue zur gelebten Bestimmung, folgen die Strukturen dem deklarierten Ziel. Idealerweise so, dass die Instanz, die sich um Verkehr kümmert, weder mit der für Ressourcenschutz noch mit der für Wohnungsbau und auch nicht mit der für Wirtschaftsförderung weiter konkurriert – sondern alle vier gemeinsam darüber nachdenken, wie Flächen, Infrastrukturen und Wege so gestaltet werden können, dass ein Quadratmeter mehrere Ziele bedienen kann.[176]

Vom sektoralen zum räumlichen Denken.

Vom Nullsummenspiel zum Multisolving.

Ein weiteres Beispiel dafür ist der deutsche Wald. In unserer Fantasie mag er manchmal noch so aussehen wie der mythische Wald, in dem die Märchen spielen, die wir als Kinder gehört haben. Uralt, wild und voller Geheimnisse, mit Eichen, Buchen und meterdicken Stämmen. Tatsächlich sieht der Wald schon lange nicht mehr so aus. Vor allem in den Mittelgebirgen prägen heute Fichten das Bild.[177] Wie im Spalier stehen sie dort nebeneinander, so dicht, dass kaum Licht auf den Waldboden fällt. Das ist kein Zufall, sondern das Ergebnis von Pflanzung. Das lange, gerade Holz der Fichte war seit jeher ein beliebtes Bauholz, das hohe Gewinne brachte, weshalb es lange Zeit üblich war, den Baum früh in einen Wachstumsstress zu versetzen. Legte man eine Schonung an, pflanzte man die Setzlinge bewusst eng, damit sie gezwungen waren, schnell an Höhe zu gewinnen, wenn ihnen die anderen nicht das Licht nehmen sollten. Außerdem bildete die Fichte in diesem sogenannten Engstand weniger starke Seitenäste aus, was jenen astreinen Wuchs ergab, den die Bauwirtschaft so sehr bevorzugt. Allein stehend hat die Fichte die Form eines Kegels, eng stehend dagegen die eines Zaunpfahls.

Wer sehen will, wie sich sektorales Silo-Denken und eine zu eng gefasste Bestimmung eines Systems – in dem Fall die Erhöhung der Holzmenge – in einer bestimmten Struktur niederschlagen, muss nur in den deutschen Wald gehen. Wer wissen will, was mit dieser Struktur passiert, wenn Veränderungen auf sie zukommen, kann gleich dort bleiben.

Als im Jahr 2018 heftige Stürme über Deutschland zogen, richteten sie in den Wäldern schweren Schaden an. Normalerweise wird Windbruch sofort aus dem Wald geräumt, weil die umgeknickten Bäume ein idealer Nährboden für den Borkenkäfer sind, den Feind der Forstwirtschaft. Doch damals waren die Schäden so groß, dass die Waldarbeiter das nicht mehr schafften. In den nächsten Jahren kam es daher zu einer regelrechten Borkenkäfer-Invasion. Gegen solche Angriffe verfügt die Fichte eigentlich über zwei natürliche Abwehrmechanismen. Zum einen bildet sie starke Seitenäste aus, die ihren Stamm vor der Sonne abschirmen. Da der Borkenkäfer Wärme liebt, bietet das einen gewissen Schutz. Im Engstand, ohne Seitenäste, fällt dieser jedoch weg. Der zweite Abwehrmechanismus ist das Harz, mit dem der Baum die Löcher in der Rinde wieder verschließt, die der Käfer gebohrt hat. Nun aber waren aufgrund des aufziehenden Klimawandels die Sommer so heiß, dass die Fichten, geschwächt durch Trockenheit, weniger Harz produzierten. Selbst gesunde Bäume wurden so vom Borkenkäfer befallen, der sich durch die Hitze bis zu viermal statt wie üblich zweimal im Jahr vermehrte.[178]

Ähnlich wie bei der Autofreundlichkeit war das Ziel des Systems Holzvolumen zu eng gefasst und damit der Spielraum künstlich verkleinert geworden. Wäre das Ziel beispielsweise Waldgesundheit gewesen, hätte man den Baumbestand weniger dicht, monoton und flächenweise gepflanzt. Dann hätten Blätterdächer durch Laubbäume Schatten gespendet und Blaubeeren und Moos das Wasser gespeichert, wären die Bäume weniger trocken und dem Borkenkäfer weniger ausgeliefert gewesen, der eigentlich kranke Bäume in den Stoffkreislauf des Waldes zurückführt, wo deren Totholz als Nahrung für Insekten und Humus für den Boden dient. So aber entstand das größte Fichtensterben der Nachkriegszeit. Inzwischen muss Deutschland eine Fläche wieder aufforsten, die mehr als fünfmal so groß ist wie der Bodensee.[179]

Systeme verändern sich und werden verändert. Dieser ständigen Dynamik zu begegnen und immer wieder Antworten auf Fragen zu finden, die sich bis dahin nicht stellten, das ist die Aufgabe des Fortschritts und des antizipativen Korrigierens von Trends, die zu einseitig werden und dafür sorgen, dass die übergeordnete Bestimmung verfehlt wird. Es geht um geeignete Vorwärtskopplungen, die Krisen möglichst gut verhindern, abfedern und uns schnell aus ihnen herauskommen lassen.

Zu Beginn des Jahres 2021, Deutschland befand sich mitten in der dritten Welle der Pandemie, fragte der deutsche Soziologe Andreas Reckwitz in einem im *Spiegel* veröffentlichten Essay, welche Antworten der Staat auf diese Herausforderung geben könne.[180] Wie gut oder schlecht er dafür gerüstet ist, haben wir in der Pandemie gesehen, davor bei der Finanzkrise und der Migration, und wir werden es beim Klimawandel und dem Artensterben erleben – und das sind nur die Krisen, von denen wir wissen, dass sie uns in Zukunft erwarten. Die unerwarteten sind da noch gar nicht mitgerechnet.

Wie soll sich der Staat auf diese Zukunft vorbereiten?

Andreas Reckwitz bringt dazu die Resilienz ins Spiel, einen Begriff, der heute überall verwendet wird und sich mit Widerstandsfähigkeit übersetzen lässt. Ursprünglich stammt er aus der Psychologie, wo er als Fähigkeit verstanden wird, mit schweren Schicksalsschlägen umzugehen, also möglichst gut und zügig wieder auf die Beine zu kommen. In »Resilienz« steckt das lateinische Wort *resilire*, zurückspringen, weshalb die Wissenschaft hier auch gerne die englische Formulierung *bouncing back* verwendet. Mittlerweile, so Reckwitz, habe der Begriff auch Eingang in die Politik gefunden, wo er Gutes wie Schlechtes anrichte: »Zweifellos« schreibt er, »ein Paradigmenwechsel in Richtung einer Politik der Resilienz im 21. Jahrhundert wäre ein Akt der Klugheit«, aber er habe auch seine Tücken.[181]

Eine Politik der Resilienz unterscheide sich nämlich insofern von allen bisherigen Politiken, als dass sie von einer vollkommen anderen Zukunft ausgehe, als wir sie bisher kennen. Während sowohl für den Wohlfahrtsstaat der 1950er- und 1960er-Jahre als auch für den Wettbewerbsstaat ab den 1980er-Jahren die Zukunft immer offen und voller Chancen gewesen sei, die nur ergriffen werden mussten, um mehr Fortschritt, Freiheit und Wohlstand zu erreichen, bestehe die Zukunft für eine Politik der Resilienz vor allem aus Risiken, die immer wieder heftige Störungen bis hin zum Kollaps verursachen. Darin steckt Reckwitz zufolge ein fundamentaler Perspektivwechsel, bei dem das grundlegende Narrativ umgedreht werde: »vom Streben nach dem Neuartigen und Positiven in das Vermeiden oder Aushalten des Negativen. Die Gesellschaft erscheint weniger als ein Raum für den Aufbruch in eine progressive Zukunft, sondern im Zustand der allseitigen Verletzbarkeit«, in dem es gelte, »das Schlimmste zu verhüten«.

Für Reckwitz entsteht auf diese Weise eine »Politik des Negativen«, die lerne, »mit den Verlusten zu rechnen«.[182] Auch wenn der Soziologe die Notwendigkeit einer solchen Politik sieht, so ist ihm doch ein Unwohlsein anzumerken, schließlich dürfe die Sensibilität für transformative Veränderungsmöglichkeiten nicht verloren gehen.

Spannenderweise gibt es durchaus auch Forschungsansätze, in denen genau diese Transformabilität, also die »Fähigkeit, unerprobte Anfänge zu schaffen, aus denen sich eine völlig neue Form des Lebens entwickelt«,[183] im Zentrum des Resilienzbegriffs steht und nicht als eine

Alternative dazu verstanden wird. So zum Beispiel im Stockholm Resilience Center, das Resilienz als ein strukturelles und dynamisches Konzept analysiert: Wie gelingt es sozio-ökologischen Systemen, sich in Krisen nicht nur möglichst schnell wieder zu erholen, sondern sich auch vorwärtsgerichtet weiterzuentwickeln und damit die Wahrscheinlichkeit zukünftiger Krisen zu reduzieren?[184] Kurz: Können sie nicht, statt mit *bouncing back*, auch mit *bouncing forward* reagieren?

Einen ähnlichen Schwerpunkt setzen auch die Forscher:innen des Joint Research Center (JRC), einer europäischen Forschungsstelle im italienischen Ispra, unweit des Lago Maggiore. Dort beraten Wissenschaftler:innen aus den verschiedensten Disziplinen die Europäische Kommission und arbeiten ihr zu. In den 1950er-Jahren als Zentrum zur gemeinsamen Erforschung der Atomenergie gegründet, kümmerten sich die Kolleg:innen bereits in den 1980er-Jahren um die Solarenergie und wurden somit zu wissenschaftlichen Pionieren einer europäischen Umweltpolitik. Als ich sie besucht habe, zeigten sie mir, wie ihnen mit Satellitenbildern von Google Earth eine ziemlich genaue zeitliche Beobachtung von Ökosystemen wie beispielsweise Flüssen gelingt – und sie so frühzeitig erkennen können, wenn sich dort, wie etwa bei Peter Lake, ein *critical slowing down* anbahnt. Ihr Schwerpunkt liegt in der Prävention von Krisen, weshalb sie sich eben nicht nur den Zeitpunkt der Krise ansehen und was dann möglich ist. Vielmehr analysieren sie, wie wir Krisen bestmöglich verhindern und gleichzeitig die übergeordnete Bestimmung des jeweiligen Systems weiter positiv verfolgen können.[185] Dazu führen sie ein wichtiges Begriffspaar ein: Sie unterscheiden zwischen dem *Output* und dem *Outcome* eines Systems.

Bleiben wir zunächst beim Output.

In der Regel bewerten wir die Funktionsfähigkeit eines Systems nach seinem Output, also einer quantitativen Ausgabe. Beim Beispiel des deutschen Waldes wäre das die Höhe des Holzertrags. Mehr ist dabei in der Regel besser, und der Wert des aktuellen Jahres wird im Folgejahr zur Referenz. Kaum etwas bringt das so auf den Punkt wie unser Verständnis von Versorgungssicherheit.

Die Versorgungssicherheit muss gewährleistet sein, heißt es bei jeder Gelegenheit. Damit sind heute allerdings nicht mehr Wohnungen mit Zentralheizung gemeint, kostenlose Schulen oder eine ärztliche Grundversorgung für alle, unabhängig vom Einkommen. Das war für unsere Großeltern so. Versorgungssicherheit drückt sich für uns heute in einem lückenlosen Handynetz aus, einer digitalen Verwaltung oder dem Lieferdienst, der in zehn Minuten nach der Bestellung mit Essen vor der Tür steht – und das alles natürlich zusätzlich zu dem, was für unsere Großeltern galt, am besten möglichst optimiert. Ist Ihnen zum Beispiel aufgefallen, dass in der Europäischen Union seit dem Jahr 2017 nur noch Staubsauger mit einer Leistung von weniger als 900 Watt verkauft werden dürfen, nachdem die Hersteller Jahre zuvor gut und gern bis zu 1600 Watt in die Geräte packten, weil der Kunde angeblich Staubsauger mit immer mehr Leistung haben will?[186]

Und ist es bei Ihnen zu Hause seitdem weniger sauber?

Das, was wir Versorgungssicherheit nennen, beschreibt in Wirklichkeit nichts anderes als die Erwartung, dass unsere ständig wachsenden materiellen Ansprüche störungsfrei erfüllt werden, als wäre das vollkommen normal. Dabei wird eine Frage nie gestellt: Wie soll den versorgenden Systemen das gelingen? Und auf welchem Niveau der Versorgung oder Sicherheit sind wir denn eigentlich zufrieden?

Das Joint Research Center, ähnlich wie die Forscher:innen am Stockholm Resilience Center, hat dieses Defizit bemerkt und sich gefragt, inwiefern es eigentlich unsere Vorstellung von Resilienz beeinflusst. Aus diesem Grund haben sie ein Konzept entworfen, das aus drei Teilen besteht und besser veranschaulichen soll, auf welchen Säulen unsere Resilienzsteuerung steht.

Für dieses Modell haben sie im ersten Schritt den Output mit dem Outcome ersetzt, womit das Ergebnis gemeint ist, das wir mit einem möglichen Output eigentlich erreichen wollen. Für Hidalgos 15-Minuten-Paris ist das die am Gemeinwohl orientierte Stadt. Für die Gesellschaft als Ganzes das menschliche Wohlergehen oder auch das größte Glück für die meisten. Und das lässt sich, wie schon im Kapitel »Vermögen« beobachtet, mit sehr unterschiedlichen Strategien erreichen.[187] Allein durch diese Erweiterung des dritten Horizontes entsteht viel mehr Raum für positive Resilienz-Politik.

Als zwei weitere Säulen für die Resilienzsteuerung identifizieren die Wissenschaftler:innen des JRC zum einen die aktuellen sozialen und ökologischen Kooperations-, Verarbeitungs- und Produktionsprozesse einer Gesellschaft, die sie *engine* nennen. Hinzu kommen die jeweiligen Vermögenswerte, die *assets*, also der Bestand an ökologischem, sozialem und menschlichem Kapital sowie dem sogenannten Realkapital, das alles bisher Produzierte umfasst.

Je nachdem, wie wir unser gesellschaftliches Betriebssystem organisieren, werden sich alle drei Säulen der Resilienz verändern: die Vermögensbestände, die Prozesse und die Art von Output, mit dem wir das Ergebnis – das Outcome – des menschlichen Wohlergehens erreichen. Und auf dem Weg dahin haben wir einiges an Spielraum: mehr oder weniger Müll und Umweltzerstörung wird erzeugt, mehr oder weniger hilfreiches Lernen findet statt, mehr oder weniger Vertrauen und Kooperationsfähigkeiten werden aufgebaut. Und zwar in unserem täglichen Leben als Wirk in diesen Prozessen. Nicht erst mit dem Turbo-Staubsauger, wie es die bloß Output-basierten ökonomischen Modelle annehmen.

Wieso wir damit besser nach vorne koppeln können?

Weil wir in der Art, wie wir diese Prozesse organisieren, die Puffer in den Beständen auch wieder aufbauen können. Anders gesagt: Wir können sehr viele unterschiedliche Strategien entwickeln, um durch ein besseres

Betriebssystem die Krisen nicht nur zu parieren, sondern sie auch unwahrscheinlicher zu machen. Denn Krisen resultieren, wie wir an vielen Beispielen gesehen haben, oft genau daraus, dass wir nicht frühzeitig darauf achten, wenn die Bestände – die *assets* – zu gering werden: wenn nicht mehr genug Fläche für die Bedürfnisbefriedigung der Städter da ist oder wenn im Wald nicht mehr genug balancierende Rückkopplungsschleifen vorhanden sind. Richtig brisant wird es, wenn in Krisen strukturkonservativ reagiert wird, also alles gegen die Schocks verteidigt, aber nicht transformiert werden soll.

Eine positive Resilienz-Politik würde hingegen bedeuten, dass wir stattdessen strukturkreativ und werterhaltend in die Zukunft planen, und zwar rechtzeitig. Dann geht es um die Stärkung der Vermögenswerte, woraus auch ganz direkt das gesellschaftliche Wohlergehen gespeist wird: intakte Natur, gute Bildung und Gesundheit, vertrauensvolle und verlässliche Beziehungen und Institutionen sind ja nicht nur Faktoren für wirtschaftliche Prozesse, sondern beschreiben unser Leben und Zusammenleben. Und dann geht es auch um die Stärkung unserer Fähigkeiten, Prozesse und Strukturen frühzeitig zu verändern. *Transformation by design, not disaster*, wie es im Englischen heißt.[188]

Wie das geht?

Transformationswissenschaftler:innen beschreiben dafür einen dauerhaften Lernprozess, typischerweise in vier Schritten.[189]

Der erste Schritt besteht darin, nicht nur frühzeitig zu

agieren, sondern das Problem auch wirklich zu verstehen. Und damit auch das System, das es hervorbringt. Klingt wie eine Selbstverständlichkeit, ist es aber nicht. Dafür passiert es immer noch zu oft, dass der neue Chef schon verkündet, wie er die Abteilung umkrempeln wird, bevor er überhaupt mit den Mitarbeiter:innen gesprochen hat. Oder das Problemverständnis selbst wird nicht mehr hinterfragt – wie beim Bau des Bewässerungskanals in Tanaland. Neue Einsichten und besseres Verständnis der Zusammenhänge entwickeln sich aber häufig erst, wenn mit allen Akteur:innen geredet wird, die für das System wichtig sind. Das bedeutet, zuzuhören, was diejenigen, die den ganzen Tag mit einem Problem konfrontiert sind, brauchen, um die Dinge besser zu machen, statt ihnen Lösungen anzubieten, mit denen sie womöglich gar nichts anfangen können. »Das ganze System in den Raum holen«, nennen die Transformationsforscher:innen diesen Schritt.

Im zweiten Schritt geht es darum, eine Zielbeschreibung und eine entsprechende Mission für den Veränderungsprozess zu entwickeln, der in und mit dem System erreicht werden soll. Während beim ersten Schritt das *Systemwissen* und eine angemessene Problembeschreibung im Vordergrund stehen, also Vernetzung, Dynamiken und möglicherweise diverse gelebte Ziele erfasst werden, entsteht im zweiten ein breit getragenes *Zielwissen*, also eine Übereinkunft darüber, wohin es eigentlich gehen soll und auf welchen Wegen man dorthin kommen kann. Damit eine Mission breit getragen wird, muss sie für die Beteiligten und Betroffenen anschlussfähig bleiben. Sich für Geschichten eignen, die wir uns auf den Gängen erzählen. Zeigen, dass einzelne Schritte sich im großen Ganzen verorten können, mitsamt den passenden Messgrößen und Erfolgsindikatoren, die das Verhalten auf dem Weg orientieren und Fortschritte abbilden.

Im dritten Schritt, oft als »Portfolio« bezeichnet, wird ein Repertoire an Ideen für die gewünschte Veränderung entwickelt und ihr Einsatz choreografiert. Das ist die Phase des Erkundens und Experimentierens, in der sich der Möglichkeitsraum öffnet, eine Vielfalt an unterschiedlichen Ansätzen entsteht, die sich miteinander austauschen und im Idealfall kombinieren lassen, um Mehrfachlösungen, also Multisolving, zu ermöglichen. Komplexe Systeme brauchen den Tanz und die Interaktion, oft über bisher bestehende Abteilungen oder Institutionen hinweg, und nicht das stoische Abarbeiten von fixierten Plänen. Dafür sind neben quantitativen immer auch qualitative Indikatoren nötig, die eine Organisationskultur erfassen, also das Lebendige. Viel zu oft lässt der Verweis auf Zuständigkeiten den Misfits die Luft raus, die Verantwortung übernehmen wollen. Allzu leicht kann Wirkungsorientierung von Verfahrensregeln erstickt werden. »Das ist so nicht vorgesehen« sollte also ein Satz sein, auf den ein »Warum nicht?« folgen darf.

Im vierten Schritt, der das Verbreiten und die Verstetigung des Gelernten umfasst, geht es darum, die erfolgreichen Lösungen im System zu verankern und sie zu skalieren. Das heißt nicht immer, sie größer zu machen, einige funktionieren vielleicht nur bis zu einer bestimmten Größenordnung und sollten lieber in Variationen multipliziert werden. Wichtig ist dabei, in den Experimenten nicht Spielplätze für ein paar nervige Utopist:innen, sondern die Pionierarbeit für größere Veränderung zu sehen – und sie auch so zu behandeln. Nur so können sie gesellschaftliches Lernen inspirieren und als Teile einer neuen Normalität verstetigt werden. Dafür braucht es eine entsprechende Haltung. Und Führungspersonal, das sowohl über die Qualitäten einer Hebamme als auch über die einer Palliativschwester verfügt, also das Neue gut begrüßen und das Alte gut verabschieden kann. Denn dann entsteht etwas, das Donella Meadows »Selbstorganisation« nennt und als das zentrale Charakteristikum von Systemen bezeichnet, die sich strukturkreativ am Puls der Zeit entwickeln.

Die Harmonie der Hierarchien in komplexen Systemen ist also etwas anderes, als wir es uns oft vorstellen. Sie orientiert sich von unten nach oben. »Zweck der oberen Hierarchieebenen ist es, den Zwecken der unteren Ebenen zu dienen«, schreibt Donella Meadows.[190] Eine Harmonie der Hierarchien zu kuratieren ist eine Kunst für sich. Sie ist vergleichbar mit der Aufgabe von Architekt:innen – nur dass es hier statt um Häuser und Städte um Organisationen und Nationen geht, statt um physische um soziale Strukturen. Und in diesen sozialen Strukturen finden sich viel mehr Befindlichkeiten, Aufregung und erratische Trends als in Sand- und Steinhaufen.

Um die Kunst sozialer Architekt:innen zu würdigen, habe ich damals mit den Kolleg:innen bei der Stiftung World Future Council den Future Policy Award ins Leben gerufen, der auch heute noch in Kooperation mit internationalen Institutionen wie den Vereinten Nationen vergeben wird. Es ist der weltweit einzige Preis, der Gesetze auszeichnet, und zwar solche, die bessere Lebensbedingungen für heutige und künftige Generationen fördern.[191] Im ersten Jahr, 2009, ging er nach Belo Horizonte, einer Stadt im Südosten Brasiliens.

Dass die Stadt einmal die erste auf dem Reißbrett geplante Stadt des Landes gewesen ist, erkennt man noch heute an der schachbrettartig angelegten City, über die die Metropole inzwischen aber längst in die umliegenden Hügel hinaufgewachsen ist. Mit mehr als zweieinhalb Millionen Einwohnern ist Belo Horizonte eine der größten Städte Brasiliens und wichtiges wirtschaftliches und kulturelles Zentrum, dessen Stadtbild auf den ersten Blick von breiten Alleen, großen Parks und einer beeindruckenden Skyline geprägt wird. Doch vom wirtschaftlichen Aufstieg, der vor allem von der Metall-, Textil- und Autoindustrie herrührt, profitierten längst nicht alle Bewohner:innen. Wie an vielen Orten in Brasilien ist die soziale Ungleichheit in Belo Horizonte groß. Es gibt Stadtteile, in denen der Lebensstandard mit dem skandinavischer Länder vergleichbar ist, und es gibt Armenviertel, sogenannte Favelas, wo er auf dem Niveau von Nordafrika liegt.[192] Anfang der 1990er-Jahre lebte mehr als ein Drittel der Familien in der Stadt unterhalb der Armutsgrenze, knapp ein Fünftel aller Kinder war nur mangelhaft ernährt.[193]

Als 1992 mit Patrus Ananias ein neuer Bürgermeister gewählt wurde, gingen er und seine Kommunalregierung fast prototypisch genau jene vier Schritte, um diesen Zustand zu verändern.

Ausgangspunkt war ihre Betrachtung des Systems, das für die Ernährung der Bewohner:innen sorgen sollte – und das war der freie Markt. Für diejenigen, die sich die Lebensmittel leisten konnten, die dort gehandelt wurden, funktionierte das System. Für alle anderen aber versagte es. Begriff man Ernährungssicherheit als öffentliche Aufgabe, so wie Patrus Ananias und seine neue Kommunalregierung es taten, dann musste dieses Versagen staatliches Verhalten auf den Plan rufen.

Mit dem Gemeindegesetz Nr. 6.352 vom 15. Juli 1993 verabschiedete die Stadt daraufhin ein Regelwerk zur Ernährungssicherheit, in dem sie allen Bürger:innen das Recht auf ausreichend und gute Nahrung zusagte und der Kommune, also sich selbst, die Aufgabe übertrug, diesen Anspruch zu garantieren und durchzusetzen.

Mit anderen Worten: Sie formulierte eine Mission.

Zugleich schuf Bürgermeister Patrus Ananias eine neue Behörde, das Sekretariat für Ernährungspolitik und Lebensmittelversorgung, kurz SMAAB, an dem er Vertreter aller mit dem Problem befasster Bereiche in einem Rat zusammenholte. Von der Wirtschaft, der Wissenschaft, den Kirchen und verschiedenen staatlichen Ebenen bis hin zu den Konsumenten brachte er sozusagen das ganze System in einen Raum und schuf innerhalb seiner Verwaltung zugleich eine Stelle, bei der alle Initiativen, mit denen man sich der Lösung nähern wollte, zusammenliefen und in einer Hand lagen.[194] Die Mission bekam den Slogan »Nahrung mit Würde«. Raus aus dem Stigma, dass arme Menschen um etwas bitten müssen, und rein in die Aufgabe der Gemeinschaft, alle gut zu versorgen. Raus aus der Suche nach Schuldigen, wegen denen es nicht klappt, und rein in die gemeinsame Aufgabenstellung, in Belo Horizonte zu zeigen, dass Nahrungssicherheit machbar ist. Gemeinwohl durch bessere Kooperation und effektives Nutzen von Ressourcen.

Eine der wirkungsvollsten Initiativen waren die kostenlosen Schulmahlzeiten, die jährlich mehr als 45 Millionen Essen für Kindergärten, Schulen und Universitäten umfassen. Eine der beliebtesten waren die *Restaurante Popular*, die Volksrestaurants, von denen inzwischen fünf existieren und in denen die subventionierten Mahlzeiten im Schnitt weniger als einen Euro kosten.[195] Die Zutaten werden von lokalen kleinen Anbietern erworben, und obwohl die Mahlzeiten subventioniert werden, können alle Personen dort essen. Es entstanden Schul- und Stadtgärten, in denen gemeinschaftlich Gemüse angebaut wird und in denen über gesunde Ernährung aufgeklärt und Kochen gelehrt wird. Eine Food-Bank arbeitete überschüssige Nahrungsmittel auf, und es wurden Volkskörbe ausgegeben, die verbilligte Lebensmittel enthielten und aus mobilen Verkaufswagen heraus dort verteilt wurden, wo es in den Geschäften kein frisches Obst und Gemüse gab. Darüber hinaus vergab die Stadt spezielle Lizenzen für den Lebensmittelhandel, bei denen eine Verkäufer:in Waren nur dann in den reicheren Vierteln anbieten darf, wenn er oder sie das im Gegenzug und zu gesenkten Preisen auch in ärmeren Viertel tut. Den Kleinbauern aus der Umgebung wurden vergünstigt Marktstände angeboten, um im Direktverkauf die oft hohen Händlerpauschalen zahlen zu können. Auch wurden ungenutzte Flächen von Großgrundbesitzer:innen für den Anbau freigegeben. Die Vielzahl der Ideen war enorm.

Wie hatte Patrus Ananias das geschafft? Ähnlich wie in vielen anderen Fällen dieser Art finden sich Führungsfiguren mit einer ansteckenden Vision und Koordinationsfähigkeit, die Follower zu Co-Designern unterschiedlicher Bausteine werden lassen. Daraus erwächst ein Portfolio, aus dem diverse Ideen, sich gegenseitig bestärkende Ansätze und damit Multisolving hervorgehen: Indem die Vernetzheit erkannt und eine packende Mission formuliert wird, die anderen vermittelt, welche Rolle sie dabei einnehmen können. Damit geht es nicht nur um Strukturen, sondern um die Haltung, die Ethik, die in ihnen zum Ausdruck kommt. Das ist eine Skalierung, die in die Tiefe geht. Sie berührt unsere Wertebasis. Aus ihr entsteht eine ganz eigene Qualität, die den

Willen freilegt, Wege zu finden, anstatt auf Gründe zu verweisen.

Letztlich zielte die Verstetigung dieser Mission in Belo Horizonte also nicht einfach darauf ab, den Hunger zu besiegen. Sie sollte eine Kultur der Armut beenden. Unter Einbezug des gesamten Systems der Ernährungskette führte das dazu, dass die Beteiligten alles, was sie in diesem Prozess erkannten und lernten, verinnerlichen konnten. Dass bisherige Silos – also abgetrennt voneinander agierende Akteur:innen – miteinander kooperierten und ihre Ressourcen und Einflussmöglichkeiten neu bündelten. Belo Horizonte zeigt: Innovationen verstetigen sich, wenn sie sich kulturell verankern. Veränderte Strukturen spiegeln eine veränderte Kultur. Sie machen bisher abweichendes Verhalten zur neuen Normalität.[196]

»Es ist offensichtlich, dass die Beseitigung des Hungers nicht an fehlenden Mitteln scheitert«, sagte Patrus Ananias anlässlich der Verleihung des Future Policy Award, »sondern an mangelndem politischem Willen.«[197]

Mit dem nötigen Willen aber war es Belo Horizonte gelungen, mit weniger als zehn Millionen Dollar jährlich – das sind nur zwei Prozent des kommunalen Haushalts – die Ernährungslage spürbar zu verbessern. Innerhalb von zehn Jahren ging die Kindersterblichkeit um 60 Prozent zurück, der Anteil der mangelernährten Kinder konnte um 75 Prozent verringert werden.[198] Inzwischen wird das Modell nicht nur in Ländern wie Namibia und Südafrika kopiert.[199] Es war auch Vorbild für das Programm, mit dem Patrus Ananias als Minister für soziale Entwicklung später versuchte, Armut und Hunger in ganz Brasilien zu bekämpfen. In Belo Horizonte blieb die Beteiligung der Bürger:innen an den politischen Organisationen nicht auf die Ernährung beschränkt. In sogenannten Bürgerhaushalten können sie seit Jahren über die Verteilung von Finanzmitteln mitbestimmen.[200] Eine Lösung hat die Nische verlassen, sich verbreitet, vergrößert und vertieft.

Wie Paris am Beispiel Mobilität, so zeigt Belo Horizonte anhand der Ernährung, dass wirkliche Veränderungen nicht nur neue Behörden und Papiere mit sich bringen, sondern davon abhängen, wie die neuen Beziehungen und Prozesse des Lernens, Abstimmens und Kooperierens aufgestellt werden.

Das gilt auch für funktionierende Märkte, wie die Komplexitätsökonomen Eric Beinhocker und Nick Hanauer vom Institute for New Economic Thinking in Oxford schreiben. Die beiden laden dazu ein, sich ein komplexes System als eine »Fitness-Landschaft«, eine *fitness landscape*, vorzustellen.[201] Ist diese austariert, kooperieren Personen und Gruppen oder laufen im Wettbewerb, um Lösungen für Probleme zu finden. Wenn diese Landschaft aber nicht durch Gärtnern erhalten wird, sinkt die Fitness des gesamten Systems: Nutzen einige Teilsysteme Vorteile zu stark dafür, die Landschaft so zu verändern, dass sie der eigenen Stärke nutzt, stecken wir schnell in der Falle »Erfolg den Erfolgreichen«, wie sie auch bei *Monopoly* zuschnappt. Denn »[n]ur weil Löwenzahn, wie Hedge Fonds auch, leicht und schnell wächst, heißt das nicht, dass wir ihn übernehmen lassen sollten. Nur weil du mit etwas Geld machen kannst, heißt das nicht, dass es gut für die Gesellschaft ist. (…) Ob ein Markt mehr Lösungen für menschliche medizinische Herausforderungen produziert oder mehr Lösungen für menschliche Kriegsführung – oder ob er Probleme erfindet wie schlechten Atem, für die Lösungen gebraucht werden –, ist gänzlich die Konsequenz der Konstruktion des Marktes, und diese Konstruktion wird immer menschengemacht sein, entweder als Unfall oder als Design.«[202]

In Demokratien ist es also nicht nur eine Möglichkeit, sondern eine durch die Verfassung legitimierte Verpflichtung, Märkten eine Orientierung zu geben, also das Gemeinwohl auszubuchstabieren, auf dessen Erreichen sie durch die politische Regelsetzung hinwirken. Dann funktioniert die Marktwirtschaft als Instrument zur Erfüllung der gesellschaftlichen Ziele. Und natürlich sollten nicht alle Ziele einer Gesellschaft über Märkte organisiert werden. Gerade die öffentliche Daseinsvorsorge und soziale Sicherung zeichnen sich dadurch aus, dass sie aus der Verfassung abgeleitete Rechte betreffen und für alle Menschen in würdevoller Qualität zugänglich sein sollten, unabhängig von der Kaufkraft.

Selbstverständlich läuft das nicht konfliktfrei. Überall stecken überall auch persönliche Interessen im Spiel. Die Kunst ist, diese erfolgreich zu benennen und auszutragen. Dafür ist Transparenz und gute Kooperation genauso nötig wie passende Anreize oder Vergütungen. Gestaltungsmacht durch exzellente soziale Technik. Und eine Bildung, die uns dafür befähigt.

Wissen Sie, was hier das Schöne an gutem Design ist? Es führt zu positiven Rückkopplungsschleifen.

Das können Bürger- oder Zukunftsräte oder Trialoge sein, die aus der Politik oder Zivilgesellschaft angestoßen werden.[203] Open-Social-Innovation-Projekte wie die Hackathons »Wir versus Virus« oder »Aufbruch Deutschland« zwischen Bundesregierung und Akteur:innen aus allen Teilen der Gesellschaft.[204] Förderprogramme wie die Innovative Hochschule, die für Universitäten eine dritte Mission neben Forschung und Lehre finanzieren, nämlich die Vermittlung und Einbettung von »Wissen schaffen« in die Gesellschaft. Eine breite Palette von Reallaboren, in denen über bisherige Organisationsgrenzen hinweg neue Lösungswege und Regeln für zähe Probleme gesucht werden.[205] Und global vernetzte Forschung und Beratung zu den Erfolgskriterien solcher Prozesse.[206]

Welches Design von Organisationen und Institutionen im konkreten Fall zur Harmonie der Hierarchien führen kann, wird immer variieren, je nach Aufgabe und kulturellem Kontext. Ob es gelingt, liegt aber nie nur an Führungsfiguren, sondern immer auch am Verhalten der Follower. So äußerte sich auch schon Ludwig Erhard 1963 in seiner Regierungserklärung: »Es würde einen gewaltigen Fortschritt in den öffentlichen Dingen unseres

Staates bedeuten, wenn die große Macht und der Sachverstand der Interessengruppen und die Fülle der Talente auch für die allgemeinen Aufgaben des Gemeinwesens zur Verfügung stünden.«[207] Wenn das nicht mehr gegeben ist, sollten machtvolle Teilsysteme oder Akteure sich nicht darüber wundern, dass die Harmonie ins Rutschen gerät.

Und wissen Sie, wem das bereits aufgefallen war? Dem antiken griechischen Philosophen Platon. Die Voraussetzung für eine funktionierende Harmonie der Hierarchien – er hat den Begriff der »Demokratie« verwendet – ist eine Bildung, deren Inhalt den aktuellen Herausforderungen entspricht und Bürger:innen zu einem verhältnismäßigen Handeln befähigt. Nur so kann ein System der Selbstregierung erhalten werden.[208] Zu dieser Bildung gehört auch die individuelle Resilienz gegenüber der Versuchung, privilegierte Stellungen primär zum eigenen Vorteil zu nutzen.

Systemfalle: Änderungsresistenz

Organisationen sind Ausdruck einer bestimmten Zielsetzung zu einem bestimmten Zeitpunkt: Autofreundliche oder menschenfreundliche Stadt? Holzproduktion oder Waldgesundheit? Organisationen verstetigen Denkmuster und Abläufe und halten Entwicklungen auf einem bestimmten Kurs. Wenn es ihnen wichtiger wird, sich selbst zu erhalten, anstatt sich gemeinsam fortzuentwickeln, entstehen für alle unbefriedigende Ergebnisse. Will man diese Falle nicht über Macht auflösen, hilft eine neue Mission, die den Akteur:innen erlaubt, aus ihren begrenzten Logiken auszubrechen und neue Pfade und Kooperationsmuster zu erkunden.

Verständigen – Anders miteinander umgehen

»Die besten dieser vielen Versuche, sich Gesellschaft neu vorzustellen, beschäftigten sich mit der größten dauerhaften Herausforderung der Menschheitsgeschichte: Wie kann man Kooperation in größerem Maßstab organisieren und gleichzeitig ein gewisses Maß an Freiheit und Fairness bewahren?«

Geoff Mulgan, Innovationsforscher und Politikberater[209]

Als die Menschen noch als Jäger:innen und Sammler:innen über die Erde zogen, also vor mehr als zehntausend Jahren, da brauchte jede:r von ihnen pro Jahr ungefähr fünf Gigajoule Energie, um zu überleben.[210] Der tschechisch-kanadische Ökologe Vaclav Smil, von dem diese Berechnung stammt, hat dazu überschlagen, wie viel Fleisch ein Mensch damals jeden Tag essen musste, wie viel Holz er brauchte, um es zu braten, und wie viel Holz, um sich nachts oder im Winter warm zu halten. Obwohl Smil, der als Zahlenfanatiker bekannt ist, für eine möglichst korrekte Schätzung sogar einbezog, dass Mammutfleisch energiereicher war als das Fleisch von Gazellen oder Wildpferden, war die Rechnung nicht sehr kompliziert. Nahrung und Holz waren schließlich die einzigen beiden Energiequellen, auf die der Mensch vor mehr als zehntausend Jahren zugreifen konnte. Die fünf Gigajoule, die jede:r dabei im Schnitt in einem Jahr verbrauchte, verbraten wir heute schon, wenn wir mit dem Auto von Hamburg nach München und zurück fahren.[211]

Menschliches Leben lediglich über die Menge an Energie zu beschreiben, die zu seiner Aufrechterhaltung nötig ist, mag auf den ersten Blick grob an der Sache vorbeigehen. Schließlich sehen wir mehr in uns als nur Wesen, die vor allem essen, kochen und heizen – auch wenn das dem Energieverbrauch nach die längste Zeit unserer Existenz auf dem Planeten so war. Heute dagegen entfaltet sich unser Leben scheinbar in so viel mehr Wirklichkeiten und Möglichkeiten. Wir organisieren uns in komplexen sozialen Gebilden. Wir forschen, planen, bauen und fliegen. Wir verändern die genetische Struktur von Pflanzen und Tieren. Unser Leben hat mit dem Leben von vor zehntausend Jahren nichts mehr zu tun. Aber heute wie gestern brauchen wir dazu Energie. Und zwar umso mehr, je komplexer wir unsere Lebensräume gestalten.

Zu Beginn der Industrialisierung verbrauchte ein Mensch jedes Jahr bereits durchschnittlich zwanzig Gigajoule. Der Energiebedarf hatte sich also innerhalb von zehntausend Jahren vervierfacht. Die nächste Vervierfachung dauerte dann nur noch hundertfünfzig Jahre. Heute liegt der durchschnittliche Energieverbrauch pro Mensch und Jahr weltweit bei fast achtzig Gigajoule.[212] Dieser Anstieg erklärt sich natürlich aus der ständig wachsenden Menge an Maschinen, die wir überall einsetzen, um uns Arbeit abzunehmen, sie zu beschleunigen oder zu erleichtern. Der US-amerikanische Architekt, Designer und Autor Richard Buckminster Fuller hatte deshalb schon 1961 das Konzept des »Energiesklaven« erfunden, und meinte damit ein »unorganisches Energieverarbeitungsgerät, das die Externalisierung einer internen Funktion des Menschen bietet«.[213] Es erlaubt ein Verständnis dafür, wie sehr wir gemäß des borgmannsche Device-Paradigmas der Verfügbarmachung den Energiedurchsatz über das ursprüngliche Maß des biologisch Möglichen hinausgetrieben haben. Der Physiker Harald Lesch hat dazu eine anschauliche Berechnung angestellt: Stellen Sie sich vor, Sie erzeugen Energie, indem Sie zehn Stunden lang auf einem Ergometer 100 Watt pro Stunde erstrampeln. Wenn Sie das mit dem in Deutschland üblichen durchschnittlichen Energieverbrauch einer Person pro Tag vergleichen, dann hätten Sie so gerade eben ein Hundertstel davon gedeckt: Das Verhältnis beträgt 1:100.[214]

Machen wir uns abhängig von diesen vielen, durch externe Energie gesteuerten Prozessen, werden wir abhängig davon, die notwendige Energie dafür bereitzustellen. Mit all den Effekten auf unsere Ökosysteme, die wir heute eindrucksvoll beobachten können. Und mit all den nicht weniger eindrucksvollen Ungerechtigkeiten.

Nehmen wir die achtzig Gigajoule, die heute im Schnitt jeder Mensch auf der Welt pro Jahr verbraucht. Wenn Sie beispielsweise in Deutschland leben, werden Sie feststellen, dass Sie damit dort nicht weit kommen.

Manche decken mit dieser Menge gerade so ihren jährlichen Spritverbrauch – ohne dass ihnen dann noch etwas für Nahrung übrig bliebe, für Heizung, Beleuchtung, um ihr Handy zu laden oder sonst etwas zu konsumieren, für das eine Produktion, eine Infrastruktur oder eine Logistik notwendig sind, die alle ebenfalls Energie benötigen. Tatsächlich verbraucht die Bevölkerung Deutschlands deshalb pro Jahr pro Kopf auch etwa das Doppelte des weltweiten Durchschnitts.[215] Wer in Amerika lebt, verbraucht wiederum das Doppelte des deutschen Durchschnitts. Saudi-Arabien oder Kanada liegen mit ihrem jeweiligen Bedarf pro Kopf noch einmal deutlich darüber. Fast alle afrikanischen und südamerikanischen Staaten, aber auch einige asiatische Länder, einschließlich Indiens, liegen dagegen in ihrem Verbrauch pro Kopf teilweise weit unterhalb des globalen Schnitts. Selbst in einem Land wie der Türkei verbraucht ein Mensch nur etwa jene achtzig Gigajoule, die den weltweiten Durchschnitt darstellen. So unterschiedlich groß ist das Heer der Energiesklaven, die Menschen in den jeweiligen Regionen der Welt für den eigenen Lebensstandard für sich arbeiten lassen.

In einer Welt mit unerschöpflichen Ressourcen würde man Gerechtigkeit dadurch herstellen, dass einfach alle, die mit ihrem Verbrauch noch hinterherhinken, möglichst schnell zur Spitze aufschließen sollen. Genau diese Strategie haben wir bisher offiziell verfolgt. Selbst in den Globalen Nachhaltigkeitszielen der Vereinten Nationen von 2015 wird noch angestrebt, dass die unteren vierzig Prozent der Bevölkerung einer Gesellschaft und der Welt eben verhältnismäßig schneller materiellen Zuwachs erhalten sollten als der Rest.[216] Dass irgendwer mal genug haben könnte, taucht auch hier in keiner Weise auf. Obwohl allein der Vorschlag ziemlich gewagt ist im Angesicht der naturwissenschaftlichen Prognosen über den Zustand der Erde und ihrer Ökosysteme. Geradezu utopisch.

Was wäre denn realistisch?

Dieser Frage sind Wissenschaftler:innen um die Wirtschaftsökologin Julia Steinberger an der Universität Leeds in einem Projekt mit dem Namen »*Living Well Within Limits*« nachgegangen. Sie wollten herausfinden, wie ein Leben aussehen kann, das für alle gut ist und sich dennoch innerhalb der Planetaren Grenzen bewegt. Für ein globales Szenario haben sie berechnet, welche Mindeststandards es an Versorgung, Infrastruktur und Ausstattung für so ein Leben geben müsste und wie viel Energie nötig wäre, um diese Standards zu erfüllen.[217] Das Ergebnis ist überraschend: Legt man diese Mindeststandards an, dann könnten selbst mit dem Stand heutiger Technik zehn Milliarden Menschen anständig auf der Erde leben, ohne dass der weltweite Energieverbrauch steigen müsste, im Gegenteil, er könnte sogar fallen. Wir bräuchten unter dem Strich nicht mehr Energie, als wir Anfang der 1960er-Jahre zur Verfügung hatten.

Wie würde ein solches Leben aussehen?

Natürlich gebe es auch in so einer Niedrigenergiewelt beheizte Wohnungen und fließendes Wasser, Handys, Kühlschränke, Internet, Krankenhäuser und Schulen. Es wird noch Fleisch gegessen und gereist. Kein Mensch muss nackt in einer Höhle leben. Grundbedürfnisse wie Unterkunft, Ernährung, Kleidung, Mobilität, Bildung, Kommunikation oder Gesundheitsvorsorge will auch diese Welt erfüllen. Sonst bräuchte man sie wohl nicht. Es ist eher die Art und Weise, *wie* diese Bedürfnisse befriedigt werden, die diese Welt so sehr von unserer unterschiedet. So stehen in diesem Szenario jeder Person nur fünfzehn Quadratmeter Wohnfläche zur Verfügung. Heute sind es in Deutschland im Schnitt dreimal so viel.[218] Jede:r kann täglich fünfzig Liter Wasser verbrauchen, deutlich weniger als die Hälfte dessen, was eine in Deutschland lebende Person heute für sich in Anspruch nimmt.[219] Der individuelle Fleischkonsum ist auf fünfzehn Kilo pro Jahr beschränkt und damit auf ein Viertel dessen, was wir im Schnitt heute in Deutschland pro Jahr verzehren.[220] Die Anzahl der Handys ist auf eines pro Person reduziert, die Zahl der Laptops auf einen pro Haushalt, wobei zu einem Haushalt vier Leute zählen. Jeder Mensch kann jedes Jahr vier Kilo neue Kleidung kaufen und achtzig Kilo Wäsche waschen. Er kann auch 15 000 Kilometer im Jahr unterwegs sein, wobei er sich dafür sehr wahrscheinlich in einem stark ausgebauten öffentlichen Nahverkehr bewegt oder ein Fahrrad nimmt, aber eher nicht in einem eigenen Auto und sehr wahrscheinlich nicht in einem Flugzeug.

Sie halten das für vollkommen unrealistisch?

Tatsächlich müssten Länder wie Kanada oder Saudi-Arabien ihren Energiebedarf für eine solche Welt um bis zu 95 Prozent reduzieren. Vieles davon geht heute für Heizen oder Kühlen drauf. Länder wie Kirgistan, Uruguay oder Ruanda dagegen verbrauchen schon heute pro Kopf nicht mehr Energie. Und einige Länder südlich der Sahara könnten sogar noch ein paar Energiesklaven drauflegen.

Eine solche Transformation hätte nicht nur den Vorteil, dass wir damit die Erderhitzung verlangsamen. Mit der Menge an erneuerbarer Energie, die wir weltweit heute schon erzeugen, hätten wir in diesem Szenario bereits die Hälfte unseres Bedarfs gedeckt. Zurzeit sind es noch weniger als ein Fünftel. In einer solchen Welt würden sich die Lebensumstände für viele Millionen Menschen im globalen Süden, die heute ärmlicher leben, die schlechter wohnen, sich schlechter ernähren und bilden können und weniger ärztliche Versorgung haben, stark verbessern. Für viele Menschen im globalen Norden hätte sie wohl eine Verringerung der Arbeitszeit zur Folge, so wie es John Maynard Keynes und John Stuart Mill vorausgesehen hatten, und würde den Kopf und die Hände frei machen für Dinge, die uns bisher entgangen sind in unseren »Tretmühlen des Glücks«, wie der Schweizer Ökonom Mathias Binswanger sie nennt.[221]

Es entstünde eine Welt, in der zehn Milliarden Menschen alle in etwa gleich viel haben und es uns in Summe nicht den Planeten kostet. Wäre das nicht eine Anstrengung wert?

Sie zögern? Das kann ich verstehen.

Ich glaube nicht, dass wir erst zu einem anderen Miteinander kommen, wenn wir alle über die gleiche Menge an Gegenständen und Quadratmetern verfügen. Aber das hatten Steinberger und ihre Kolleg:innen mit ihrem Szenario auch nicht im Sinn. Sie wollten vor allem zeigen, dass die Erde eigentlich genug hergibt für ein gutes Leben für alle. Wir müssten nur anfangen, Dinge anders herzustellen, zu nutzen und zu teilen. Und Innovationen darauf ausrichten, dass sie hohe Lebensqualität bei geringstem ökologischen Fußabdruck verfolgen.

Danach sieht es derzeit allerdings nicht aus.

Nehmen wir den Ausstoß an Kohlendioxid. In einem System, das noch immer fast alle Energie, die es zu seinem Unterhalt benötigt, aus fossilen Brennstoffen gewinnt, ist der Kohlendioxidausstoß ein guter Indikator, wenn es darum geht, wie ungleich die Nutzung von Energie verteilt ist. Wendet man diesen Indikator auf einzelne Staaten an, zeigt sich, dass China derzeit für ein Drittel der globalen Emissionen verantwortlich ist.[222] Selbst die Vereinigten Staaten stoßen nur die Hälfte dessen aus, was China emittiert. Europa, Indien und Russland folgen dahinter, Deutschland liegt auf Platz sechs. Aufschlussreicher wird es, wenn man die historische Perspektive hinzunimmt und fragt, welches Land seit der Industrialisierung am meisten Kohlendioxid ausgestoßen hat.[223] Da kommt China nämlich nur noch auf Platz drei. Angeführt wird die Reihe nun von den Vereinigten Staaten, die für sich allein ein Viertel der Energiemenge verbraucht haben, die seit der Industrialisierung aus fossilen Brennstoffen insgesamt gewonnen wurde. Deutschland liegt hinter Russland, aber vor Großbritannien, auf Platz vier. Man sieht, wie wichtig es ist, welche Grenzen man zieht, um ein Problem in den Fokus zu bekommen. Genau betrachtet ist also die Idee, dass auch die Vielnutzer noch immer weiter mehr nutzen und die Wenignutzer eben schneller hinterherrennen sollen, mindestens eine Hochrisikostrategie.

Und eine komplett unrealistische noch dazu.

Wenn man den Indikator des Kohlendioxidausstoßes nicht auf einzelne Staaten, sondern auf Menschen anwendet, wird das sehr deutlich. Die Pro-Kopf-Emissionen der ärmeren Hälfte der Weltbevölkerung sind seit 1990 nur sehr gering gestiegen, von 1,2 auf 1,6 Tonnen. Sie bleiben auch viermal geringer als der globale Durchschnitt. In reichen Ländern sind die Pro-Kopf-Emissionen bei der ärmeren Hälfte der Bevölkerung stagniert, bei der oberen Hälfte und insbesondere beim oberen ersten Prozent dagegen sind sie gestiegen. Diese Gruppe, die heute 771 Millionen Personen umfasst, produziert pro Kopf inzwischen 110 Tonnen Kohlendioxid und damit 17 Prozent aller Emissionen.[224]

Wer soll da hinterherkommen und zu welchem Preis?

Wie wir es auch drehen und wenden, wir kommen um die Frage nach dem richtigen Maß nicht herum. Und auch nicht um die, wer eigentlich für das Vermessen zuständig sein soll und warum.

Aber wollen wir denn überhaupt begrenzen?

Verträgt sich das mit unserer Idee von grenzenloser Freiheit?

Oder führt uns das in die Ökodiktatur?

Ich finde es wichtig, sich diesen Fragen zu stellen, sonst ist die Wahrscheinlichkeit ziemlich groß, dass wir in Zukunft genau dort landen. Dann wird uns die Ökologie diktieren, was für die biologische Spezies Mensch noch möglich ist und was nicht. So war es auch in der Vergangenheit. Da sind wir nur immer weiter ausgewichen in weniger besiedelte Gebiete oder haben die dort Siedelnden vertrieben. Alternativ haben wir begrenzte Ressourcen durch andere ersetzt, die noch nicht erschöpft waren, oder uns mittels Technologie ganz neue erschlossen.[225] So können wir in einer Welt mit schon heute nicht ausreichenden Schutzgebieten und bald zehn Milliarden Menschen nicht weitermachen.[226] Daher finde ich die Frage nach der Ökodiktatur etwas schräg. Die Entscheidung, wie wir mit diesen Befunden umgehen und welche Konsequenzen Gesellschaften daraus ziehen, liegt ja nicht aufseiten der Ökologie. Sie liegt bei den Menschen.

Führen wir also für einen Augenblick das, was wir in Deutschland typischerweise eine »Verbotsdiskussion« nennen.

Fleischkonsum, Klamottenberge, Kurzstreckenflüge, Plastiktüten, Autoverkehr – Diskussionen darüber, was begrenzt werden soll, finden nicht nur in den Talkshows im Fernsehen oder in den Threads der Social-Media-Kanäle statt. Wir alle haben uns vermutlich schon mit Freund:innen und Bekannten darüber unterhalten, ob und unter welchen Bedingungen es in Ordnung sein kann, gewisse Dinge ganz zu verbieten, wenn freiwillige Verhaltensveränderungen nicht ausreichen. Vermutlich haben wir auch die Erfahrung gemacht, dass solche Diskussionen nicht einfach sind. Dafür ist die Freiheit, ein selbstbestimmtes Leben zu führen, in unseren Gesellschaften ein zu hoher Wert.

Was kann man darauf sagen?

Aus systemischer Perspektive ist die individuelle Freiheit, die wir da für uns beanspruchen, zuerst einmal ein Ergebnis genau dieses Systems, das wir Gesellschaft nennen. Der Mensch ist ein soziales Wesen. Wer er ist und was er will, erfährt er im Kontakt mit anderen. Auch von der Freiheit der Einzelgänger:in kann man nur dann sinnvoll sprechen, wenn es eine Gesellschaft gibt, von der er oder sie sich abgrenzt. Und doch immer mit ihr verbunden ist. Ob es uns nun gefällt oder nicht, ohne Wir kein Ich. Und aus vielen Ich wird im besten Fall ein Wir, dessen kooperatives Zusammenwirken die Möglichkeiten für alle erweitert, also zu kollektiver Freiheit führt, die einem allein nicht zugänglich wäre. Dazu gehören die meisten Freiheiten, die wir heute für selbstverständlich halten, von der Infrastruktur bis zum Essen auf dem Teller.

»Freiheit steht Individuen und Gemeinschaften zu«,

schreibt der Verfassungsrechtler Christoph Möllers in seinem Buch *Freiheitsgrade.* »Es gibt keinen Primat der individuellen vor der gemeinschaftlichen Freiheit, schon weil sich auch Individualität nur als soziales Phänomen beschreiben lässt.«[227]

Sobald sich Menschen in Gesellschaft begeben, können sie nicht mehr tun und lassen, was sie wollen. Das ist zuweilen anstrengend und schränkt uns manchmal ein, aber gleichzeitig können wir dann eben auch mehr und anderes tun als zuvor. Nur so erweitern Menschen ihre Kooperationsstrukturen und damit auch den Raum der Möglichkeiten, Produkte, Dienstleistungen und Erfahrungen, die ihnen zur Verfügung stehen. Das gilt aber nur, solange sie mit dem Ausschöpfen ihrer individuellen Freiheit die kollektive Freiheit nicht zerstören. »Je individualisierter Freiheit ist«, schreibt Möllers, »desto mehr ist dieser Anspruch auf einen bestimmten Rahmen angewiesen, auf die Verlässlichkeit eines Zustands für die Zukunft, in den sich der eigene Freiheitsgebrauch einbetten lässt.«[228]

Diesen Rahmen bietet die Bestimmung, das Ziel eines Systems. In demokratischen Rechtsstaaten ist diese Bestimmung in der Verfassung oder einem Grundgesetz festgehalten. In Unternehmen als eine rechtliche und soziale Lizenz. In diversen Organisationen in ihren Satzungen. Und soziale Systeme sind immer in andere eingebettet oder auch lateral mit ihnen vernetzt. So beeinflusst die Zielsetzung des übergeordneten Systems Rechtsstaats, wie einzelne Gesetze, Lizenzen und Satzungen formuliert werden. Das kann die Straßenverkehrsordnung sein, auf die wir uns geeinigt haben, weil Tod durch Unfall kein wünschenswertes Ergebnis ist. Oder auch ein Gesundheitssystem, das Menschen schützen und heilen soll und dafür auch mal ein Rauchverbot in öffentlichen Räumen verfügt. Auch ein Steuersystem, an dem sich alle ihrem Vermögen entsprechend beteiligen sollen, ist Ausdruck dieses Gesellschaftsvertrages. Nur wenn alle ihren Anteil beitragen, können die gemeinwohlorientierten Tätigkeiten auf der übergeordneten Ebene organisiert werden, mit denen Bildung, Gesundheitsversorgung, öffentliche Infrastrukturen, Sicherheit und rechtsstaatliche Verfahren geschaffen werden und allen Nutzer:innen offenstehen. So zumindest die Bestimmung, die sich in vielen demokratischen Verfassungen findet. Und schließlich ist das Ziel einer langfristig sicheren Versorgung mit Nahrung und Ressourcen eben von sich relativ stabil regenerierenden Ökosystemen abhängig. Diese Freiheiten sollten wir meiner Meinung nach nicht leichtfertig aufs Spiel setzen.

Wie sieht es also aus mit dem richtigen Maß und der Verständigung darüber?

Der österreichische Ökonom und Psychotherapeut Martin Schütz hat in seinem Buch *Überreichtum* deutlich gemacht, dass es nicht reicht, Statistiken zu Armut und Reichtum zu erstellen. Wir müssen auch die Art betrachten, wie und ob wir darüber sprechen.[229] Zum Beispiel, ob wir uns fragen, inwiefern Reichtum und Armut zusammenhängen oder nicht, und wieso in der Ungleichheits-Debatte Begriffe wie Neid und Hass eher armen Menschen zugeordnet werden, während Reiche mit Begriffen wie Großzügigkeit und Mitleid in Verbindung gebracht werden. Wieso die Summen, die extrem Vermögende spenden, in den Medien inszeniert werden, aber die Frage, wieso so hohe Vermögen entstanden sind, nicht gestellt wird. »Die negativen Folgen der Vermögenskonzentration für das Gemeinwesen sind weniger sichtbar als die Wohltaten der Überreichen«, schreibt Schütz.[230]

In dem Wort »Überreichtum«, das mal wieder auf Platon zurückgeht, steckt bereits die Idee, dass es auch für Reichtum so etwas wie ein Maß gibt. Das heißt nicht, dass eine »Kritik des Überreichtums auf Basis von Gerechtigkeitsüberlegungen« fordert, dass alle gleich viel an Vermögen haben sollen. Vielmehr geht es, wie Schütz sich ausdrückt, »um das Übermaß, also um den Exzess des Reichtums«.[231]

Wie eigentlich kommt es zu diesem Exzess?

Wo kommt Grenzenlosigkeit her?

Wenn Vorstände und Aufsichtsräte ihre im unternehmensweiten Vergleich deutlich höheren Vergütungszuwächse nicht einmal mehr damit rechtfertigen, dass es aufgrund ihrer Leistung mehr für alle zu verteilen gebe, sondern nur noch darauf hinweisen, dass andere Manager auch solche hohen Zuwächse genommen hätten, ist die Eskalationsfalle geräuschvoll zugeschnappt. Und hallt wieder in der Frage, wie eine Harmonie der Hierarchien im Sinne demokratischer Gemeinwohlsicherung funktionieren soll, wenn die dafür aufgestellten Rahmen wie Steuersysteme, Transparenz und Chancengerechtigkeit nicht für diejenigen gelten, die sich in mehreren Gesellschaften jeweils das raussuchen können, was für sie günstig ist.[232] Der Verkauf europäischer Staatsbürgerschaften, sogenannte »goldene Pässe«, ist vielleicht nur die eindrücklichste Variante davon.[233] Es erstaunt mich immer wieder, dass selbst dann, wenn derart zentrale Gerechtigkeitsprinzipien verletzt werden, extremer Reichtum positiv besetzt bleibt und sein Ursprung wie sein Effekt wenig hinterfragt werden.

»Es kann nicht nur Rechte Einzelner geben«, sagte Christopher Weeramantry, früherer Richter am Internationalen Gerichtshof, oft, wenn wir bei der Stiftung World Future Council miteinander die Frage nach Rechtsrahmen besprachen, die auch zukünftige Generationen berücksichtigen. »Es braucht auch ein Recht des Ganzen.«

Die US-amerikanische Soziologin und Kulturhistorikerin Riane Eisler hat sich der Frage, wie eine Gruppe von Individuen das Ganze organisiert, schon Ende der 1980er-Jahre gewidmet und darin ein Unterscheidungsmerkmal soziokultureller Systeme erkannt. Ihr war aufgefallen, dass wir Gesellschaften meist nach politischen, wirtschaftlichen oder religiösen Kategorien unterscheiden, also danach, ob sie kommunistisch oder kapitalistisch sind, links oder rechts, agrarisch, industrialisiert oder postindustriell, islamisch, christlich oder säkular.

Eisler fand diese Unterteilung unzureichend, da die einzelnen Kategorien ihrer Ansicht nach den Blick nur auf Teilaspekte der jeweiligen Gesellschaften scharf stellen. Sie zeigen weder, dass es innerhalb einer Kategorie beträchtliche Unterschiede gibt – denn natürlich sind nicht alle Länder, die einer bestimmten Religion angehören, gleich. Noch können sie Gemeinsamkeiten erfassen, die Gesellschaften miteinander teilen, obwohl sie innerhalb einer Kategorie unterschiedlich sind – etwa Hitlerdeutschland, die Sowjetunion unter Stalin oder das Taliban-Regime in Afghanistan. Eisler suchte nach einer Kategorisierung, die präziser und zugleich umfassender war, und fand sie, indem sie soziale Gruppen nach der Form der Beziehungen unterschied, die unter ihren Mitgliedern herrscht oder von ihnen angestrebt wird.[234]

Geht es in einer Gruppe um Dominanz?

Oder um Partnerschaftlichkeit?

Lebt ein Mensch in einem Dominanzsystem, hat er laut Eisler in Bezug auf seine Umwelt grob nur zwei Möglichkeiten. Er oder sie ist entweder übergeordnet oder untergeordnet und kann dementsprechend mehr oder weniger Kontrolle ausüben. Im Dominanzsystem herrscht eine strukturell rigide Vorstellung von Hierarchie vor, nach der es primär um Auf- oder Absteigen geht. Soziokulturell wird die jeweilige Stellung innerhalb der Hierarchie damit begründet, dass die Person oder das Teilsystem anderen entweder überlegen oder aber unterlegen ist. Das heißt: Mann über Mann, Mann über

Frau, Klasse über Klasse, Rasse über Rasse, Religion über Religion, Mensch über Natur, Eltern über Kinder.

»Die Übergeordneten kontrollieren die Untergeordneten – sei es in der Familie, am Arbeitsplatz oder in der Gesellschaft«, so Eisler.[235]

Die Zuordnung dessen, was den Einzelnen zur Verfügung steht oder möglich ist, erfolgt also *top down*, von oben nach unten. Damit werden Angst und Anreize gesät, die eigene Position im System möglichst auf »mehr als die anderen« auszurichten und den Einfluss auf das Design der Strukturen auch dahingehend zu nutzen. Etwas wieder loslassen oder abgeben ist dann das gleiche wie eine Bankrotterklärung, ein Versagen oder Enteignung. So reden wir ja auch darüber. Werte wie Fürsorge, Mitgefühl oder Solidarität werden in Dominanzsystemen unterdrückt oder abgewertet oder auf die eigene kleine Gruppe beschränkt. Sie gehören ins Privatleben. In die Kirche. Zu den Frauen. Den naiven Utopist:innen. Grundbedürfnisse wie Liebe, Anerkennung oder Lebenssinn sind in solchen Beziehungen schwer zu befriedigen. Im Verteilungskampf die besseren Karten zu haben scheint wichtiger – und damit werden auch rabiate Methoden gerechtfertigt, um sie in der Hand zu behalten. Kontrolle und Gestaltungsmacht werden konzentriert, Flexibilität und Diversität reduziert. Und die Freiheit, auch mal wieder was lassen zu können, nimmt rasant ab. Ist zu riskant.

In einem Partnerschaftssystem dagegen werden Menschen nicht in Überlegene und Unterlegene eingeteilt, sondern als gleichwertige Teilnehmende in einem System angesehen und entsprechend behandelt. Es zielt darauf ab, möglichst viele teilhaben zu lassen und den Beitrag eines und einer jeden für das übergeordnete Ziel anzuerkennen. Hier geht Riane Eislers Forschung insbesondere auf all die Fürsorgearbeit ein, die sogenannte *care economy*, die in erster Linie von Frauen verrichtet wird, aber meist unentgeltlich ist und wenig wertgeschätzt wird. Es ist die *care economy*, die in Familien, Nachbarschaftsbeziehungen, Ehrenämtern die Voraussetzung dafür schafft, dass zentrale Ziele der rahmenden Verfassung unserer Gesellschaften überhaupt erreicht werden können. Und die dennoch, ähnlich wie die Wertschöpfung der ökologischen Systeme, aus dem Blickfeld der dominanten Geschichten über Erfolg und Fortschritt verdrängt wurden.

Neben der Frage nach dem, was Gesellschaften zusammenhält, interessiert sich Eisler also für die Art, *wie* sie zusammengehalten werden. Die Partnerschaftlichkeit findet sich in Beziehungen, die von Respekt und Vertrauen bestimmt sind, statt von Zwang und Misstrauen. Im Fokus stehen nicht materielle Güter, die ja öfter mal auch nur aus einem Grund knapp sind: Würde man sie gleichberechtigter verteilen, verlören sie ihre positionale Wirkung und ihre Machteffekte. Stattdessen geht es um das volle Vermögen des Menschen und seiner Entwicklung. Um die lebendigen Systeme, die Freiheit und Sicherheit bieten, wenn wir sie gut pflegen und teilen. Das heißt nicht, dass es in partnerschaftlichen

Beziehungen keine Hierarchien gibt. Sie dienen aber nicht der Abwertung, sondern sind so organisiert, dass alle Seiten einander Rechenschaft schulden und Harmonie zwischen den Aktivitäten der Teile eines Systems ermöglichen. Sie sind, wie wir gesehen haben, von unten nach oben strukturiert. »In einem Partnerschaftssystem ermutigen, inspirieren und stärken Führungskräfte, statt zu kontrollieren und zu schwächen«, so Eisler.[236]

Zugegeben, momentan sieht die Weltpolitik nicht gerade so aus, als würden sich zunehmend mehr Führungsfiguren so verhalten. Stattdessen stehen wir immer häufiger vor der Frage, wie wir reagieren sollen, wenn ein Staatschef wie Putin offenbar nicht zu einer partnerschaftlichen Lösung beitragen will und stattdessen offensiv Gewalt ausübt. Partnerschaftlich sein heißt aus meiner Sicht nicht, keine Grenzen zu ziehen und sich von anderen einfach überrennen zu lassen. Ein entschiedenes Auftreten für den vereinbarten Rahmen und den Schutz des Ganzen ist Teil des Aushandelns von Grenzen. Auch wenn Gewalt gegebenenfalls mit Gewalt pariert werden muss, um sich zu schützen. Die langfristige Perspektive liegt darin, dass Individuen nicht ewig sind und auch Regime nicht unveränderlich bleiben. Bestimmte Verhaltensweisen sind inakzeptabel, müssen aber klar den jeweiligen Aggressoren zugeschrieben werden und nicht ganzen Gruppen oder Völkern, von denen Teile ebenfalls unter der Gewalt leiden. Es gibt die Möglichkeit, auf neue Allianzen hinzuarbeiten. Und das bleibt die einzige Lösung, wenn die kollektive Freiheit wieder zunehmen soll.

Denn natürlich existiert real keines der beiden Systeme, Dominanz oder Partnerschaft, in Reinform. Das sagt auch Riane Eisler nicht. Vielmehr bilden sie die beiden Endpunkte eines Kontinuums, in das sich alle sozialen Gruppen einordnen lassen, je nachdem, welcher Seite sie stärker zuneigen. Es ist diese Neigung, die wir mit unseren Entscheidungen und Handlungen beeinflussen können.

Nehmen wir die Pandemie und wie die Weltgemeinschaft sie bekämpfte. Nur ein Jahr, nachdem SARS-CoV-2 entdeckt worden war, hatte die Menschheit schon die ersten Impfstoffe dagegen gefunden. Im Jahr darauf verfügte sie bereits über zehn Milliarden Dosen davon, mehr als genug, um jede:n Jugendlichen und Erwachsenen auf der Welt mindestens einmal zu impfen.[237] Beides, Entwicklung und Produktion einer solchen Menge in so kurzer Zeit, war bis dahin nicht für möglich gehalten worden. Bei ausreichendem Willen und genügend Kooperationsbereitschaft können wir uns also auch selbst überholen. Bei der Verteilung dagegen kam eine ordentliche Dosis Dominanz zurück. Viele Hocheinkommensländer sicherten sich frühzeitig Impfstoffe, indem sie in die Forschung privater Firmen investierten und im Gegenzug bei ihnen Kapazitäten reservierten oder bei mehreren Herstellern gleichzeitig bestellten, ohne dass klar war, wer von ihnen das Rennen machte. Noch bevor auch nur eine der zehn Milliarden Dosen ausgeliefert war, die im ersten Jahr produziert werden sollten, hatten sich die 27 Länder der Europäischen Union zusammen mit den USA, Großbritannien, Kanada, Australien und Japan bereits die Hälfte davon gesichert, obwohl diese Staaten zusammen nur 13 Prozent der globalen Bevölkerung ausmachen.[238]

Diejenigen Staaten, die in der gelddominierten Rangfolge der Kaufkraft oben standen, nutzten die Position, um ein knappes Gut zu bunkern – in diesem Fall Impfstoff –, es hätte aber auch eine andere Ressource sein können. Innerhalb ihrer Landesgrenzen verschaffte ihnen das kurzfristig einen Erfolg.[239] Während es in einigen armen Ländern noch immer kaum genug Impfstoff gab, um wenigstens die gefährdeten Bevölkerungsteile zu schützen, konnten sie ihrer Bevölkerung bereits eine Booster-Impfung anbieten.[240] Bald aber zeigte sich, dass dieser »Impfnationalismus« den Kampf gegen die Pandemie nur verlängerte. Nicht nur, weil SARS-CoV-2 mutierte und als Variante in die reicheren Länder zurückkehrte, sondern auch, weil diese Länder unterm Strich nichts davon haben, wenn ihre eigene Bevölkerung immun ist, während ihre Handelspartner noch unter der Pandemie leiden. Laut einer Studie der Internationalen Handelskammer verursacht eine ungleiche Verteilung der Impfstoffe weltweit Schäden von 9,2 Billionen Dollar – wovon die Hälfte bei den reicheren Ländern anfällt, eben weil sie in anderen Zusammenhängen viel stärker von der internationalen Vernetzung profitieren. Würden diese Länder stattdessen in eine andere Verteilung investieren, bekämen sie für jeden so eingesetzten Dollar etwa 166 Dollar Rendite.[241] Dominanzstrategien rechnen sich also noch nicht einmal für die, die in der Pyramide oben sind. Sie können nur länger aushalten.

Wäre das denn auch partnerschaftlich gegangen?

Tatsächlich hatte die Weltgesundheitsorganisation (WHO) früh eine solche Strategie vorgeschlagen. Ihre Idee war, dass alle Staaten Geld in einen gemeinsamen Fonds einzahlen, aus dem die Vakzine gebündelt für alle gekauft werden sollten. Covax, so der Name der Initiative, hätte ein partnerschaftliches Vorgehen gegen eine gemeinsame Gefahr etabliert. Doch viele Hocheinkommensländer entschieden sich dazu, den Fonds zu umgehen. Sie schlossen bilaterale Verträge mit den Herstellern ab, horteten mehr Impfstoff, als sie brauchten, während sie zugleich weniger an ärmere Länder abgaben, als sie Covax zugesagt hatten. Am Ende verteilte Covax, statt Impfstoffe für alle zu kaufen, nun nur noch Spenden an Bedürftige.[242] Dabei hätte der Vorteil einer Partnerschaftsstrategie nicht nur darin bestanden, im globalen Norden und Süden zeitgleich mit den Impfungen beginnen zu können. Es hätte der Weltgemeinschaft auch eine stärkere Verhandlungsposition gegenüber den Pharmakonzernen gegeben. Firmen, die für ihre Impfstoffe bis zu zwanzig Euro pro Dosis verlangten, sie aber zum Teil für weniger als ein Zehntel dieses Verkaufspreises produzierten – und die nicht bereit waren, den

Patentschutz auch nur vorübergehend aufzuheben.[243] Eine Harmonie der Hierarchien zu Beginn der Pandemie hatte sich in eine Eskalationsfalle zwischen Teilsystemen verwandelt, als nicht mehr Forschung, sondern Verteilung im Fokus stand.

Auch das wäre anders gegangen.

Nachdem der amerikanische Immunologe Jonas Salk in den 1950er-Jahren einen neuartigen Impfstoff gegen Kinderlähmung entwickelt hatte, der auf den Erkenntnissen vieler seiner Kolleg:innen aufbaute und die Erkrankungsrate in den USA schlagartig um etwa achtzig Prozent senkte, wurde er in einem Interview gefragt, wem denn nun das Patent an diesem Impfstoff gehöre.

»Na ja, den Menschen, schätze ich«, antwortete er. »Es gibt kein Patent. Oder kann man die Sonne patentieren?«[244]

Haben wir genug?

Teilen wir genug?

Und wer ist eigentlich wir?

All das sind letztlich immer Fragen nach Grenzen und Grenzziehungen, die wir Menschen vornehmen. Grenzen der Bestände. Grenzen des Miteinanders. Grenzen der Zugehörigkeit zu diesem Miteinander. Fragen der Auswahl, was wir für moralisch, erstrebens- und somit lernenswert halten, Fragen der Standards unserer ökonomischen und technischen Systeme, Fragen der Definition, welche Risiken wir akzeptieren, um begrenzte Ressourcen auszubeuten, Fragen der Übereinkunft, welche Art Wertschöpfung erfolgreiche Unternehmen verfolgen sollen. Fragen danach, wo wir die räumlichen und zeitlichen Grenzen setzen, innerhalb derer wir Solidarität üben und Verantwortung übernehmen. In der Art und Weise, wo diese Grenzen verlaufen, wie und von wem sie gezogen oder verschoben werden, zeigt sich, ob oder wie sehr wir in einem Dominanz- oder einem Partnerschaftssystem leben. Denn Dominanz oder Partnerschaft stehen auch für zwei sehr verschiedene Strategien, Grenzen festzulegen. In dem einen Fall setzt ein Teil der Gruppe die Grenzen für andere fest, ohne dass sie ein Mitspracherecht hätten. Im anderen Fall werden Grenzen partizipativ miteinander ausgehandelt. Wollen wir möglichst viel Glück und Freiheit für möglichst viele Menschen erreichen und erhalten, wird nur das Partizipative eine zielführende Antwort hervorbringen können.

Besonders gut zeigt sich das bei den sogenannten Allgemeingütern. So heißen Vermögensbestände, auf die alle zugreifen können, es kann also niemand davon ausgeschlossen werden, sie zu konsumieren. Sie sind häufig das Produkt funktionierender ökologischer Systeme, die sich nun einmal nicht besonders um von Menschen gezogene Grenzen scheren. Dazu gehören ein wohlwollendes Klima, gesunde Ozeane, eine intakte Biodiversität oder funktionierende Wasserkreisläufe. Diese Vermögensbestände der Allgemeingüter werden als *global commons* bezeichnet. Die vielen darin enthaltenen Organismen und Lebewesen, die die Luft säubern, Pflanzen bestäuben, Felder bewässern und Nahrung produzieren, hat die Menschheit als Mitwelt geschenkt bekommen. Sie verwendet und verändert sie, ohne dass ein Land exklusive Nutzung darauf anmelden kann. Ein Staat kann zwar den Luftraum über sich zum Hoheitsgebiet erklären, das Klima, das auf seinem Staatsgebiet herrscht, kann er aber nicht allein bestimmen. Die CO_2-Emissionen flottieren frei herum, und wo die Klimaschäden am stärksten zuschlagen, entscheiden die Ökosysteme.[245] Gerecht wäre es, wenn die Verschmutzer den Schaden zahlen würden, das wird in internationalen Abkommen und Rechtsrahmen auch als wichtiges Prinzip anerkannt. Aber in der Praxis hinken menschliche Institutionen, Finanzströme und Grenzziehungen der Partnerschaftlichkeit noch lahmend hinterher.

Umgekehrt entstehen aus menschlichen Institutionen aber auch die sogenannten *globalen öffentlichen Güter*, deren Vorhandensein und Qualität ebenfalls für alle zugänglich sind. Sie sind nicht das Produkt funktionierender ökologischer, sondern funktionierender sozialer Systeme. Auch diese Güter kann also keine:r allein herstellen oder im Bestand erhalten. Aber wenn sich gut um sie gekümmert wird, können alle gleichermaßen von ihnen profitieren; ihre Nutzung ist zudem im Prinzip nicht mit Rivalität oder Konkurrenz verbunden. Zu diesen Gütern oder auch Dienstleistungen zählen viele Dinge, die durch öffentliche Institutionen bereitgestellt oder gesichert werden, wie Gesundheit durch die Kontrolle ansteckender Krankheiten und medizinische Versorgung, Infrastrukturen der Energie- und Wasserversorgung oder der Mobilität, aber auch Sicherheit und friedliche Konfliktlösungsmechanismen oder ein funktionierendes Finanzsystem, für das Staaten ja im Endeffekt bürgen müssen. Je nach Nutzungsverhalten der Teilsysteme oder Individuen entwickeln sich auch hier der Bestand und seine Qualität. In diesem Sinn ist auch Freiheit ein *globales öffentliches Gut*, für das es ausreichend Respekt vor den Freiheitswünschen anderer braucht. Und die Bereitschaft, über Grenzziehungen zu sprechen und sie im Zweifel neu zu kalibrieren: Sollen Industrieländer und reiche Personen, nur weil sie früher, schneller, aggressiver und expansiver auf die Global Commons zugegriffen haben, tatsächlich weiterhin dazu berechtigt sein, Überkonsum als Anrecht zu deklarieren? Sich darüber neu zu verständigen, lohnt sich, wenn das Recht des Ganzen nicht verlustig gehen soll.

So verschieden die ökologischen und sozialen Gemeingüter auch sind, darin liegt ihre fundamentale Gemeinsamkeit: Ihre Qualität nimmt ab, wenn für ihren Erhalt nicht ausreichend zusammengewirkt wird. Das ist beim Frieden nicht anders als beim Klima.

Der wichtige Unterschied zwischen diesen beiden Gütern betrifft die Art der Grenzen, mit denen sie in Zusammenhang stehen. Das Deutsche verwischt hier einen zentralen Unterschied, weil es in beiden Fällen bloß von Grenzen spricht, im Englischen dagegen können Grenzen *limits* oder *boundaries* sein. Limits sind physische oder physikalische Grenzwerte, die mit in den im jeweiligen Moment verfügbaren Ressourcen und Naturgesetzen zu tun haben. Boundaries dagegen sind soziale Übereinkünfte. Wir setzen beispielsweise Nutzungsbudgets (*Planetary Boundaries*), um die Risiken zu reduzieren, in harte Limits hineinzurutschen und aus Schocks zu lernen. Der Mensch selbst kann nicht fliegen, das ist ein Limit, daran ändert auch die Tatsache nichts, dass er Flugzeuge entwickelt hat. Sie zeigt aber, dass sich Boundaries verschieben lassen – also das, wie Menschen mit limitierenden Befunden umgehen. Fortschritt entsteht in der Regel aus der bewussten Verschiebung unserer Boundaries und im Idealfall mit einer vernetzten und vorausschauenden Perspektive auf die zu erwartenden Limits. Erfolgreiches systemisches Management, so Donella Meadows, orientiert sich also immer am nächsten zu erwartenden Limit. Je eher wir sie entdecken und in hilfreiche Boundaries und Alternativen übersetzen, umso weniger Krise und Chaos.

Das kann in konfliktreichen Zeiten wie heute eine sehr unangenehme Sache sein. Denn die Versuchung ist groß, lieber nur an sich selbst zu denken, die eigene Position zu sichern und damit länger als andere den Zugriff auf Ressourcen oder Macht zu haben. Aber je mehr sich diese Haltung verbreitet und verstetigt, umso weniger haben wir die Chance, die Bestände wieder aufzubauen, Freiheiten wieder zu vergrößern und die negative Politik der Abwehr in eine positive Politik des gesellschaftlichen Vermögensaufbaus zu verwandeln.[246]

»Wir müssen aus Gründen der Klarheit und Vernunft

Grenzen erfinden«, schreibt Donella Meadows, aber »Grenzen können dann Probleme machen, wenn wir vergessen, dass wir sie künstlich gesetzt haben.«[247]

Denn wo ein soziales System beginnt und endet, wer oder was darin eingeschlossen ist und wer oder was ausgegrenzt wird, ist nicht gegeben, sondern wird erst durch unser individuelles und kollektives Verhalten festgelegt. Zu sagen, die Grenzen würden hier oder da verlaufen, trifft es in diesen Fällen also nicht so ganz, sie werden vielmehr gezogen oder beschlossen.

Die amerikanische Juristin Katharina Pistor hat in ihrem Buch *Der Code des Kapitals. Wie das Recht Reichtum und Ungleichheit schafft* zum Beispiel untersucht und detailliert nachgezeichnet, wie durch Rechtssetzung, insbesondere durch das US-amerikanische und englische Privatrecht, immer wieder vormals öffentliche Güter privatisiert und damit die Nutzungsrechte neu verteilt wurden.[248] Dass einige Menschen, Firmen oder Staaten heutige Begrenzungen weniger spüren als andere, weil sie scheinbar über unerschöpfliche Ressourcen verfügen oder sich diese leichter sichern können als andere, heißt also nicht, dass diese Grenzen nicht für andere existieren. Oder nicht auch anders gezogen werden könnten. Die Welt von heute ist ja nicht vom Himmel gefallen.

Verändern wir Grenzen auf einer Ebene, verändern sie sich auch auf anderen. Unsere Chance zur Gestaltung von Zukunft liegt darin, dies in einem bewussten Akt zu tun. Vielerorts passiert das auch mit besonderem Augenmerk darauf, wie wir denn die Allgemeingüter schützen und effektiver kooperieren können, um unsere gesellschaftlichen Ziele zu erreichen. So stellt die Wyss Akademy for Nature an der Universität Bern eine neue Beziehung zur Natur in den Mittelpunkt ihrer Arbeit. Die hier betriebene Forschung denkt den Schutz der Natur direkt mit menschlichem Wohlergehen und Partizipation zusammen und nimmt dies zur Basis, um daraus neue Landschaftsstrategien zu entwickeln.[249] Auch die Architects for Future starten räumlich und fragen sich, wie sich Bauen und das Design von Infrastrukturen ändern müssen, wenn wir die Planetaren Grenzen ernst nehmen. Dafür müssten wir beispielsweise raus aus den Flächenkonkurrenzen und rein in eine möglichst integrierte Nutzung jeden Quadratmeters für Wohnen, Energie, Biodiversität und Ressourcenschonung.[250]

Beim Wissenschaftlichen Beirat der Bundesregierung Globale Umweltveränderungen (WBGU) haben wir uns mit Multisolving in der Landnutzung beschäftigt, und die Juristin Cathrin Zengerling hat im Jahr 2020 ausgearbeitet, wie Handelsrecht sich dafür weniger an der Ausbeutung der natürlichen Ressourcen und mehr an ihrer regenerativen Nutzung orientieren könnte. Eine wichtige Frage war dabei, wie zu bewerkstelligen sei, dass Produzenten- und Konsumentenländer gemeinsam Verantwortung für die Bestandssicherung übernehmen.[251] Ein Jahr zuvor hatte der Sachverständigenrat für Umweltfragen der deutschen Bundesregierung ein Sondergutachten darüber verfasst, wie es um die Legitimierungsgrundlagen der Umweltpolitik steht. Er plädierte für eine neue Verständigung über Ressorts hinweg, da viele Themen quer zu ihren Zuständigkeiten liegen. Und für eine explizite Berücksichtigung der langfristigen Konsequenzen unserer heutigen Entscheidungen, die sonst immer wieder der Gegenwartsorientierung zum Opfer fallen – etwa durch die Einrichtung eines Rates für Generationengerechtigkeit.[252]

Auch bei den systemrelevanten Tätigkeiten müssen wir Grenzen neu verhandeln, wollen wir die Freiheiten erhalten, die wir heute für selbstverständlich erachten. Sie müssen nicht nur endlich einen ähnlichen Durchschnittslohn bekommen wie andere Branchen. Auch die Anerkennung dieser Tätigkeiten – vom Gesundheitswesen über Lebensmittelversorgung und Kindernotbetreuung bis hin zu Logistikarbeitenden – muss entsprechend ihrer Funktionen in unseren Gesellschaften dringend aufgewertet werden.[253]

Und schließlich setzen sich Personen wie Abigail Disney, die Enkelin von Disney-Mitbegründer Roy O. Disney, mit dem Netzwerk Patriotische Millionäre als »stolze Verräter:innen ihrer Klasse« für mehr Steuergerechtigkeit ein, da sie überzeugt sind, dass nur Druck aus der eigenen Schicht auf die Reichen und Überreichen wirken kann. »Mein Großvater hätte sich selbst niemals über tausendmal das ausgezahlt, was der durchschnittliche Mitarbeiter bezahlt bekommt«, sagte sie mit Kritik am Disney-Chef Bob Iger, der 2018 in einem Jahr 65 Millionen Dollar kassierte. »Es gab kein Gesetz, das ihm das untersagt hätte, es war einfach nicht akzeptabel, so etwas zu tun. Er wäre auch sicherlich nicht auf die Titelseite der Magazine gesetzt und als Genie bezeichnet worden«, sagt Disney.[254] Auch hier haben sich also Grenzen verschoben und können das wieder tun.

Dass das ein Balanceakt zwischen individueller und kollektiver Freiheit ist und bleibt, steht außer Frage. Aber wir alle haben in jedem Augenblick Gelegenheit, uns darin zu schulen. Ein fortlaufender Lernprozess, in dem wir gegenseitig immer wieder an unsere Grenzen stoßen werden. Dies bewusst zu erwarten steht im Zentrum eines Bildes, das die Denkfabrik International Futures Forum (IFF) für den Umgang mit transformativen Innovationsprozessen entwickelt hat.[255] Ähnlich einer Acht besteht es aus zwei sich berührenden Schleifen – dem *Fear Loop* und dem *Love Loop*.[256] Im Kern sind das die bekannten Rückkopplungsschleifen, mit denen Wirks in einem vernetzten System unterwegs sind und mit ihren Reaktionen weitere Reaktionen auslösen. Die beiden Loops spielen diese Wirkungen anhand zweier elementarer Gefühlszustände durch, um zu zeigen, »dass Liebe und Furcht nicht einfach zwei Arten sind, in der Welt zu *sein*, sondern auch zwei Arten, sie zu *verstehen*.«[257]

Im *Fear Loop* versuchen wir in einer komplexen Welt Sicherheit über Kontrolle zu finden, weshalb er auch als Kontrollschleife bezeichnet wird. In dieser Schleife nehmen wir die Welt als Ansammlung von Objekten wahr, versuchen schnell zu standardisieren und zu kategorisieren, ohne die jeweilige Eigenart wahrzunehmen. In der

Annahme, schon zu wissen, womit wir es zu tun haben, springen wir zu rezepthaften Antworten, die dann aber häufig am nuancierten Wesen der Sache vorbeigehen. Das Problem ist nur, dass sich vor allem Menschen, aber auch sehr viele Situationen der objektivierten Einordnung entziehen. Beteiligte überraschen mit ihrem Verhalten oder reagieren umgekehrt mit einem Gefühl der Entfremdung, was das Bedürfnis nach Kontrolle nur weiter steigert. Eine Rückkopplungsschleife aus Anspannung, Angst und Unsicherheit entsteht. Wir können das heute gut in der öffentlichen Debatte oder in den sozialen Medien beobachten: Entweder eine Person ist Impfgegner:in oder -befürworter:in, ist Fleischfresser:in oder Fleischhasser:in, ist Autojunkie oder Lastenfahrradspinner:in, ist Kapitalist:in oder Kommunist:in.

Im *Love Loop* versuchen wir die Komplexität der Welt durch Einlassen und Teilnahme zu erfahren, also Erfahrungswissen zu sammeln. Er wird als Partizipationsschleife bezeichnet. Statt die Dinge zu schnell zu abstrahieren und zu kategorisieren, akzeptieren wir Überraschungen und auch Unwissenheit als einen Bestandteil unserer Welt. Wir schätzen Diversität und anerkennen die jeweils eigene Qualität der gegebenen Situation. Wir nehmen uns als Teilnehmende wahr, und das motiviert uns, das Bestmögliche zu erwirken. So können Zugehörigkeit und Vertrauen gestärkt werden. Wir können wachsen, weil wir nicht nur sehen, was wir schon glauben, sondern anfangen zu glauben, was wir sehen. Denkt man die Kontrollschleife zu Ende, landet man bei Enttäuschung und Rückzug und einer Beziehungsqualität, die dem Dominanzsystem von Riane Eisler sehr ähnlich ist. Denkt man die Partizipationsschleife zu Ende, landet man bei einem spielerischeren, hoffnungsvolleren Umgang, der in Richtung Partnerschaftssystem führt. Jede:r von uns wird wissen, wie ihr oder ihm das in bestimmten Situationen im Leben schon passiert ist, wie er oder sie in den einen der beiden Loops hineingezogen wurde und wie sehr das die eigene Wahrnehmung der Welt bestimmt.

Die beiden Rückkopplungsschleifen zeigen aber nicht nur, wie sich Haltungen zu ganzen Systemen verstetigen. Sie zeigen auch, wie sich diese Systeme verändern lassen.

Dazu gehört die Einsicht, dass die Lösungen von gestern oft Quellen der Probleme von heute sein können. Und die Demut, zu akzeptieren, dass die Lösungen von heute die Probleme von übermorgen werden. Indem wir das eigene Potenzial zum Lernen ernst nehmen, alte Muster lösen und neue ausprobieren, neue Kompetenzen entwickeln und uns darüber mit anderen austauschen, können wir ein System drehen. Unsere Kontrollbedürfnisse kurz zur Seite zu legen und unsere Grenzen bewusst auszuloten – beide, die des Zurücknehmens und des Hinzufügens –, dazu gibt uns jeder neue Moment wieder die Gelegenheit. Wir können von einem Loop in den anderen wechseln.

»Zwischen Reiz und Reaktion liegt ein Raum«, heißt es in einem Zitat, das dem deutschen Psychoanalytiker Viktor Frankl zugeschrieben wird. »In diesem Raum liegt unsere Macht zur Wahl unserer Reaktion. In unserer Reaktion liegen unsere Entwicklung und unsere Freiheit.«[258]

Das ist der Raum, in dem wir entscheiden, wer wir sein wollen.

Systemfalle: Tragödie der Allgemeingüter

In einem System, in dem es Güter gibt, von denen alle abhängen, ohne dass eine:r allein sie herstellen oder erhalten kann, entfesselt sich ein Wettbewerb darum, wer auf sie zugreifen kann. Das wird sie zerstören. Es gibt drei Möglichkeiten, das zu verhindern: Aufklärung und Selbstbeschränkung; Aufteilung in einer Form, dass die Konsequenzen der Übernutzung auch von den Übernutzern gespürt werden; oder eine gemeinschaftliche Vereinbarung von Nutzungsregeln, die für alle gelten und durchgesetzt werden. Wird hier partnerschaftlich agiert, kann der Erhalt der Güter ins Zentrum gestellt werden, und alle profitieren.

WER IST EIGENTLICH WIR?

»›Vielleicht‹ war schon immer die beste Wette, die die Welt denjenigen bot, die sich aufmachten, ihren Lauf zu ändern – ein neues Land jenseits des Meeres zu finden, die Sklaverei zu beenden, den Frauen das Wahlrecht zu ermöglichen, den Mond zu betreten, die Berliner Mauer zu Fall zu bringen. ›Vielleicht‹ ist kein vorsichtiges Wort. Es ist eine herausfordernde Behauptung der Möglichkeit angesichts eines Status quo, den wir nicht zu akzeptieren bereit sind.«

Eric Young, Ökonom[1]

Köpfe zusammenstecken

»Als ich sagte, dass das gute Leben aus Liebe besteht, die von Wissen geleitet wird, war der Wunsch, ein solches Leben so weit wie möglich zu leben und andere es leben zu sehen; und der logische Inhalt der Aussage ist, dass in einer Gemeinschaft, in der die Menschen auf diese Weise leben, mehr Wünsche erfüllt werden als in einer, in der es weniger Liebe oder weniger Wissen gibt.«

Bertrand Russell, Philosoph[2]

Eine der größten Attraktionen im Leipziger Zoo ist das Pongoland. Auf der riesigen, gut drei Hektar großen Anlage kann man alle vier Menschenaffenarten erleben – Schimpansen, Gorillas, Orang-Utans und Bonobos. In kleinen Herden ziehen sie durch den künstlichen Dschungel ihrer Außengehege, in denen es Felsen, Wasser und Kletterbäume gibt, während die Besucher:innen sie durch dickes Glas oder von Plattformen aus beobachten können. Natürlich wird die freie Wildbahn auch in Leipzig nur nachempfunden, aber doch immerhin in einem deutlich größeren Ausschnitt, als ihn viele andere Zoos bieten. Als Affenanlage gehört das Pongoland auch zwanzig Jahre nach seinem Bau noch immer zu den modernsten und größten in Europa. Als Ort der Wissenschaft ist es weltweit einzigartig.[3]

Seit der Eröffnung studieren Forscher:innen des Max-

Planck-Instituts für evolutionäre Anthropologie im Pongoland die kognitiven Fähigkeiten von Menschenaffen. Dazu beobachten sie nicht nur deren Verhalten in der Gruppe, sondern führen abgetrennt vom Besuchsverkehr auch regelmäßig Testreihen durch, bei denen die Affen allein, zu zweit oder zusammen mit den wissenschaftlichen Mitarbeiter:innen spielerische Aufgaben lösen sollen. Ob es darum geht, eine Erdnuss aus einer Röhre zu puhlen, die für eine Affenhand zu eng ist oder in einer Art Hütchenspiel, »Affenschach« genannt, mit anderen Affen zu konkurrieren, um an Weintrauben zu kommen – so verschieden das jeweilige Erkenntnisinteresse der Forscher:innen auch ist, die sich die Tests ausgedacht haben, unterm Strich stellen sie die Fragen an Affen, um mehr über uns Menschen zu erfahren.[4]

Genetisch unterscheiden sich Menschen und Menschenaffen kaum voneinander. Die Abweichung liegt selbst bei den uns relativ fernstehenden Orang-Utans nur bei gut drei Prozent, bei den uns näherstehenden Schimpansen bei nur gut einem.[5] Menschenaffen sind unsere nächsten lebenden Verwandten. Wir sind so nah mit ihnen verwandt wie Zebras mit Pferden oder Ratten mit Mäusen.[6] Dennoch könnte ihre Welt kaum verschiedener von unserer sein. Während sie noch immer im Dschungel leben, haben wir uns den ganzen Planeten unterworfen, sind zum Mond geflogen, haben aber auch Waffen gebaut, die alles und jeden auf der Erde zerstören können. Wir sind es, die die Menschenaffen erforschen, nicht umgekehrt.

Wie ist dieser enorme Unterschied entstanden?

Was können wir, was sie nicht können?

Oder, um es mit den Worten des US-amerikanischen Anthropologen Michael Tomasello zu sagen, der zwanzig Jahre lang das Leipziger Max-Planck-Institut für evolutionäre Anthropologie geleitet hat: »Was macht uns menschlich?«[7]

Um diese Frage zu beantworten, führten Tomasello und sein Team nicht nur Tests mit den Menschenaffen durch, sondern stellten auch Kleinkinder in unzähligen Experimenten vor ähnliche spielerische Aufgaben, um dann die Ergebnisse miteinander zu vergleichen.[8] Dabei zeigte sich, dass etwa Schimpansen und Orang-Utans bei simplen physischen Tests gleich gut oder sogar besser abschnitten als Zweieinhalbjährige. Die Affen fanden die Leckereien beim »Hütchenspiel« teilweise schneller, setzten häufiger gezielt Werkzeuge ein oder konnten besser kleinere Mengen addieren. Der entscheidende Unterschied zwischen Affe und Mensch trat erst bei Tests zutage, in denen es darum ging, zu erkennen, was ein Gegenüber meint, wenn es etwas zeigt. Anders als die Affen, die zwar einem Blick oder einer Geste mit der Hand folgen können, interpretieren wir Menschen solche Hinweise auch dann als eine unterstützende Information, wenn wir nicht direkt erkennen können, wie uns damit geholfen werden soll. Auf einer Metaebene verstehen wir, dass mit dem Zeigen etwas gemeint ist. Wir begreifen, dass diese Person uns damit nicht nur helfen möchte, sondern zugleich will, dass wir genau das auch verstehen. Also schauen wir auch unter das Hütchen, auf das sie zeigt, selbst wenn wir dort nichts vermuten. Zu diesem Eindenken in die Perspektive des anderen sind Menschenaffen nicht imstande – sie ist aber die Grundlage für ein Lernen und Kooperieren durch kommunikative Anleitung.

Menschenkinder verwenden Zeigegesten ab einem Alter von einem Jahr, um die Aufmerksamkeit von Erwachsenen auf einen bestimmten Gegenstand zu richten. Es ist dann der Job der Eltern, herauszufinden, was genau das bedeutet. Das können Gegenstände sein, die sie haben wollen, aber von allein nicht erreichen, wie das Eis in der Hand ihrer Eltern. Oder Gegenstände wie das Bilderbuch, das sie zusammen mit ihren Eltern durchblättern – etwa wenn sie das Geräusch eines Tieres nachahmen, das darin abgebildet ist, und dann aufschauen, um sich zu vergewissern, ob die Eltern das Tier auch gesehen oder das »Wauwau« erkannt haben. Das Zeigen öffnet einen Raum, in dem Ich und Du gemeinsam die Situation und ihre Bedeutung ergründen. Es entsteht ein Wir und eine Interpretation dessen, was zu tun sei und wem welche Rolle zufällt, an die sich dann jede:r gebunden fühlt.[9] Diese Beobachtung haben Michael Tomasello und sein Team in unzähligen Experimenten gemacht.

Spielten Erwachsene mit einem Kleinkind und unterbrachen das Spiel für den Test plötzlich, ermunterte sie das Kind fortzufahren. Es zeigte ihnen sogar, wie sie das Spielzeug halten mussten, damit sie weiterspielen konnten. Wollte das Kind lieber mit einer anderen erwachsenen Person spielen, stand es nicht einfach auf, sondern zeigte, dass es weggehen wollte, so als fühlte es sich an das gemeinsame Wir gebunden. Musste hingegen ein Affe eine Aufgabe mit einem Menschen lösen, der nicht mehr kooperierte, versuchte der Affe entweder allein zum Ziel zu kommen, oder er verlor die Lust. Auch hielt die Kooperation nicht an, wenn ein Affe seine Belohnung bekommen hatte. Er zischte dann damit davon. Menschen dagegen entwickeln ein Gefühl dafür, was ein faires Ergebnis des Kooperierens ist. Standen zwei Kinder in einem Test vor einer Art Spieltisch mit zwei Kugeln, an die sie nur gemeinsam herankamen, halfen sie einander so lange, bis jedes eine Kugel hatte. Gibt es eine gemeinsame Beute, teilen Kinder sie fair untereinander auf.

Für Michael Tomasello ist es dieses im Raum geteilter Aufmerksamkeit entstandene Wir, in dem wir zu Menschen werden. Er bezeichnet diese Fähigkeit als »geteilte Intentionalität«.[10] Keine andere Tierart verfügt über sie. Nur Menschen sind dazu in der Lage, »ihre Köpfe zusammenzustecken«, wie er es ausdrückt.

In dieser Fähigkeit, nicht nur gemeinsam zu handeln, sondern dazuzulernen, liegt der Schlüssel für den rasanten und immer rasanter verlaufenden Aufstieg der Menschheit. Sie erlaubt es uns nicht nur, Gefühle und Wissen mit anderen auszutauschen, unsere Gehirne zusammenzuschalten und Probleme zu lösen, die für einen allein nicht lösbar wären, was eine enorme Explosion an Kreativität zur Folge hat. Sie ermöglicht es uns auch, das, was wir gelernt haben, systematisch an andere weiterzugegeben und damit Erkenntnisse über Generationen hinweg anzuhäufen. Jeder Mensch, der neu auf die Welt kommt, erhält durch diejenigen, von denen er oder sie lernt, Zugang zum gesammelten Erfahrungsschatz der Menschheit und wird durch sie gewissermaßen auf den aktuellen Stand gehoben. »Wagenheber-Effekt« nennt Tomasello diese Voraussetzung dafür, dass jede Generation auf den Schultern ihrer Vorfahren steht.[11] Wir müssen das Rad nicht immer neu erfinden, weil das Menschen in Mesopotamien vor 6000 Jahren schon gemacht haben und dieses Wissen seitdem in jenem Bestand aufgehoben wurde, den wir Kultur nennen. Sie ist Voraussetzung und zugleich Ergebnis unserer Kooperation.

»Fische werden geboren in der Erwartung von Wasser«, sagt Michael Tomasello. Sie haben Flossen, sie haben Kiemen. »Menschen werden geboren in der Erwartung von Kultur.«[12]

Was heißt das nun für die Welt, in der wir leben?

Eine Information nicht mehr nur genetisch, sondern kulturell weitergeben zu können, öffnet dem Menschen die Tür zum Fortschritt und zu einer Entwicklungsform, bei der er nicht mehr nur reaktiv lernen und blind in Limits hineinlaufen muss. Er kann vorausschauen und Vorwärtskopplungen bauen. Dafür wächst aber auch die Verantwortung für die Effekte. Was Teil unserer Kultur wird und was nicht, welche Wege wir gehen, welchen Erkenntnissen wir nachforschen und welche Schlussfolgerungen wir daraus ziehen – das alles sind kleine Entscheidungen im Aufbau des Menschheitsgedächtnisses und dem darin enthaltenen Fundus an Geschichten, aus dem sich alle bedienen können, um ihrerseits Entscheidungen zu treffen und Geschichten weiterzugeben. So gesehen sind wir alle, die wir heute leben, nicht nur Empfänger der Kultur unserer Vorfahren, wir sind auch Gestalter der Kultur unserer Nachfolger. Das, was wir dieser Kultur hinzufügen, macht ihre Weiterentwicklung erst möglich.

Die Frage »Was macht uns menschlich?« ist damit im Grunde nichts anderes als die Frage »Wer wollen wir sein?«.

Held:innen

»Nicht der Mensch bewohnt diesen Planeten, sondern Menschen. Die Mehrzahl ist das Gesetz der Erde.«

Hannah Arendt, Philosophin[13]

Ab Mitte des Jahres 2020 gingen in den Büros einiger Hundert gemeinnütziger Organisationen in Amerika überraschend E-Mails ein, die den Empfänger:innen eine bedeutende Geldspende ankündigten.[14] Die meisten dieser Organisationen sind klein, wenig bekannt und stehen eigentlich nicht auf den Listen großer Wohltäter. Sie setzen sich für die Rechte von Frauen, Schwarzen und sexuellen Minderheiten ein, kümmern sich um die Versorgung von Armen mit Lebensmitteln und Medikamenten und bekämpfen die strukturellen Ungerechtigkeiten, die es in der amerikanischen Gesellschaft gibt. Da die meisten von ihnen eher auf lokaler Ebene unterwegs sind, interessieren sich Politik, Wirtschaft oder Medien nur selten für sie.

Wie also ausgerechnet sie dazu kommen sollten, dass ihnen jemand ungefragt Geld überweisen will, konnten sie sich nicht erklären. Und der Absender der E-Mail, eine Firma namens Lost Horse aus Delaware, hinter der angeblich eine anonyme Wohltäterin steckte, sagte ihnen ebenfalls nichts. Bei einigen blieb die E-Mail im Spam stecken.[15] Bei anderen klingelte irgendwann das Telefon.

Als Francesca Rattray, die im texanischen San Antonio das Büro der Frauenrechtsorganisation Young Women Christian Association (YWCA) leitet, so einen Anruf erhielt, erklärte ihr der Mann am anderen Ende der Leitung, dass eine gewisse MacKenzie Scott dem Verein eine größere Summe spenden wolle.[16] Francesca Rattray, die keine MacKenzie Scott kannte, googelte, wie man das so macht, den Namen gerade im Internet, während der Mann am Telefon ein paar letzte Fragen durchgehen wollte – als sie verstand, dass alles kein Scherz war.

MacKenzie Scott ist die Ex-Frau von Jeff Bezos, dem Amazon-Chef, und seit ihrer Scheidung die viertreichste Frau der Welt.[17]

»Ich klammerte mich buchstäblich an meinem Schreibtisch fest und machte mich auf den Einschlag gefasst«, erzählte Francesca Rattray später einem Reporter von dem Anruf.[18] Dann nannte der Mann die Höhe der Spende. Es war eine Million Dollar. Bedingungen stellte er keine. Er wollte nur eine Kontonummer wissen.

»Ich verlor die Fassung und fing an zu heulen«, sagte Rattray.

Solche oder ähnliche Szenen spielten sich Ende des Jahres 2020 überall in den USA ab. Essenstafeln, Corona-Nothilfestationen, Aktivist:innen für Geschlechtergerechtigkeit oder die Rechte von Lesben, Schwulen und Transmenschen, Familienvereine, Bildungsstätten für Frauen, Schwarze oder amerikanische Ureinwohner:innen, Einrichtungen für Menschen mit Behinderung, ein Finanzinstitut, das Unternehmer:innen aus Minderheiten unterstützt, sogar eine europäische Klimastiftung – mehr als fünfhundert zumeist kleine gemeinnützige Organisationen hatten MacKenzie Scott und ihr Team ausgewählt.[19] Gruppen, die in der Regel ebenso unbemerkt wie unterfinanziert von der Gesellschaft ihre Arbeit taten und nach einer E-Mail oder einem Anruf dafür auf einmal eine, drei oder fünfzig Millionen Dollar mehr zur Verfügung hatten. Innerhalb von nur vier Monaten verteilte MacKenzie Scott auf diese Weise fast sechs Milliarden Dollar, womit sie auf der Liste der größten privaten Spender Amerikas in jenem Jahr auf Anhieb auf Platz zwei kam.[20] Aber das war erst der Anfang.

Bis zum Frühjahr 2022, in weniger als zwei Jahren, unterstützte sie mehr als 1250 Organisationen mit insgesamt zwölf Milliarden Dollar.[21] Kaum ein Mensch hatte in seinem Leben je so viel Geld gespendet, ganz sicher aber niemand so viel in so kurzer Zeit.

Was sollte das bedeuten?

Schon kurz nach ihrer Scheidung im Jahr 2019 hatte sich MacKenzie Scott, wie sie sich nun nannte, der Initiative »The Giving Pledge« angeschlossen, zu Deutsch »Das Gebe-Versprechen«. Es ist eine Gruppe internationaler Unternehmer:innen und Erb:innen, in die man überhaupt nur aufgenommen wird, wenn man Milliardär:in ist und sich verpflichtet, wenigstens die Hälfte seines Vermögens für wohltätige Zwecke zu spenden. Im Jahr 2010 von Microsoft-Gründer Bill Gates und Investor Warren Buffett gegründet, hat die Initiative heute mehr als 230 Mitglieder aus 28 Ländern,[22] von denen viele nach ihrer Aufnahme einen Brief veröffentlichen, in dem sie ihre Motivation erklären. Das tat auch MacKenzie Scott.

»Wir alle gelangen zu den Gaben, die wir anbieten können, durch eine unendliche Reihe von Einflüssen und glücklichen Zufällen, die wir nie ganz verstehen können«, schreibt sie darin. »Zusätzlich zu den Gaben, die das Leben mir mitgegeben hat, habe ich eine unverhältnismäßig große Menge an Geld zu verteilen. Mein philanthropischer Ansatz wird weiterhin ein sorgfältiger sein. Er wird Zeit, Mühe und Sorgfalt erfordern. Aber ich werde nicht warten. Und ich werde weitermachen, bis der Safe leer ist.«[23]

Für die Medien war diese Ankündigung vor allem wegen der Summe eine Story. Es zeigte sich aber bald, dass MacKenzie Scott nicht nur vorhatte, die Maßstäbe dafür zu verschieben, wie viel man gibt, sondern auch, wem man gibt und auf welche Art und Weise man gibt. Systemisch gesehen finde ich das den interessanteren Aspekt. Er führt zu der Frage, mit welchen Vorbildern und Held:innen wir erfolgreich durch das 21. Jahrhundert navigieren können.

Sind es Menschen, die daran arbeiten, das System zu verbessern? Oder ihre eigene Position darin zu schützen?

Nehmen wir die sogenannten neuen Philanthropen in den USA. Dass diejenigen, die zu großem Reichtum gekommen sind, sich auch wohltätig für die Gemeinschaft einsetzen, ist natürlich nicht neu. Diese Tradition reicht zurück bis zu Andrew Carnegie und John D. Rockefeller, die ihr Vermögen mit Stahl und Erdöl gemacht hatten und als die reichsten Menschen ihrer Zeit galten – aber auch als große Philanthropen. Während Carnegie mehrere Stiftungen gründete und sich unter anderem der Förderung und Errichtung Hunderter öffentlicher Bibliotheken widmete – also nicht nur die New Yorker Konzerthalle *Carnegie Hall* baute, mit der sein Name bis heute verbunden ist –, gründete Rockefeller nur eine einzige Stiftung, die nicht weniger als das »Wohlergehen der Menschheit auf der ganzen Welt« anstrebte und sich bis heute in Bildung, Kultur, Wissenschaft und Gesundheitswesen bis hin zur Nahrungsmittelproduktion engagiert.[24] Im Prinzip alles sogenannte öffentliche Güter.

Aber in den USA zeigt sich, wie unterschiedlich die Grenzen gezogen werden, wenn es darum geht, wie diese Güter erstellt werden sollen und wer welchen Zugang zu ihnen haben darf. Ein sogenannter Nachtwächterstaat soll nur dann eingreifen, wenn die Märkte die Sache nicht regeln, so wie es die lang anhaltende Diskussion um eine staatliche Krankenversicherung zeigt. In den USA findet niemand etwas dabei, wenn Privatleute jene Löcher schließen, die im staatlichen Versorgungsnetz klaffen oder aufreißen. Und doch stellt sich auch hier irgendwann die Frage, wo die Löcher herkommen.

Wohltätigkeit wird in den USA inzwischen vor allem über private Stiftungen abgewickelt. Ihre Zahl ist zwischen den Jahren 2005 und 2019 um fast siebzig Prozent gewachsen, ihre Einlagen haben sich auf 1,2 Billionen Dollar mehr als verdoppelt,[25] was der jährlichen Wirtschaftsleistung eines Landes wie Spaniens entspricht. Viele dieser Stiftungen unterstützen aber nicht bestehende gemeinnützige Organisationen, sondern definieren eigene Ziele, die sie mit ihrem Geld erreichen wollen. Sei es, Krankheiten wie Kinderlähmung oder Malaria auszurotten, gegen Tabakkonsum und Fettleibigkeit zu kämpfen, Techniken gegen den Klimawandel zu entwickeln oder die Erforschung der biologischen Prozesse im menschlichen Körper voranzutreiben. Viele dieser Stiftungen beschränken sich nicht mehr auf das Land, in dem die Leute leben, die ihr Ziel kontrollieren, sondern legen länderübergreifende Programme auf und finanzieren Partnerorganisationen.

Anders als gewählte Regierungen sind diese Stiftungen nicht verpflichtet, der Allgemeinheit darüber Auskunft zu geben, wem sie wann was spenden. Anders als Regierungen kann die Allgemeinheit die Stiftungen auch nicht abwählen, wenn sie mit deren Arbeit nicht einverstanden ist. Angesichts der enormen Summen, die von diesen Institutionen aufgewendet werden können, werden solche Argumente gern als demokratietheoretisches Klein-Klein abgetan. Und natürlich ist es großzügig, seinen Reichtum für gute Zwecke einzusetzen, anstatt ihn schlicht für sich zu behalten. Wer aber mehr als nur die Pressemeldungen darüber liest, welche Tech-Milliardär:innen mit ihren Stiftungen welchen Teil der Welt retten wollen, stellt fest, dass diese Wohltätigkeit auch einen Nebennutzen hat.

In den USA gewährt der Staat solchen Stiftungen weitreichende Steuernachlässe, für die es schon genügt, wenn sie jährlich einen geringen Teil ihres Vermögens für gemeinnützige Zwecke ausgeben, während sie den Rest beispielsweise in Aktien investieren dürfen, um ihr Stiftungskapital zu vermehren. Geld, das der Staat sonst als Steuern einnehmen und entsprechend der Gemeinwohlorientierung einsetzen könnte, der er der Verfassung nach verpflichtet ist. Geld, das stattdessen in Institutionen gebunden bleibt, die privat darüber entscheiden, wofür es eingesetzt wird. Und deren Gründer genau deshalb noch weniger Steuern zahlen, als sie es in ihren geschäftlichen Tätigkeiten zur Erlangung des Reichtums ohnehin schon tun.[26] Würden die hundert amerikanischen Mitglieder von The Giving Pledge wie versprochen die Hälfte ihres Vermögens spenden – das wären insgesamt knapp 500 Milliarden Dollar –, entgingen dem amerikanischen Staat laut Berechnungen der Denkfabrik Institute for Policy Studies etwa 360 Milliarden Dollar an Steuergeldern.[27]

Anders gesagt: Diese Form der Philanthropie bietet ein Gestaltungsvermögen, das nur sehr wenigen Menschen vorbehalten bleibt und von sehr vielen Menschen subventioniert wird. Und was bei der medialen Aufmerksamkeit für die großen Summen, die bestimmte Menschen spenden, zudem vollständig aus dem Fokus rutscht, ist die von Studien immer wieder bestätigte Tatsache, dass die Menschen mit den geringsten Einkommen am meisten spenden, sobald man die Höhe ihrer Beiträge ins Verhältnis zu ihren Einkommen setzt.[28]

»Große Geldgeber in den Mittelpunkt von Geschichten über sozialen Fortschritt zu stellen, ist eine Verzerrung ihrer Rolle«, schreibt McKenzie Scott in einem ihrer kurzen Texte, mit denen sie zweimal im Jahr erklärt, welche Organisationen Geld von ihr bekommen haben. Sie versuche mit ihren Beratern nur, »ein Vermögen zu verschenken, das durch Systeme ermöglicht wurde, die der Veränderung bedürfen. In diesem Bemühen lassen wir uns von der Demut und Überzeugung leiten, dass es besser wäre, wenn unverhältnismäßiger Reichtum nicht in den Händen weniger konzentriert wäre, und dass die Lösungen dafür am besten von anderen entworfen und umgesetzt werden.«[29]

Es sind dieselben Systeme, die es jenen sechzig amerikanischen Milliardär:innen, die vor zwölf Jahren The Giving Pledge beigetreten sind, ermöglicht haben, ihr Vermögen insgesamt fast zu verdoppeln, während sie eigentlich die Hälfte davon spenden wollten. Fünfzig von ihnen haben es sogar verdreifacht, einige mehr als verzehnfacht.[30] Allein von März bis Juli 2020, als die Pandemie die Welt mit voller Härte traf, stieg das kollektive Vermögen der hundert US-Milliardäre von The Giving Pledge um mehr als ein Viertel an. Die neuen Philanthropen werden schneller reich, als sie ihr Geld abgeben können.

Der Chef des Welternährungsprogramms der Vereinten Nationen (WFP), der Amerikaner David Beasley, hat das im Pandemie-Jahr 2021 zum Anlass genommen, die Milliardäre der Welt mehrfach öffentlich anzusprechen[31] und sie um eine einmalige Spende über 6,6 Milliarden Dollar zu bitten, damit seine Organisation 42 Millionen akut vom Hunger bedrohte Menschen ein Jahr lang mit Essen versorgen könne.[32] Lange bekam er keine Reaktion. Bis sich plötzlich Elon Musk, der aktuell reichste Mensch der Welt, auf Twitter öffentlich bei ihm meldete.[33]

»Wenn das Welternährungsprogramm auf Twitter erklären kann, wie genau sechs Milliarden Dollar den Hunger auf der Welt besiegen können, werde ich sofort Tesla-Aktien verkaufen und es tun«, schrieb Musk. »Bitte veröffentlichen Sie Ihre aktuellen und geplanten Ausgaben im Detail, damit die Leute genau sehen können, wohin das Geld fließt. Sonnenlicht ist etwas Wunderbares.«[34]

Als David Beasley ihn darauf aufmerksam machte, dass man für diese 6,6 Milliarden Dollar keineswegs, wie er offenbar verstanden habe, den Hunger auf der Welt für immer besiegen, wohl aber 42 Millionen Menschen für ein Jahr vor dem Verhungern retten könne, meldete sich Elon Musk nicht mehr. UNO-Mann Beasley schickte ihm die geforderte Tabelle, wie er die Spende einsetzen würde, er sicherte absolute Transparenz bei der Vergabe der Mittel zu, er bat Musk, sich wenigstens mit ihm zu treffen. Er könne ihn ja hinauswerfen, wenn ihm nicht gefalle, was er zu sagen habe. Aber Musk, der für den

Aufbau seines Imperiums fast fünf Milliarden Dollar öffentlicher Förderung angenommen hatte,[35] kam nicht mehr auf seine *Challenge*, wie es im Silicon Valley gerne heißt, zurück.[36]

Und was sind die Nebeneffekte?

Dass sich die Institution, die öffentliche Güter bereitzustellen versucht, ohnmächtig fühlt. Und dass der Eindruck gestärkt wird, Retter säßen dort, wo Geld gehortet wird.

Entspricht das einem zeitgemäßem Verständnis von Held:innentum?

Der Philosoph Dieter Thomä hat dieser Frage ein ganzes Buch gewidmet. Sein Fazit ist, dass die ganz große Sache, für die es viel mehr Held:innen braucht, nicht einzelne *Challenges* sind, sondern das Funktionieren der Demokratie.[37]

Aus diesem Befund heraus leitet Thomä zwei Typen von Helden ab. Das sind zum einem die »Helden der Verfassung«.[38] Sie treten nicht nur für die Regeln ein, die sich die Gemeinschaft gegeben hat, sondern auch für die Bestimmung, der diese Regeln dienen sollen. Sie verteidigen die Rechte Dritter oder des Ganzen auch dann, wenn sie nicht davon profitieren oder dafür von anderen angegangen werden. Systemisch gesprochen sind es Menschen, die sich einmischen, wenn das erklärte Ziel der Demokratie mit dem gelebten Ziel nicht mehr übereinstimmt. Sie hinterfragen dabei nicht das Ziel oder den Verfassung gebenden Rahmen, sondern ob die Wege noch dorthin führen. Oder ob bestimmte Entwicklungen, wie zum Beispiel Überbürokratisierung oder Überreichtum zu Blockaden werden.

»Helden der Bewegung«[39] hingegen landen in der Misfit-Zone, weil sie den Status quo hinterfragen. Es geht ihnen nicht nur darum, dass der eingeschlagene Weg nicht zum Ziel führt, sie finden, dass das Ziel nicht ausreicht. Systemisch gesehen geht es ihnen um ein Update des *purpose*, der Bestimmung. Oft stehen sie anfangs auf verlorenem Posten, werden unterschätzt oder bekämpft, während sie den Möglichkeitsraum herausfordern. Wenn solchen Menschen genügend andere folgen, zum Beispiel in ihrem Einsatz für ein gesundes Klima, gelingt es ihnen, soziale Kipp-Punkte auszulösen und ganze Systeme zu drehen.

Diese zwei Typen von Held:innen schließen einander nicht aus, im Gegenteil, sie ergänzen sich. Die einen richten unseren Blick darauf, welche Werte bewahrt werden sollten. Die anderen, welche eine Veränderung brauchen könnten. Aus diesem Spannungsfeld entsteht gesellschaftlicher Fortschritt. Demokratie »hat eine Verfassung – und sie lebt als Bewegung«, fasst Thomä zusammen. »Genau das macht ihre Größe aus.«[40]

Und die Größe dieser Held:innen?

Viele sind weder besonders bekannt noch reich oder mächtig, bevor sie für eine Veränderung eintreten und alles in die Waagschale werfen, was sie zur Verfügung haben. Sie haben ein Verständnis dafür, was gerade dran ist, und gehen ins Risiko, ohne zu wissen, wie es ausgeht.

Sie tun etwas für ein Wir, das nicht gleichmacht, sondern gleichwertig sein lässt. Sie inspirieren uns, mitzuwirken, »weil sie etwas *tun,*« und sich selbst dabei nicht zu wichtig nehmen, »weil sie *etwas* tun«.[41] Auf welcher Ebene das passiert, ist dabei ziemlich egal. Unsere Wirkräume sind immer unterschiedlich gelagert. Ich bin mir sicher, Sie sind solchen Personen schon häufiger begegnet. Vielleicht ja sogar morgens im Spiegel.

Du bist wichtig

»Meine Mission ist, nicht nur gerade so zu überleben, sondern aufzublühen – und das mit etwas Leidenschaft, etwas Mitgefühl, etwas Humor und etwas Stil.«

Maya Angelou, Bürgerrechtlerin[42]

Der Romanesco fällt in jeder Gemüseauslage auf. Er ist einfach eine sehr schöne Sorte Kohl. Das liegt weniger an seiner zartgrünen Farbe, wegen der er häufig für eine Kreuzung aus Blumenkohl und Brokkoli gehalten wird. Es liegt an seiner außergewöhnlichen Form. Das ganze Gemüse scheint aus nur einer einzigen geometrischen Grundform zusammengesetzt zu sein – einem winzigen Kegel. Von der simplen Knospe über die fein ziselierten Türmchen und Türme, überall wiederholt sich diese Form, addiert sich zu großen Spiralen und bildet ein Muster, bei dem das Große wie eine Kopie des Kleinen aussieht und umgekehrt. Ein echtes Wunderwerk der Natur.

Wenn Sie beim nächsten Einkauf einen Romanesco sehen, schauen Sie ihn sich mal genau an. Meine Töchter finden ihn wunderschön.

Der Romanesco ist ein Beispiel für ein Gebilde, bei dem einzelne Teile dem Ganzen selbstähnlich sind, weil sie sich in ihm immer wiederholen. Solche Strukturen bezeichnet man als Fraktale. Fraktale gibt es nicht nur in der Geometrie, wo sie durch die grafische Darstellung komplexer Berechnungen entstehen oder in der digitalen Kunst, wo man mit diesen Grafiken ganz erstaunliche Effekte erzielen kann. Sie kommen auch in der Natur vor. Korallen, Schwämme, Bienenstöcke, Schneeflocken, die Blätter eines Farns, die Augen von Libellen. Blutgefäße, die sich immer weiter verzweigen. Alle diese Gebilde haben gemeinsam, dass sich ein bestimmtes Konstruktionsprinzip in ihnen immer weiter fortsetzt. Sie sind von der kleinsten bis in ihre größte Dimension sozusagen nach derselben Anleitung gebaut. Deshalb kann man, wenn man von ihnen nur einen Ausschnitt vor Augen hat, auch oft nicht sagen, ob er von sehr nah oder sehr weit weg aufgenommen wurde. Diese Selbstähnlichkeit der Fraktale kann uns etwas über sozialen Wandel erzählen.

»Obwohl sie oft nur als Metapher betrachtet werden«, schreibt die US-amerikanische Humangeografin Karen O'Brien, »sind soziale Fraktale insofern real, als sie Beziehungen verändern und neue Muster und Strukturen in der Gesellschaft schaffen können.«[43]

Karen O'Brien hat als Geografin begonnen und an mehreren Gutachten für den Weltklimarat mitgewirkt, der für seine Arbeit im Jahr 2007 den Friedensnobelpreis erhielt. Dabei hat sie sich immer mehr für die gesellschaftlichen Ursachen und Konsequenzen der Naturveränderungen interessiert, also für die menschlichen Dimensionen globalen Wandels. In ihrem Buch *You Matter More Than You Think*, zu Deutsch »Du bist wichtiger, als du denkst«, schaut sie sich diesen globalen Wandel sozusagen von unten an. Ihr Denken geht vom Einzelnen auf das Ganze und nimmt damit die Fragen auf, die dieser Perspektive üblicherweise entgegengehalten werden.

Sind nicht die Systeme, die derzeit zu kippeln scheinen, viel zu groß und schwer zu drehen? Und der Einzelne nicht viel zu klein und zu unbedeutend, als dass er da etwas ausrichten könnte?

Und liegt nicht genau da der Grund, warum uns angesichts der Herausforderungen manchmal das Herz in die Hose rutscht?

Karen O'Brien antwortet darauf, indem sie klarmacht, dass und wie wir durch unsere Einbettung in Gesellschaften immer in kleine, überschaubare Systeme eingebunden sind, in denen wir Dinge bewirken können. Und dass diese Systeme, in denen wir überall eine Rolle spielen, in größere Systeme eingebunden sind und diese in noch größere Systeme, in denen sie dann wiederum als Teilsysteme eine Rolle spielen. Das ist der Kerngedanke, warum der soziale Wandel im Kleinen den Wandel im Großen vorantreibt. Nichts anderes sagt das Bild vom Fraktal.

»Wenn unsere Handlungen mit Werten übereinstimmen, die das Ganze in sich tragen und in Sprache und Sinnbildung zum Ausdruck kommen«, schreibt Karen O'Brien, »werden sie sich vervielfältigen und neue Muster hervorbringen, die diese Qualitäten auf allen Ebenen widerspiegeln.«[44]

In einer fraktalen Struktur werden bestimmte Prinzipien auf unterschiedlichen Ebenen wiederholt, dadurch multipliziert und als unsere gelebte Normalität wirksam. Verändert man ein Prinzip, löst man einen Wandel aus, der sich über die verschiedenen Ebenen fortsetzen kann. So gesehen spielen kollektiver und individueller Wandel immer zusammen, Wandel von oben nach unten und unten nach oben, auch der Wandel zwischen verschiedenen Organisationen auf einer Ebene findet nie isoliert statt.

Das heißt nicht, dass alle immer die gleichen Dinge sagen.

So ist die Sache mit der Selbstähnlichkeit nicht gemeint.

Karen O'Brien geht es nicht darum, dass sich Meinungen *über* die Welt angleichen, es geht ihr um die Haltung *zur* Welt. Wenn Einzelne zum Beispiel Offenheit als Wert ansehen, werden sie diesen Wert durch ihr Verhalten in der Gesellschaft stärken, so wie die Gesellschaft, die Offenheit als einen Wert versteht, Einzelne in ihrem Verhalten dahingehend beeinflusst. Damit ist nicht gesetzt, was jemand über ein bestimmtes Thema denken oder dazu sagen soll, nur die Art und Weise ist vorstrukturiert: Dass es in Offenheit dafür geschehen kann, dass es auch andere Meinungen gibt. Auf diese Weise werden die vielfältigen Potenziale, die in uns allen verankert sind, von der jeweiligen Kultur aktiviert und fortgeschrieben. Für das Aktivieren und Fortschreiben braucht es aber die vielen Einzelnen. Sie hören, erzählen, wiederholen und verändern die Geschichten, mit denen wir unsere Welt interpretieren und organisieren, unser Selbst- und Fremdverständnis ausbilden. Darüber werden aus den vielen Einzelnen genau jene Wirks, die Werte formulieren, aus denen sich unser Verständnis und Verhalten im Ganzen ergibt.

»Institutionen können sich im Laufe der Zeit verändern, und Strukturen können reformiert, aktualisiert oder neu verpackt werden, um als neu und fortschrittlicher zu erscheinen«, so Karen O'Brien, »aber wenn die ihnen zugrunde liegenden Werte nicht das Wohlergehen aller Menschen beinhalten oder fördern, werden sie auf einer bestimmten Ebene eher Fragmente als fraktale Muster hervorbringen.«[45]

Fraktale sind Beispiele dafür, wie einzelne selbstorganisierte Teile ein Ganzes ergeben, während Fragmente das Einzelne ohne seine Einbettung erfassen. Daraus entstehen dann eher Unwuchten als Gleichgewichte.

Was kann uns also mehr Balance verschaffen? Wie finden wir eine alltagstaugliche Form des Wirkens, in der wir weder uns selbst noch das Ganze aus dem Blick verlieren?

Ich will versuchen, unsere Einwirkungsmöglichkeiten einmal nach Kopf, Hand und Herz zu sortieren.

Nehmen wir den Kopf. Unsere Köpfe zusammenstecken zu können, um gemeinsam Lösungen für Probleme zu finden, ist eine Fähigkeit, die uns von allen Spezies auf diesem Planeten unterscheidet. Damit wir das können, müssen wir mit anderen zu einem bestmöglichen gemeinsamen Verständnis der Welt kommen. Wie wohl jede:r aus der Partnerschaft oder vom Arbeitsplatz weiß, liegen die Meinungen, warum Dinge nicht funktionieren oder was die passende Lösung für ein Problem ist, manchmal allerdings schon bei Kleinigkeiten weit auseinander.

Der US-amerikanische Ökologe Garrett Hardin hat aufgezeigt, dass ein Weg zur gemeinsamen Verständigung in der Art liegt, wie wir die Welt beschreiben – und wie schnell wir aneinander vorbeireden, wenn wir das auf verschiedene Weise tun.[46] Um das zu verdeutlichen, führt uns Hardin in die Welt der Wissenschaft. Er unterscheidet zwei typische und unterschiedliche Denk- und Sprechweisen, mit der sie sich der Wirklichkeit nähert: Mit dem Vokabular der Zahlen und dem Vokabular der Wörter. Zahlen eignen sich für quantitative Messungen und das Erfassen von Verhältnismäßigkeiten, Worte für qualitative Beschreibungen und das Erfassen von Zusammenhängen. Jede dieser Sprechweisen bekommt gewisse Dinge gut zu fassen, aber andere weniger. Um die Welt in ihrer Gesamtheit zu beschreiben, braucht es beide. Darauf machte Hardin in seinem Buch *Filters against Folly* aufmerksam, was man mit »Filter gegen Torheit« übersetzen könnte.

Dass Zahlen eine Situation anders ausdrücken können als Worte, haben wir in der Pandemie erlebt, als uns die tägliche Zahl der Neuinfektionen einen Eindruck von der Verbreitung des Virus gab, auch wenn wir uns selbst bisher nicht infiziert hatten. Nicht zeigen dagegen konnten sie, was eine solche Infektion für den Einzelnen unter Umständen bedeutet. Das konnten nur die ersten Erfahrungsberichte aus den Intensivstationen der Krankenhäuser. Und dann gibt es immer noch einen Verlauf. Auch das haben wir in der Pandemie gesehen. Welche Konsequenzen ein bestimmtes Problem auf längere Sicht hat statt nur im Moment, sollte in seine Beurteilung ebenfalls einfließen. Nur so bekommen wir die Zeitlichkeit in den Blick. Nur so können wir rechtzeitig reagieren, auch wenn die Lage noch nicht so ernst zu sein scheint. Und nur so bleiben wir im dauerhaften Lernmodus, indem wir erwarten, dass die Lösungen von heute die Probleme von morgen werden könnten.

Was sind die passenden Worte?

Was sind die passenden Zahlen?

Und was passiert danach?[47]

Wenn wir uns immer wieder mit diesen Fragen beschäftigen, können sich nach Ansicht von Hardin viele unnötige Missverständnisse und Konflikte auflösen. Es geht also nicht um einen Wettbewerb zwischen Messen und Erzählen, sondern um die sinnvolle Kombination in der jeweiligen Situation. Die Filter bringen uns dazu, zu überprüfen, ob die Worte und Zahlen, mit denen wir ein Problem beschreiben, wirklich ausdrücken, was wir meinen. Oft zählen wir beispielsweise nur, was wir auch messen können, aber nicht alles, was es gibt, messen wir auch oder lässt sich in Zahlen ausdrücken. Erzählen wir uns die Welt hingegen ganz ohne das, was sich in Zahl und Maß ausdrückt, bleiben Verhältnismäßigkeiten,

Dynamiken und sich aufsummierende Trends im Zweifel unberücksichtigt.

Mit Hardins Filtern lassen sich also nicht nur Probleme genauer beschreiben, sondern auch die Lösungen testen, die wir für sie gefunden haben. Das ist für die *Futures Literacy*, unsere Fähigkeit, Zukunft lesen und schreiben zu können, zentral. Nur wenn wir uns klar darüber verständigen können, was Sache ist, können wir uns auch darauf verständigen, was werden soll und was wir dazu beitragen können, damit es geschieht.

Das bringt uns zur Hand, also zu unserem Handeln. Haben wir ein Problem beschrieben und vielleicht sogar eine gute Lösung dafür gefunden, ist diese damit noch lange nicht umgesetzt. Vieles geht immer nur Schritt für Schritt.

Aber mit welchem soll man anfangen?

Eine mögliche Antwort auf diese Frage lässt sich in der Arbeit des US-amerikanischen Biologen Stuart Kauffman finden. Er untersucht, wie in der Natur Entwicklungen ablaufen. Selbstverständlich gibt es dort niemanden, der vorher überlegt hätte, wo bei der Entwicklung vom Einzeller zum Menschen praktischerweise der erste Schritt zu tun wäre. Das bedeutet aber nicht, dass es einen solchen Schritt nicht gegeben hätte. Wie das die Natur regelt, hat Kauffman mit seinem Konzept des *adjacent possible* zu erklären versucht, das man mit dem »Nächstmöglichen« übersetzen könnte. Im Kern sagt das Modell des Nächstmöglichen, dass sich die Natur neue Möglichkeiten schafft, indem sie stets das jeweils Angrenzende erkundet, aus dem sich dann wieder neue Möglichkeiten ergeben.

»Biosphären«, so Kauffman, »treten im Durchschnitt nur so schnell in ihre Nachbarschaft ein, wie sie es verkraften können.«[48]

Auf uns Menschen angewendet, bedeutet das nicht, dass wir nicht vorausplanen, keine weitreichenden Ziele verfolgen sollen, um unsere Systeme zu verändern. Es heißt aber, dass wir uns diesen Zielen nur schrittweise nähern können, wenn die Veränderungen nicht zu disruptiv werden, also veritable Krisen oder Dominanzkonfrontationen hervorrufen sollen. Die Hand, die etwas tun will, muss in partnerschaftlichen Strategien immer auch die Hand sein, die wir anderen ausstrecken, um es mit ihnen gemeinsam zu tun. Das schließt ein, dass wir jenen, denen wir die Hand reichen, auch entgegenkommen müssen. Denn um aus unterschiedlich organisierten Strukturen zusammenzufinden, um neue Allianzen zu bilden zwischen Menschen, die andere Weltsichten oder Handlungslogiken in ihren Teilsystemen gewohnt sind, bedarf es einer gemeinsamen Übereinkunft dessen, worum es geht. Der Soziologe Armin Nassehi leitet daraus einen Kategorischen Imperativ der »Pragmatischen Anschlussmöglichkeiten« ab, der uns an diese Tatsache erinnert.

»Handle so, dass dein Gegenüber anschließen kann, gerade weil du das nicht kontrollieren kannst«, schreibt er.[49]

Indem wir jeweils den Schritt gehen, der den Beteiligten gerade möglich ist, schaffen wir Veränderungen, die dauerhafter in unseren Systemen zum Ausdruck kommen, in gelebter Praxis und selbstorganisierenden Prozessen. Und solange wir uns nach einem Schritt nicht erst einmal lange ausruhen, sondern weiterlaufen, entsteht eine dynamische Praxis, bei der wir uns an das immer wieder Ungewisse anpassen, sich unsere Routinen verändern, Institutionen neu verpackt werden, das Neue normal wird. Verankert, weil so viele Menschen wie möglich mitmachen. Wir behalten den dritten Horizont als Ziel im Kopf, um die Richtung nicht zu verlieren. Aber wir passen auch die Schrittlänge der jeweiligen Situation an.

Und wenn das zu lange dauert?

An dieser Stelle kommt das Herz ins Spiel. Es weist uns auf die Haltung hin, die wir in diesem Prozess einnehmen können, um ihn gut zu meistern. Denn die einzige wirkliche Handlungsmacht und damit Selbstwirksamkeit im essenziellen Sinne liegt in unserem Verhältnis zu uns selbst. Wir können andere inspirieren und auffordern, sich zu ändern – und auch mal Siebenmeilenstiefel einfordern, wenn der Zeitpunkt gegeben ist. Und natürlich ist dabei die Art, wie wir das tun, relevant. Für die Wirkung auf die anderen genauso wie für die Wirkung auf uns selbst. Einerseits kann sich niemand davon abhängig machen, wie andere sich verhalten. Auf der anderen Seite braucht jede:r die anderen für die Veränderungen, die kulturell verankert und nicht nur auferlegt sein sollen.

Bei den griechischen Stoikern gibt es einen Begriff, der uns diesen Widerspruch greifen lässt. Er lautet »Arete« und bedeutet so viel wie Tugend oder Vortrefflichkeit einer Person. Der US-amerikanische Autor Jonas Salzgeber hat ihn in eine Definition übersetzt, die kein schlechtes persönliches Leitbild abgibt. Für ihn bedeute »Arete«, sich »jederzeit als die beste Version seiner selbst (zu) präsentieren«.[50] Er beschreibt es als eine Haltung, die uns hilft, unsere Handlungen mit unseren Intentionen in Abgleich zu bringen. Es sind die Intentionen, für die wir Verantwortung übernehmen können – ob unsere Handlungen dann auch wirklich zu dem Effekt führen, den wir uns vorgenommen haben, hängt von zu vielen anderen Parametern ab, nicht zuletzt von den Mitmenschen, die betroffen oder involviert sind.

Mit anderen Worten: Wir versuchen in jedem Moment wieder, nach bestem Wissen und Gewissen zu handeln, um der beste Mensch zu sein, der wir sein können.[51]

Wo bin ich heute ins Nächstmögliche gegangen, um dem Wünschenswerten näher zu kommen?

Wenn das die Frage ist, mit der wir uns einbringen, kommt einiges in Bewegung. Und wenn Sie sich darüber mit anderen austauschen, da bin ich mir sicher, werden Sie eine Erfahrung machen: Wir können auch anders.

Dank

Es wird das letzte Buch sein. Das habe ich mir und meinen beiden Töchtern versprochen. Und war dabei jedes Mal so gerührt, wenn sie mir voller Inbrunst viel Energie gewünscht haben. Wie meine Eltern auch. Aus der Ferne oder als sie mal wieder den Laden zusammengehalten haben. Oder Jan – niemand könnte meine Intensität so galant und mit so viel Großzügigkeit lieben wie du: Was für ein Geschenk.

Überhaupt fühle ich mich unglaublich reich beschenkt mit vielen umwerfenden Menschen in meinem privaten und beruflichen Leben, die mit mir lachen und weinen, tanzen und toben, genießen und zupacken, streiten und Lösungen suchen, weiterdenken und sich dafür einsetzen, dass unsere Spezies über sich hinauswachsen kann. Meine Sissi und Mädels nah und fern, die Wohnis voller Anteilnahme, die NaSen-Plus als unermüdliches Energiefeld, der bunte Göpel-Meschede-Clan, Superredaktionen und irre schlaue Kolleg:innen, große Vorbilder und mitreißende Begegnungen: Ich bin, weil wir sind.

Mit Sophie Bunge hatte ich bis zu ihrer Babypause eine fantastische Tausendsassa zur Seite, die alles mit mir durchschritten hat. Und das war ganz schön viel in den letzten 18 Monaten. So ist auch das Buch ein Gemeinschaftswerk, das in intensiven Diskussionen und zig Textschleifen entstanden ist. Markus Jauer und Tanja

Ruzicska sind mit mir irreversible System-Thinker geworden, und ich durfte wieder viel lernen zum Lesefluss im Sachbuch. Tanja hat mal wieder die Goldmedaille verdient für das positiv motivierende Prozessmanagement und die irre Ausdauer. Durch ihren präzisen Umgang mit Sprache habe ich etliche Lernschleifen hingelegt.

Detlev Buck verdanke ich, dass wir diesen Titel nutzen dürfen – wunderbar!

Maria Barankow hat uns durch Tiefpunkte in Motivationshöhen gesteuert, Karsten Kredel und Julika Jänicke haben sich persönlich voll eingesetzt, und auch sonst erfahre ich von Ullstein immer nur Unterstützung.

So wie auch durch die vielen, vielen berührenden und inspirierenden Rückmeldungen aus unserer Gesellschaft, die mir jeden Tag zeigen, wo der Aufbruch in die Welt von morgen schon überall läuft.

Danke!

Literatur

Arthur, Brian: The Nature of Technology. What it is and how it evolves. New York/London/Toronto/Sydney 2011

Bentham, Jeremy: Eine Einführung in die Prinzipien der Moral und der Gesetzgebung, hrsg. von Otfried Höffe, Tübingen 1992

Bergheim, Stefan: Zukünfte – Offen für Vielfalt. Das Handbuch für den klugen Umgang mit dem Später, Berlin 2020

Binswanger, Mathias: Die Tretmühlen des Glücks. Wir haben immer mehr und werden nicht glücklicher. Was können wir tun?, Freiburg 2006

Boers, Niklas/Rypdal, Martin: »Critical slowing down suggests that the western Greenland Ice Sheet is close to a tipping point«, in: Proceedings of the National Academy of Sciences (PNAS), 17. 05. 2021, https://www.pnas.org/doi/full/10.1073/pnas.2024192118 (letzter Aufruf: 1. 6. 2022)

Borgmann, Albert: Technology and the character of contemporary life. A philosophical inquiery, Chicago 1987

Botkin, James W./Elmandjra, Mahdi/Malitza, Mircea: No Limits to Learning. Bridging the Human Gap. A Report to the Club of Rome, Oxord u. a. 1998 [1979]. In deutscher Übersetzung: dies.: Das menschliche Dilemma. Zukunft und Lernen, herausgegeben und eingeleitet von Aurelio Peccei, Präsident des Club of Rome, Wien/München/Zürich /Innsbruck 1979

Brockmann, Dirk: Im Wald vor lauter Bäumen. Unsere komplexe Welt besser verstehen, München 2021

Buckminster Fuller: The World Game. Integrative Resource Utilization Tool, Carbondale (Illinois) 1961

Carpenter, Stephen u. a.: »Early warnings of regime shifts: evaluation of spatial indicators from a whole-ecosystem experiment« in: *Ecosphere*, August 2014, Band 5, Heft 8, https://esajournals.onlinelibrary.wiley.com/doi/10.1890/ES13-00398.1 (letzter Aufruf: 1. 6. 2022)

Costanza, Robert u. a.: Sustainable Wellbeing Futures. A Research and Action Agenda for Ecological Economics, Cheltenham/Northampton 2020

Csíkszentmihályi, Mihály: Flow. Das Geheimnis des Glücks, Stuttgart 2015

Dörner, Dietrich: Die Logik des Misslingens. Strategisches Denken in komplexen Situationen, Reinbek bei Hamburg 2003

Dürr, Hans-Peter: »Teilhaben an einer unteilbaren Welt. Das ganzheit-

liche Weltbild der Quantenphysik«, in: Gerald Hüther/Christa Spannbauer (Hrsg.): Connectedness. Warum wir ein neues Weltbild brauchen, Bern 2012, S. 15–28
Dyllick-Brenzinger, Thomas/Muff, Katrin: »Clarifying the meaning of sustainable business: Introducing a typology from business-as-usual to true business sustainability«, in: *Organization and Environment*, 2015, S. 1–19, https://www.bsl-lausanne.ch/wp-content/uploads/2015/04/Dyllick-Muff-Clarifying-Publ-Online.full_.pdf (letzter Aufruf: 1. 6. 2022)
Eisler, Riane: »Die verkannten Grundlagen der Ökonomie. Wege zu einer Caring Economy«, Marburg 2020
El Ouassil, Samira/Karig, Friedemann: Erzählende Affen. Mythen, Lügen, Utopien – wie Geschichten unser Leben bestimmen, Berlin 2021
Franck, Georg: Ökonomie der Aufmerksamkeit. Ein Entwurf, München 1998
Fromm, Erich: Wege aus einer kranken Gesellschaft. Eine sozialpsychologische Untersuchung, München 2014
Gladwell, Malcolm: Der Tipping Point. Wie kleine Dinge Großes bewirken können, Berlin 2000
Goldin, Ian/Kutarna, Chris: Die zweite Renaissance. Warum die Menschheit vor dem Wendepunkt steht, München 2016
Gramsci, Antonio: Gefängnishefte, Kritische Gesamtausgabe, 10 Bände, hrsg. von Klaus Bochmann und Wolfgang Fritz Haug, Band 3, Hamburg 2012
Grüneberg, Annekathrin/Pechstein, Arndt/Spiegel, Peter/Ternès von Hattburg, Anabel (Hrsg.): Future Skills. Das Praxisbuch für Zukunftsgestalter, München 2021
Hardin, Garrett: Filters against Folly. How to survive despite Economists, Ecologists and the merely Eloquent, New York 1985
Hickel, Jason: Weniger ist mehr. Warum der Kapitalismus den Planeten zerstört und wir ohne Wachstum glücklicher sind, München 2022
Hirsch, Fred: Die sozialen Grenzen des Wachstums. Eine ökonomische Analyse der Wachstumskrise, Reinbek bei Hamburg 1980
Hirsch, Fred: Social Limits to Growth, Cambridge/Mass, 1976
Hobsbawm, Julia: Fully Connected. Surviving and Thriving in an Age of Overload, London u. a. 2017
International Social Science Council (ISSC)/UNESCO (Hrsg.): World social science report. Changing global environments, Paris 2013, https://unesdoc.unesco.org/ark:/48223/pf0000224677 (letzter Aufruf: 1. 6. 2022)
Jackson, Tim: Prosperity without Growth, London, Sterling 2009
Jackson, Tim: Wie wollen wir leben? Wege aus dem Wachstumswahn, München 2021

Kauffman, Stuart: Investigations, Oxford 2000
Keynes, John Maynard: »Wirtschaftliche Möglichkeiten für unsere Enkelkinder«, in: Norbert Reuter: Wachstumseuphorie und Verteilungsrealität. Wirtschaftspolitische Leitbilder zwischen Gestern und Morgen, 2. vollständig überarbeitete und aktualisierte Auflage, Marburg 2007. Online: https://kritisches-netzwerk.de/sites/default/files/John_Maynard_Keynes_Wirtschaftliche_Moeglichkeiten_fuer_unsere_Enkelkinder_1928.pdf (letzter Aufruf: 1. 6. 2022)
Krause, Johannes/Trappe, Thomas: Hybris. Die Reise der Menschheit: zwischen Aufbruch und Scheitern, Berlin 2021
Leicester, Graham: Transformative Innovation. A Guide to Practice and Policy, Axminster 2016
Lenton, Timothy M./Held, Hermann/Kriegler, Elmar/Hall, Jim W./Lucht, Wolfgang / Rahmstorf, Stefan / Schellnhuber, Hans Joachim: »Tipping elements in the Earth's climate system«, in: *PNAS*, Februar 2008: https://www.pnas.org/content/105/6/1786 (letzter Aufruf: 1. 6. 2022).
Lesch, Harald / Geißler, Karlheinz A./Geißler, Jonas: Alles eine Frage der Zeit. Warum die Zeit-ist-Geld-Logik Mensch und Natur teuer zu stehen kommt, München 2021
McAfee, Andrew: Mehr aus Weniger. Die überraschende Geschichte, wie wir mit weniger Ressourcen zu mehr Wachstum und Wohlstand gekommen sind und wie wir jetzt unseren Planeten retten, München 2020
Meadows, Donella: Die Grenzen des Denkens. Wie wir sie mit System erkennen und überwinden können, München 2019
Meadows, Donella: Thinking in Systems. A Primer, Vermont 2008
Mill, John: The Collected Works of John Stuart Mill, Band III, Principles of Political Economy, Teil II. Toronto Press 1848, https://oll.libertyfund.org/title/mill-the-collected-works-of-john-stuart-mill-volume-iii-principles-of-political-economy-part-ii#Mill_0223-03_602 (letzter Aufruf: 1. 6. 2022).
Möllers, Christoph: Freiheitsgrade, Berlin 2020
Mulgan, Geoff: The Imaginary Crisis (and how we might quicken social and public imagination), London 2020
Nassehi, Armin: Unbehagen. Theorie der überforderten Gesellschaft, München 2021
O'Brien, Karen: You matter more than you think. Quantum social change for a thriving world, Oslo 2021
Peccei, Aurelio: The Human Quality, Oxford/New York 1977
Pistor, Katharina: Der Code des Kapitals. Wie das Recht Reichtum und Ungleichheit schaffen, Berlin 2020
Polanyi, Karl: The Great Transformation. Politische und ökonomische

Ursprünge von Gesellschaften und Wirtschaftssystemen, Frankfurt am Main 2007 [1944]
Raskin, Paul u. a.: Great Tansition. Umbrüche und Übergänge auf dem Weg zu einer planetarischen Gesellschaft. Frankfurt am Main 2003
Reckhaus, Hans-Dietrich: Fliegen lassen. Wie man radikal und konsequent neu wirtschaftet, Hamburg 2020
Reckhaus, Hans-Dietrich: InsectRespect. Das Gütezeichen für einen weltweit neuen Umgang mit Insekten, 11., ergänzte und überarbeitete Auflage, Bielefeld 2021
Renn, Jürgen: The Evolution of Knowledge. Rethinking Science for the Anthropocene, Princeton 2020
Riel, Miller: Transforming the Future. Anticipation in the 21st Century, Paris u. a. 2018
Rockström, Johan u. a.: »A safe operating space for humanity«, in: *Nature*, Heft 461, 2009, S. 472–479, https://www.nature.com/articles/461472a (letzter Aufruf: 1. 6. 2022)
Samochowiec, Jakub: Future Skills. Vier Szenarien für morgen und was man dafür können muss, Gottlieb Duttweiler Institute, Rüschlikon, im Auftrag der Jacobs Foundation, Zürich 2020
Santarius, Tilman: Der Rebound-Effekt. Ökonomische, psychische und soziale Herausforderungen der Entkopplung von Energieverbrauch und Wirtschaftswachstum, Berlin 2015
Schelling, Thomas: »Dynamic Models of Segregation«, in: *Journal of Mathematical Sociology*, 1971, Band 1, S. 143–186. Online unter: https://www.stat.berkeley.edu/~aldous/157/Papers/Schelling_Seg_Models.pdf (letzter Aufruf: 1. 6. 2022)
Schürz, Martin: Überreichtum, Frankfurt am Main 2019
Sharpe, Bill: Three Horizons. The Patterning of Hope, Axminster 2020
Smil, Vaclav: Energy and Civilization. A History, Cambridge (Massachusetts)/London 2017
Solnit, Rebecca: Hope in the Dark. Untold Histories, Wild Possibilities, Chicago 2016
Stierand, Philipp: Speiseräume. Die Ernährungswende beginnt in der Stadt, München 2014
Thomä, Dieter: Warum Demokratien Helden brauchen. Plädoyer für einen zeitgemäßen Heroismus, Berlin 2019
Tomasello, Michael: Die kulturelle Entwicklung des menschlichen Denkens. Zur Evolution der Kognition, Frankfurt am Main 2006
Tomasello, Michael: Mensch werden. Eine Theorie der Ontogenese, Berlin 2020
Turner, Victor: Betwixt and Between. The Liminal Period in Rites de Passage, Seattle 1964
Westley, Frances u. a.: »Tipping toward Sustainability: Emerging Path-

ways of Transformation«, in: *Ambio*, Heft 40, 6. 10. 2011, S. 762–780, http://homerdixon.com/wp-content/uploads/2017/05/Tipping-Toward-Sustainability-Emerging-Pathways.pdf (letzter Aufruf: 1. 6. 2022)

Westley, Frances/Zimmermann, Brenda/Patton, Michael Quinn: Getting to Maybe. How the World is Changed, Toronto 2007

Wissenschaftlicher Beirat der Bundesregierung (WBGU): Globale Umweltveränderungen. Unsere gemeinsame digitale Zukunft, Berlin 2019

Young, Eric: Unveröffentlichte Rede. Kanada 2003, zitiert nach: Westley, Frances/Zimmerman, Brenda/Patton, Michael: Getting to Maybe. How the World is Changed, Toronto 2007

Anmerkungen und Quellen

Das größte Abenteuer der Menschheit

1 Rebecca Solnit: Hope in the Dark. Untold Histories, Wild Possibilities. Chicago 2016, S. XIV.
2 Erich Fromm: Wege aus einer kranken Gesellschaft. Eine sozialpsychologische Untersuchung, München 2014, S. 231.

Unser Betriebssystem

1 Frances Westley, Brenda Zimmerman, Michael Quinn Patton: Getting to Maybe. How the World is Changed, Toronto 2009, S. 7.
2 Hans-Peter Dürr: »Teilhaben an einer unteilbaren Welt. Das ganzheitliche Weltbild der Quantenphysik«, in: Gerald Hüther, Christa Spannbauer (Hrsg.): Connectedness. Warum wir ein neues Weltbild brauchen, Bern 2012, S. 15–28, hier S. 27.
3 Siehe die Beschreibung zum Vorgehen in Tanaland in: Dietrich Dörner: Die Logik des Misslingens. Strategisches Denken in komplexen Situationen, Reinbek bei Hamburg 2003, S. 22 f.
4 »Überall Tanaland«, in: *Der Spiegel*, 21/1975, S. 135 f., https://www.spiegel.de/kultur/ueberall-tanaland-a-fb5c21cc-0002-0001-0000-000041496567 (letzter Aufruf: 1. 6. 2022).
5 Dörner: Logik des Misslingens, S. 327.
6 Ein sehr zugängliches Buch über komplexe Systeme – denn darum geht es hier – stammt vom Leiter der am Robert Koch Institut angesiedelten Arbeitsgruppe Research on Complex Systems. Dirk Brockmann: Im Wald vor lauter Bäumen. Unsere komplexe Welt besser verstehen, München 2021.
7 Donella Meadows: Die Grenzen des Denkens. Wie wir sie mit System erkennen und überwinden können, München 2019, S. 266, Hervorhebung M. G.
8 Donella Meadows: Thinking in Systems. A Primer, Vermont 2008.
9 Wenn Sie Lust haben, spielerisch systemische Zusammenhänge zu erkunden oder zu vermitteln, bietet sich das System Thinking Playbook von Linda Booth Sweeney, Dennis Meadows und Gillian Martin Mehers an: https://www.klimamediathek.de/wp-content/uploads/giz2011-0588en-playbook-climate-change.pdf. Für Simu-

lationsspiele, wie es Tanaland war, oder solche, die mit Rollenspielen (*social simulations*) kombiniert sind, ist das Centre for Systems Solutions (CRS) ein auf Nachhaltigkeit spezialisierter Kooperationspartner: https://systemssolutions.org/ (letzter Aufruf: 1. 6. 2022).

10 Vgl. etwa: Ian Goldin, Chris Kutarna: Die zweite Renaissance. Warum die Menschheit vor dem Wendepunkt steht, München 2016.

11 Meadows: Die Grenzen des Denkens, S. 244. Empfehlenswerte Lektüre bieten auch: Gilbert Probst/Andrea M. Bassi: Tackling Complexity. A Systemic Approach for Decision Makers, London 2017; John Gribbin: Deep Simplicity. Chaos, Complexity and the Emergence of Life, London u. a. 2004; Graham Leicester: Transformative Innovation. A Guide to Practice and Policy, Axminster 2016. Für einen Einstieg in systemische Analysen und Strategien sowie weitere Quellen zum Thema siehe auch das vom Wuppertal Institut und dem Centre for Social Investment (CSI) herausgegebene System Innovation Handbook: https://www.soz.uni-heidelberg.de/wp-content/uploads/2019/02/SysInnoLab_2016_Handbook.pdf (letzter Aufruf: 1. 6. 2022).

12 Vgl. etwa Goldin/Kutarna: Die zweite Renaissance; Karl Polanyi: The Great Transformation. Politische und ökonomische Ursprünge von Gesellschaften und Wirtschaftssystemen, Berlin 2015; Wilhelm Rotthaus: Wir können und müssen uns neu erfinden. Am Ende des Zeitalters des Individuums – Aufbruch in die Zukunft, Heidelberg 2021; Klaus Schwab/Thierry Malleret: Covid-19. Der große Umbruch, Cologny/Genf 2020; Wissenschaftlicher Beirat der Bundesregierung Globale Umweltveränderungen (WBGU): Welt im Wandel. Gesellschaftsvertrag für eine Große Transformation, Hauptgutachten, Berlin 2011; Ernst Ulrich Weizsäcker/Anders Wijkman (Hrsg.): Wir sind dran. Club of Rome: Der große Bericht: Was wir ändern müssen, wenn wir bleiben wollen. Eine neue Aufklärung für eine volle Welt, Gütersloh 2017; sowie die 2015 veröffentlichte Publikation der Vereinten Nationen: »Transforming our World: The 2030 Agenda for Sustainable Development« https://sustainabledevelopment.un.org/post2015/transformingourworld/publication (letzter Aufruf: 1. 6. 2022).

13 Ugo Bardi: Vorwort, in: Donella Meadows: Die Grenzen des Denkens, München 2019, S. 19.

14 Wer sich für die genaue Lage der beiden Seen interessiert, gibt auf einem Onlinekartendienst folgende Koordinaten ein: 46°15‘07.3«N 89°30‘14.1«W.

15 Die Beschreibung und Auswertung des Experiments siehe: Stephen Carpenter u. a.: »Early warnings of regime shifts: evaluation of spatial indicators from a whole-ecosystem experiment«, in: *Ecosphere*,

August 2014, Band 5, Heft 8, https://esajournals.onlinelibrary.wiley.com/doi/10.1890/ES13-00398.1 (letzter Aufruf: 1. 6. 2022).

16 In seinem Aufsatz »Teilhaben an einer unteilbaren Welt« erklärt Hans-Peter Dürr diese Botschaft auf leicht zugängliche Weise bis in die Quantenphysik.

17 Dürr: »Teilhaben an einer unteilbaren Welt«, S. 18.

18 Siehe das im Januar 2021 durchgeführte Webinar des Umweltprogramms der Vereinten Nationen *Advancing the One Health response to Antimicrobial Resistance (AMR)*: https://www.unep.org/explore-topics/chemicals-waste/what-we-do/emerging-issues/antimicrobial-resistance-global-threat. Sowie den 2017 erschienen Bericht zur antimikrobiellen Resistenz: https://www.unep.org/resources/frontiers-2017-emerging-issues-environmental-concern (letzter Aufruf: 1. 6. 2022).

19 Siehe den Artikel von Natalie Wolchover: »Nature's Critical Warning System«, in: *Quantamagazine*, November 2015, https://www.quantamagazine.org/critical-slowing-warns-of-looming-disasters-20151118/ (letzter Aufruf: 1. 6. 2022).

20 Eine kompakte wissenschaftliche Beschreibung des Phänomens *critical slowing down* bietet die Plattform Systeminnovation: https://www.systemsinnovation.io/glossary/critical-slowing-down (letzter Aufruf: 1. 6. 2022).

21 Vgl. Victor Turner: Betwixt and Between. The Liminal Period in Rites de Passage, Seattle 1964, S. 4–20.

22 Antonio Gramsci: Gefängnishefte, Kritische Gesamtausgabe, Band 3, Hamburg 2012, S. 354.

23 Das Muster des *critical slowing down* dient in der Analyse diverser biologischer Systemen inzwischen zur Antizipation von Kipp-Punkten, so zum Beispiel auch in der Medizin. Siehe etwa: Ingrid A. van de Leemput u. a.: »Critical slowing down as early warning for the onset and termination of depression«, 9. 12. 2013, https://www.pnas.org/doi/10.1073/pnas.1312114110; sowie Matias I. Maturana u. a.: »Critical slowing down as a biomarker for seizure susceptibility«, 1. 5. 2020, https://www.nature.com/articles/s41467-020-15908-3 (letzter Aufruf: 1. 6. 2022).

24 Siehe Johan Rockström u. a.: »A safe operating space for humanity«, in: *Nature*, Heft 461, 2009, S. 472–479, https://www.nature.com/articles/461472a. Eine kritische Diskussion des Ansatzes und diverser Reaktionen aus den Natur- und Sozialwissenschaften inklusive Empfehlungen für die Weiterentwicklung siehe Frank Biermann und Rakhyun E. Kim: »The Boundaries of the Planetary Boundary Framework: A Critical Appraisal of Approaches to Define a ›Safe Operating Space‹ for Humanity«, in: *Annual Review of Environment*

and Resources, Oktober 2020, Band 45, S. 497–521, https://www.annualreviews.org/doi/10.1146/annurev-environ-012320-080337 (letzter Aufruf: 1. 6. 2022). Hier wird das Konzept verwendet, weil mit ihm genau das gelungen ist, was auch die kritischen Autoren bestätigen: Es liefert ein Symbol und bietet eine Referenz, die viele Forschungen aufeinander bezieht und einen Diskurs ermöglicht. Im Übrigen stellt keine der kritischen Studien zu Details der Messungen und regionalen Bestimmung der Planetaren Grenzen etc. die generelle Aussage infrage, dass es dringend Zeit ist, die zerstörerischen Trends aufzuhalten.

25 Siehe der Artikel auf den Seiten der Vereinten Nationen: https://news.un.org/en/story/2021/04/1090242 (letzter Aufruf: 1. 6. 2022).

26 Siehe hierzu die im Januar 2022 veröffentlichten Erkenntnisse des Stockholm Resilience Centre: https://www.stockholmresilience.org/research/research-news/2022-01-18-safe-planetary-boundary-for-pollutants-including-plastics-exceeded-say-researchers.html (letzter Aufruf: 1. 6. 2022).

27 Dörner: Logik des Misslingens, S. 78.

28 Vgl. die aufschlussreiche Darstellung von Stefan Gössling an der Lund Universität Schweden: https://www.vivavelo.org/fileadmin/inhalte/user_upload/Goessling_CBA_Auto-Fahrrad_0418.pdf sowie den diesbezüglichen Artikel in der *Zeit* von Andrea Reidl: https://www.zeit.de/mobilitaet/2022-01/soziale-kosten-strassenverkehr-auto-studie/komplettansicht (letzter Aufruf: 1. 6. 2022).

29 Das Ariadne Forschungsprojekt im deutschen Kopernikus-Konsortium hat 2021 für Deutschland Schäden in Höhe von 13–19 Prozent des BIP errechnet, die in unseren Bilanzen nicht registriert werden. Siehe den Beitrag vom 03. 06. 2021 in der *Zeitung für kommunale Wirtschaft*: https://www.zfk.de/politik/deutschland/umweltsteuern-koennten-bis-zu-564-mrd-euro-mobilisieren (letzter Aufruf: 1. 6. 2022).

30 Multisolving ist ein Begriff aus der internationalen Fachwelt, der in der Nachhaltigkeitsforschung insbesondere bei Studien, die mit Szenarien und möglichen Entwicklungspfaden arbeiten, angewendet wird. Beispiele für diese Herangehensweise finden sich etwa unter dem deutschen Begriff »Multigewinnstrategien« in dem vom WBGU publizierten Hauptgutachten »Landwende im Anthropozän. Von der Konkurrenz zur Integration«, Berlin 2020, https://www.wbgu.de/fileadmin/user_upload/wbgu/publikationen/hauptgutachten/hg2020/pdf/WBGU_HG2020_ZF.pdf. Auch in vielen Forschungsvorhaben, die Pfade für eine sozial-ökologische Transformation beschreiben, sind sie zu finden. Dabei geht es u. a. darum, wie die Anpassung an den Klimawandel mit sozialen und

weiteren ökologischen Zielen zu verbinden und ökonomisch tragfähig zu gestalten ist – siehe etwa Benedict Bueb u. a.: Towards Sustainable Adaptation Pathways. A Concept for Integrative Actions to Achieve the 2030 Agenda, Paris Agreement and Sendai Framework, publiziert vom Umweltbundesamt, Dessau-Roßlau 2021, https://www.umweltbundesamt.de/sites/default/files/medien/5750/publikationen/2020-07-07_cc_48-2021_towards_sustainable_adaptation_pathways_0.pdf. Einen ausführlichen Einblick in den Ansatz des Multisolving bietet auch das neu gegründete Multisolving Institute in den USA: https://www.multisolving.org (letzter Aufruf: 1. 6. 2022).

31 Robert Folger im Interview mit Lars Fischer: »Die Welt wird wieder untergehen«, in: *Spektrum*, 06. 05. 2021, https://www.spektrum.de/news/apokalypse-die-welt-wird-wieder-untergehen/1869820 (letzter Aufruf: 1. 6. 2022).

32 Das Video wurde inzwischen fast 23 Millionen Mal angeklickt: https://www.youtube.com/watch?v=GA8z7f7a2Pk (letzter Aufruf: 1. 6. 2022).

33 Siehe zu diesem Führungsverständnis den TED Talk des US-amerikanischen Autors, Unternehmers und früheren Musikers Derek Sivers, in dem er das Video als Anschauungsmaterial nutzt: https://www.ted.com/talks/derek_sivers_how_to_start_a_movement/transcript (letzter Aufruf: 1. 6. 2022).

34 Für eine Übersicht zu den Unterschieden zwischen sozialen und ökologischen Systemen, wie die Forschung zu *tipping points* in sozial-ökologischen Systemen verlaufen ist und welche Gemeinsamkeiten sich finden, siehe: Manjana Milkoreit u. a.: »Defining tipping points for social-ecological systems scholarships – an interdisciplinary literature review« https://iopscience.iop.org/article/10.1088/1748-9326/aaaa75, (letzter Aufruf: 1. 6. 2022): Um *tipping points* von anderen Kategorien strukturellen Wandels zu unterscheiden, wurden vier Merkmale festgesetzt: 1. *Multiple Stable States* (sie implizieren ein bestimmtes Ausmaß an Veränderung und eine strukturelle Neukonfiguration des Systems); 2. *Abruptness* (auch Nichtlinearität oder Disproportionalität zwischen Ursache und Wirkung); 3. *Feedbacks* (als systeminterne Treiber für den Wechsel zwischen den beiden Systemzuständen sowie als Zustandsstabilisatoren); und 4. *Irreversibility*. Die vierte Bedingung muss in dem Sinne abgeschwächt werden, dass begrenzte Reversibilität (Hysterese) und Irreversibilität auf einer für menschliche Gesellschaften relevanten Zeitskala ausreichen, um diese Bedingung zu erfüllen.

35 Vgl. Thomas Schelling: »Dynamic Models of Segregation«, in: *Journal of Mathematical Sociology*, 1971, Band 1, S. 143–186. Online

unter: https://www.stat.berkeley.edu/~aldous/157/Papers/Schelling_Seg_Models.pdf (letzter Aufruf: 1. 6. 2022).

36 Malcolm Gladwell: Der Tipping Point. Wie kleine Dinge Großes bewirken können, Berlin 2000.

37 Der wissenschaftliche Artikel, den Hans Joachim Schellnhuber gemeinsam mit anderen Klimawissenschaftler:innen dazu veröffentlichte, gehörte in den Folgejahren zu den am häufigsten zitierten Wissenschaftstexten überhaupt. Vgl. Timothy M. Lenton, Hermann Held, Elmar Kriegler, Jim W. Hall, Wolfgang Lucht, Stefan Rahmstorf, Hans Joachim Schellnhuber: »Tipping elements in the Earth's climate system«, in: *PNAS*, Februar 2008: https://www.pnas.org/content/105/6/1786 (letzter Aufruf: 1. 6. 2022).

38 Die wissenschaftliche Formulierung lautet: »Kipppunkte können allgemein als der Punkt oder Schwellenwert definiert werden, an dem kleine quantitative Veränderungen im System einen nichtlinearen Veränderungsprozess auslösen, der durch systeminterne Rückkopplungsmechanismen angetrieben wird und unweigerlich zu einem qualitativ anderen Zustand des Systems führt, der oft irreversibel ist. Dieser neue Zustand unterscheidet sich vom ursprünglichen durch seine grundlegend veränderten (positiven und negativen) zustandsstabilisierenden Rückkopplungen.« Vgl. Manjana Milkoreit u. a.: »Defining tipping points for social-ecological systems scholarship – an interdisciplinary literature review« https://iopscience.iop.org/article/10.1088/1748-9326/aaaa75. (letzter Aufruf: 1. 6. 2022).

39 Siehe Niklas Boers, Martin Rypdal: »Critical slowing down suggests that the western Greenland Ice Sheet is close to a tipping point«, in: Proceedings of the National Academy of Sciences (PNAS), 17. 05. 2021, https://www.pnas.org/doi/full/10.1073/pnas.2024192118 (letzter Aufruf: 1. 6. 2022).

40 Vgl. der Eintrag »Albedo« auf der Website von *Spektrum*: https://www.spektrum.de/lexikon/geographie/albedo/241 (letzter Aufruf: 1. 6. 2022).

41 Siehe dazu das aufschlussreiche Studienergebnis einer interdisziplinären Forschungsgruppe: Michaela D. King u. a.: »Dynamic ice loss from the Greenland Ice Sheet driven by sustained glacier retreat« in: *Communications Earth & Environment*, Heft 1, 2020, https://www.nature.com/articles/s43247-020-0001-2 (letzter Aufruf: 1. 6. 2022).

42 Die Rede von Severn Cullis-Suzuki siehe: https://www.youtube.com/watch?v=oJJGuIZVfLM. Wer die Rede vollständig auf Deutsch lesen will, findet sie hier: https://www.die-kunst-zu-leben.de/die-rede-von-severn-suzuki/ (letzter Aufruf: 1. 6. 2022).

43 2021 legte die Internationale Energieagentur (IEA) – ehemals ein

internationales Gremium zur Koordination der fossilen und nuklearen Energienutzung – eine Studie mit der Berechnung von Energiepfaden für Net Zero vor. Sie kommt zu dem Schluss, dass ein sofortiger Stopp der Exploration neuer Öl-, Kohle- und auch Erdgasvorkommen dafür nötig ist. https://www.iea.org/reports/world-energy-outlook-2021 (letzter Aufruf: 1. 6. 2022).

44 Siehe der ausführliche Bericht »Readiness for the Future of Production 2018« des Weltwirtschaftsforums, das die zukünftige *production readiness* von hundert Ländern analysiert und beschreibt: https://www3.weforum.org/docs/FOP_Readiness_Report_2018.pdf (letzter Aufruf: 1. 6. 2022).

45 Siehe der 2011 von Frances Westley und Kollegen an der Royal Swedish Academy of Science veröffentlichte Artikel in *Ambio*: »Tipping toward Sustainability: Emerging Pathways of Transformation«, S. 762–780. Hier steht die Frage im Vordergrund, »welche Bedingungen notwendig sind, um dem derzeitigen Lock-in zu entkommen«; http://homerdixon.com/wp-content/uploads/2017/05/Tipping-Toward-Sustainability-Emerging-Pathways.pdf (letzter Aufruf: 1. 6. 2022).

46 Siehe Paul Hawkens Antrittsrede an der University of Portland 2009: https://files.eric.ed.gov/fulltext/EJ1078017.pdf (letzter Aufruf: 1. 6. 2022).

47 Tim Jackson: Wie wollen wir leben? Wege aus dem Wachstumswahn, München 2021, S. 22.

48 Siehe beispielsweise das Interview »Wie schläft es sich im Bunker«, in: *Süddeutsche Zeitung*, 17. 05. 2010, https://www.sueddeutsche.de/reise/null-stern-hotel-in-der-schweiz-wie-schlaeft-es-sich-im-bunker-1.524239 (letzter Aufruf: 1. 6. 2022).

49 Hans-Dietrich Reckhaus: Fliegen lassen. Wie man radikal und konsequent neu wirtschaftet, Hamburg 2020, S. 19 f.

50 Siehe den Beitrag von Fabian Schmidt in der Deutschen Welle vom 30. 10. 2019: https://www.dw.com/de/m%C3%BCnchener-studie-best%C3%A4tigt-starkes-insektensterben-in-deutschland/a-51051311 (letzter Aufruf: 1. 6. 2022).

51 Siehe der 1970 im *New York Times Magazine* erschienene Aufsatz von Milton Friedman. Der Titel lautete: *The Social Responsibility of Business is to Increase its Profits*. http://websites.umich.edu/~thecore/doc/Friedman.pdf (letzter Aufruf: 1. 6. 2022).

52 Hans-Dietrich Reckhaus: InsectRespect. Das Gütezeichen für einen weltweit neuen Umgang mit Insekten, 11., ergänzte und überarbeitete Auflage, Bielefeld 2021, S. 202 – diese Passagen sind in vorherigen Auflagen nicht vorhanden.

53 Vgl. Thomas Dyllick-Brenzinger/Katrin Muff: »Clarifying the mea-

ning of sustainable business: Introducing a typology from business-as-usual to true business sustainability«, in: *Organization and Environment*, 2015, S. 1–19, https://www.bsl-lausanne.ch/wp-content/uploads/2015/04/Dyllick-Muff-Clarifying-Publ-Online.full_.pdf letzter Aufruf: 1. 6. 2022). Der Artikel bietet einen sehr guten Überblick über die Entwicklung der Praxis und Forschung zu nachhaltiger Unternehmenspraxis und welche Fehlstellen sowie Trends es gab und gibt. Die vielleicht nüchternste Aussage für eine Wissenschaftlerin – allerdings nicht zu überraschend nach mehreren Jahren Politikberatung aus der Wissenschaft – ist die, dass die meiste konzeptionelle Forschung die Managementpraxis nie wirklich erreicht.

54 Meadows: Die Grenzen des Denkens, S. 238.

55 Ein sehr spannender Forschungsbereich in diesem Feld widmet sich der Antizipation. Er untersucht, welche Rolle die Gegenwart auf unsere Vorstellungskraft von Zukünften hat – siehe etwa die Anticipation Conference der Arizona State University, die 2022 zum vierten Mal stattfinden wird: http://anticipationconference.org/series/ (letzter Aufruf: 1. 6. 2022). Eine für die Praxis aufbereitete Variante der Erkenntnisse nennt sich Futures Literacy, in diesem Bereich und aufgehängt bei der UNESCO sind inzwischen mehrere Professuren an Universitäten weltweit tätig. Ein wissenschaftliches Open-Access-Buch hat dazu Riel Miller geschrieben: Transforming the Future. Anticipation in the 21st Century, London 2018, https://www.taylorfrancis.com/books/oa-edit/10.4324/9781351048002/transforming-future-riel-miller (letzter Aufruf: 1. 6. 2022), in deutscher Sprache ist von Stefan Bergheim erschienen: Zukünfte. Offen für Vielfalt, Berlin 2020.

56 Samira El Ouassil/Friedemann Karig: Erzählende Affen. Mythen, Lügen, Utopien – wie Geschichten unser Leben bestimmen, Berlin 2021, S. 15. Wer Publikationen aus der Wissenschaft mag, kann auch das Buch auf Basis der Dissertation von Annick Hedlung-deWitt lesen: Worldviews and the transformation to sustainable societies. An exploration of the cultural and psychological dimensions of our global environmental challenges, Amsterdam 2013. Den Fokus auf unser Wirtschaftssystem legt David Korten mit seinem Buch »Change the Story, change the Future. Weltsichten und ökonomischer Wandel«, Palma de Mallorca 2015.

57 Vgl. die Zahlen des Flughafenverbands ADV https://www.adv.aero/service/downloadbibliothek/#vz (letzter Aufruf: 1. 6. 2022).

58 Siehe zum Beispiel die Arbeit der Klimaschutzorganisation Atmosfair – die zwar auch Kompensationen anbietet, aber immer nur als relative Verringerung des Schadens, wenn nicht verzichtet werden kann: www.atmosfair.de (letzter Aufruf: 1. 6. 2022).

59 Zu den synthetischen Energieträgern siehe den Artikel von Jan Rosenow und Richard Lowes: »Will blue hydrogen lock us into fossil fuels forever?«, in: *One Earth*, Band 4, Ausgabe 11, November 2021, S. 1527–1529; oder die Information des Institut für Energie- und Umweltforschung Heidelberg (ifeu) https://www.ifeu.de/service/nachrichtenarchiv/ifeu-studie-warnt-vor-nebenwirkungen-synthetischer-ptx-brennstoffe/; aufschlussreich ist auch der Podcast von Scientists for Future, Folge 13, Synthetische Treibstoffe: https://s4f-podcast.de/ sowie der Podcast Nebelhorn, Folge 4, Warum synthetische Kraftstoffe nicht die Lösung sind: https://s4f-hamburg.de/2020/12/21/synthetische-kraftstoffe/ (letzter Aufruf: 1. 6. 2022). Zu den Eingriffen in den Wasserhaushalt siehe: Klaus Stratmann: Schattenseite des Hoffnungsträgers: Produktion von Wasserstoff könnte Ressourcen gefährden«, https://www.handelsblatt.com/politik/deutschland/klimaneutralitaet-schattenseite-des-hoffnungstraegers-produktion-von-wasserstoff-koennte-ressourcen-gefaehrden/27063644.html?ticket=ST-2553155-heOWfLBYsyecgg-DUbGB4-ap2 (letzter Aufruf: 1. 6. 2022).

60 Die Attributionsforschung beschäftigt sich genau mit dieser Frage und hat in den letzten Jahren viele neue Berechnungen veröffentlicht. Eine Zusammenfassung mit Referenzen bietet das Deutsche Komitee Katastrophenvorsorge: https://www.dkkv.org/de/klimawandel-und-attributionsforschung (letzter Aufruf: 1. 6. 2022).

61 Vgl. »Shell verliert Klima-Prozess. Das Urteil von Den Haag und die Folgen«, in: *Deutschlandfunk*, 28.05.2021https://www.deutschlandfunk.de/shell-verliert-klima-prozess-das-urteil-von-den-haag-und-100.html; sowie die Pressemitteilung des Bundesgerichts: https://www.bundesverfassungsgericht.de/SharedDocs/Pressemitteilungen/DE/2021/bvg21-031.html (letzter Aufruf: 1. 6. 2022).

62 Vgl. https://www.tagesschau.de/wirtschaft/oecd-mindeststeuer-101.html (letzter Aufruf: 1. 6. 2022).

63 Zu regenerativen Geschäftsmodellen siehe den Bericht »Tomorrow's Capitalism. The 2020s Leadership Agenda« von John Elkington und Richard Roberts: https://volans.com/wp-content/uploads/2019/11/TC-2020s-Leadership-Agenda.pdf (letzter Aufruf: 1. 6. 2022), zentrale Akteursnetzwerke in der Unternehmensbewertung sind die Value Balancing Alliance, die Capital Coalition oder auch die Regionalwert AG mit dem Projekt Quarta Vista.

64 Thomas Schelling: Dynamic Models of Segregation, S. 146. Online unter: https://www.stat.berkeley.edu/~aldous/157/Papers/Schelling_Seg_Models.pdf (letzter Aufruf: 1. 6. 2022).

65 Vgl. den Artikel von Felix Creutzig u. a.: »Demand-side solutions to climate change mitigation consistent with high levels of well-being«,

in: *Nature Climate Change*, Heft 12, 2022, S. 36–46, https://www.nature.com/articles/s41558-021-01219-y (letzter Aufruf: 1. 6. 2022).

66 F. Geels, A. McMeekin, J. Mylan, D Southerton: »A critical appraisal of Sustainable Consumption and Production research. The reformist, revolutionary and reconfiguration positions«, in: Global Environmental Change, Band 34, 2015, S. 1–12, hier S. 2.

67 Vgl. hier und im Folgenden die Darstellung bei Bjørn Thomassen: Liminality and the Modern. Living Through the In-Between, Farnahm 2014, S. 113–141.

68 Vgl. Robert Folger im Interview mit Lars Fischer: »Die Welt wird wieder untergehen«, in: *Spektrum*, 06. 05. 2021, https://www.spektrum.de/news/apokalypse-die-welt-wird-wieder-untergehen/1869820 (letzter Aufruf: 1. 6. 2022).

Wie wir den Betrieb ändern

1 Meadows: Die Grenzen des Denkens, S. 43.

2 Riane Eisler: Die verkannten Grundlagen der Ökonomie. Wege zu einer Caring Economy, Marburg 2020, S. 163.

3 Siehe die Seite www.landlord-games.com, wo ausführliche Informationen zur historischen Entwicklung des Brettspiels zu finden sind – so auch der Text zur Patentanmeldung: https://landlordsgame.info/rules/lg-1904p_patent.html (letzter Aufruf: 1. 6. 2022).

4 Henry George: Fortschritt und Armut, Düsseldorf 1959, S. 299 f.

5 Zitiert nach Mary Pilon, deren Buch »The Monopolists« die Entstehungsgeschichte des Spiels erzählt. Vgl. Mary Pilon: »Monopoly was designed to teach the 99 % about income inequality«, in: Smithsonian Magazine, Januar 2015, https://www.smithsonianmag.com/arts-culture/monopoly-was-designed-teach-99-about-income-inequality-180953630/ (letzter Aufruf: 1. 6. 2022).

6 Zitiert aus den Spielregeln der Version von 1906, siehe dort unter »The Monarch of the World«: https://landlordsgame.info/games/lg-1906/lg-1906_egc-rules.html (letzter Aufruf: 1. 6. 2022).

7 Vgl. Meadows: Die Grenzen des Denkens, S. 191.

8 Ebenda, S. 170 ff.

9 Ebenda, S. 171.

10 Vgl. Elizabeth Magies Spielversion aus dem Jahr 1906: https://landlordsgame.info/games/lg-1906/lg-1906_egc-rules.html (letzter Aufruf: 1. 6. 2022).

11 Eine kurze Zusammenfassung der Geschichte, wie aus *The Land-*

lord's Game das heutige *Monopoly* wurde, findet sich bei Michael Prüller: »Profit statt Reform«, Zeitschrift »Humane Wirtschaft« Nr. 3/2008, S. 46–49, https://www.humane-wirtschaft.de/03-2008/prueller_monopoly-teil2.pdf (letzter Aufruf: 1. 6. 2022).

12 Vgl. ebenda, S. 47.

13 Vgl. Mary Pilon: Monopoly was designed, https://www.smithsonianmag.com/arts-culture/monopoly-was-designed-teach-99-about-income-inequality-180953630/ (letzter Aufruf: 1. 6. 2022).

14 Aurelio Peccei, Vorwort, in: James W. Botkin/Mahdi Elmandjra/Mircea Malitza: No Limits to Learning. Bridging the Human Gap. A Report to the Club of Rome, Oxford (u. a.) 1979, S. XIII.

15 Vgl. beispielsweise die Analyse in: Klaus Busch/Christoph Hermann/Karl Hinrichs/Thorsten Schulten: Eurokrise, Austeritätspolitik und das europäische Sozialmodell, Berlin 2012 https://library.fes.de/pdf-files/id/ipa/09444.pdf (letzter Aufruf: 1. 6. 2022).

16 Siehe das Memo zu »Jugend in Bewegung« der Europäischen Kommission vom 15. 9. 2010, https://ec.europa.eu/commission/presscorner/detail/de/MEMO_10_408 (letzter Aufruf: 1. 6. 2022).

17 Stephen Hawking im »Millennium Interview« in: San Jose Mercury News, 23. 1. 2000.

18 Paul Raskin u. a.: Great Transition. Umbrüche und Übergänge auf dem Weg zu einer planetarischen Gesellschaft. Frankfurt am Main 2003, https://greattransition.org/documents/gt_deutsch.pdf, S. 19, (letzter Aufruf: 1. 6. 2022).

19 Vgl. Stefan Schmitt: »Der Pate unseres Erdzeitalters«, in: *Zeit*, 3. 2. 2022, https://www.zeit.de/2021/06/paul-crutzen-ozonloch-klimawandel-atmosphaerenforscher-nachruf/komplettansicht (letzter Aufruf: 1. 6. 2022)

20 Vgl. den »urgent call for action« auf der Seites des Gipfeltreffens der Nobelpreisträger: https://www.nationalacademies.org/news/2021/04/nobel-prize-laureates-and-other-experts-issue-urgent-call-for-action-after-our-planet-our-future-summit (letzter Aufruf: 1. 6. 2022).

21 Jakub Samochowiec: Future Skills. Vier Szenarien für morgen und was man dafür können muss. Gottlieb Duttweiler Institute, Rüschlikon, im Auftrag der Jacobs Foundation, Zürich 2020, https://jacobsfoundation.org/publication/future-skills/ (letzter Aufruf: 1. 6. 2022).

22 Ein relativ neues Forschungsgebiet, das sich explizit mit der Frage beschäftigt, wie Menschen ihre Vorstellung von Zukunft bei Entscheidungen in der Gegenwart nutzen, ist die Antizipationsforschung. Einblicke ermöglicht die Konferenzserie Anticipation 2022: http://anticipationconference.org/about-2022/; sowie eine Buch-

serie. Der erste Band des italienischen UNESCO Chair in Anticipcatory Systems bietet einen Überblick: Roberto Poli: Introduction to Anticipation Studies, Cham 2017 (letzter Aufruf: 1. 6. 2022).

23 Bill Sharpe: Three Horizons. The Patterning of Hope, Axminster 2020.

24 Ebenda, S. 5.

25 Vgl. die wunderbar auf den Punkt gebrachte Darstellung des International Futures Forum (IFF), auf die ich hier zurückgreife: www.internationalfuturesforum.com/three-horizons (letzter Aufruf: 1. 6. 2022).

26 Siehe diese Definition von Zukunftsforschung von Rolf Kreibich: Zukunftsforschung. Arbeitsbericht Nr. 23/2006, IZT, Berlin 2006, S. 3. Für eine Übersicht siehe auch: Karlheinz Steinmüller: Grundlagen und Methoden der Zukunftsforschung. Szenarien. Delphi, Technikvorschau. Gelsenkirchen 1997, https://www.prozukunft.org/buecher/18008 (letzter Aufruf: 1. 6. 2022).

27 Da es mich stark erstaunt, wie offensiv gerade aus Kreisen von Ökonom:innen behauptet wird, dass die Szenarien des Club of Rome an der Realität vorbei berechnet worden seien, hier zwei Quellen, die mit heutigen Daten nachgerechnet haben: https://limits2growth.org.uk/wp-content/uploads/Jackson-and-Webster-2016-Limits-Revisited.pdf sowie https://advisory.kpmg.us/articles/2021/limits-to-growth.html (letzter Aufruf: 1. 6. 2022). Darüber hinaus ging es in diesem Modell nie darum, eine exakte numerische Prognose von Ressourcenbeständen anzubieten, sondern das degradierende Zusammenspiel der unterschiedlichen Trends von Industrialisierung, Ressourcennutzung, Bevölkerungswachstum, Verschmutzung und Verfügbarkeit von Land für Nahrungsmittelproduktion herauszustellen.

28 Wer sich für diesen Zugang zur Analyse komplexer Systeme interessiert, kann dem in Dirk Brockmanns Buch »Im Wald vor lauter Bäumen« mit vielen Anekdoten und eindrücklichen Zeichnungen nachgehen.

29 Aurelio Peccei: The Human Quality, Oxford/New York 1977, S. 95.

30 James W. Botkin/Mahdi Elmandjra/Mircea Malitza: No Limits to Learning. Bridging the Human Gap. A Report to the Club of Rome, Oxford (u. a.) 1979. In deutscher Übersetzung zu finden unter: Das menschliche Dilemma. Zukunft und Lernen, herausgegeben und eingeleitet von Aurelio Peccei, Präsident des Club of Rome, Wien/München/Zürich/Innsbruck 1979.

31 Vgl. James W. Botkin u. a.: Limits to Learning, S. 43–44.

32 Vgl. Jamila Haider u. a.: The undisciplinary journey: early-career perspectives in sustainability science, https://www.ncbi.nlm.nih.gov/pmc/articles/PMC6086269 (letzter Aufruf: 1. 6. 2022).

33 Aus der Initiative der Doktorand:innen ist inzwischen ein Netzwerk

von Initiativen geworden, die der Frage nachgehen, wie die Art, Wissenschaft zu betreiben, auch der Art der Veränderung entsprechen kann, die die systemische Forschung empfiehlt. Siehe z.B. die Care Operative: https://i2insights.org/author-tag/the-care-operative/; sowie O. Care: »Creating leadership collectives for sustainability transformations«, in: Sustainability Science, ,4. 3. 2021, https://link.springer.com/article/10.1007/s11625-021-00909-y (letzter Aufruf: 1. 6. 2022).

34 In einem Podcast zum Thema Transformative Bildung betont Birgit Brenner vom EPIZ – Zentrum für Globales Lernen e. V wiederholt die Wichtigkeit des Ver-Lernens für Global Citizenship Education: https://ich-wir-alle.com/alle-folgen/details/111-folge-podcast-birgit-brenner-transformative-bildung (letzter Aufruf: 1. 6. 2022).

35 Diese Perspektive nimmt auch der OECD Lernkompass 2030 ein, einem in Deutschland auch von diversen Stiftungen geförderten OECD-Projekt namens »Future of Education and Skills 2030. Rahmenkonzept des Lernens«. Der vielleicht eindrücklichste Satz darin war für mich folgender: »Einige Bildungsexpertinnen und -experten haben darauf hingewiesen, dass die meisten Lernenden im 21. Jahrhundert nach wie vor von Lehrkräften mittels pädagogischer Methoden des 20. Jahrhunderts in schulischen Einrichtungen des 19. Jahrhunderts unterrichtet werden.«, siehe ebenda, S. 11. Die Tabelle auf S. 15 fasst das wunderbar zusammen: https://www.oecd.org/education/2030-project/contact/OECD_Lernkompass_2030.pdf (letzter Aufruf: 1. 6. 2022).

36 Jürgen Renn: The Evolution of Knowledge. Rethinking Science for the Anthropocene, Princeton 2020, S. XVI.

37 Ebenda, S. 13.

38 Diese konstitutive Wirkung von (wissenschaftlichen) Theorien, Begriffen und Methoden auf Wirklichkeit hat der deutsche Soziologe Armin Nassehi als eine gewisse »Verstrickung« selbiger mit dem von ihnen gefassten Gegenstand beschrieben: »Was wir sehen, hängt stark von den Kategorien, Unterscheidungen und Begriffen ab, die wir dabei verwenden. Das gilt für jegliche Art kognitiver Verarbeitung von Informationen und Daten – und das gilt in besonderem Maße für solche wissenschaftlichen Operationen, die Entscheidungen darüber treffen, was sie sich überhaupt ansehen sollen.« Siehe Armin Nassehi: Unbehagen. Theorie der überforderten Gesellschaft, München 2021, hier S. 23.

39 Geoff Mulgan: The imaginary crisis – and how we might quicken social and public imagination, 8. 4. 2020, https://www.geoffmulgan.com/post/social-imagination (letzter Aufruf: 1. 6. 2022)

40 International Social Science Council (ISSC)/UNESCO (Hrsg.): World social science report. Changing global environments, Paris

2013, S. 69, https://unesdoc.unesco.org/ark:/48223/pf0000224677 (letzter Aufruf: 1. 6. 2022).

41 Riel Miller: Transforming the Future. Anticipation in the 21st Century, Paris u. a. 2018, S. 15. Vgl. vom selben Autor: »Futures literacy: A hybrid strategic scenario method«, in: Futures 39 (2007), S. 341–362. Einen guten ersten Einblick gibt die Future-Literacy-Seite der UNESCO: https://en.unesco.org/futuresliteracy/about (letzter Aufruf: 1. 6. 2022). Wer sich in deutscher Sprache einlesen will, wird hier fündig: Stefan Bergheim: Zukünfte – Offen für Vielfalt. Das Handbuch für den klugen Umgang mit dem Später, Berlin 2020.

42 Siehe die Erklärung der Konferenz der Vereinten Nationen über menschliche Umwelt, 1972, Paragraph 1, http://www.un-documents.net/unchedec.htm (letzter Aufruf: 1. 6. 2022).

43 Vgl. den 1987 erstellten Bericht »Report of the World Commission on Environment and Development: Our Common Future«, http://www.un-documents.net/our-common-future.pdf (letzter Aufruf: 1. 6. 2022).

44 Samochowiec: Future Skills, S. 4.

45 Um nur einige dieser Konzepte und Programme zu nennen: Global Citizenship Education, Bildung für Nachhaltige Entwicklung, Future Skills oder Digitale Intelligenz.

46 Siehe das Hauptgutachten des Wissenschaftlichen Beirats der Bundesregierung (WBGU): Globale Umweltveränderungen. Unsere gemeinsame digitale Zukunft, Berlin 2019; hier werden auch noch weitere Kompetenzen genannt: systemisches Denken; Kreativität und die Fähigkeit, komplexe Probleme zu lösen; emotionale Intelligenz; Reflexivität; Zukunftsvorstellungen; Technikwissen, Medienbildung. Eine Übersicht der Konzepte und ihrer Umsetzung haben Annekathrin Grüneberg, Arndt Pechstein, Peter Spiegel und Anabel Ternès von Hattburg in einem Band mit 69 Beiträgen herausgegeben: Future Skills. Das Praxisbuch für Zukunftsgestalter, München 2021.

47 Westley u. a.: Tipping toward Sustainability, S. 763.

48 John Stuart Mill: The Collected Works of John Stuart Mill, Band III, Principles of Political Economy, Teil II, Toronto 1848. Hier: Kapitel IV, Of the Stationary State, § 1.

49 Vgl. »Goldman-Sachs-Chef bekommt Aktienoptionen in Millionenhöhe«, *Spiegel*, 06. 02. 2010, https://www.spiegel.de/wirtschaft/unternehmen/bonuszahlungen-goldman-sachs-chef-bekommt-aktienoptionen-in-millionenhoehe-a-676322.html; oder auch: David Ellis: »Goldman's Blankfein collects $ 68M bonus« in: *CNN Money*, 21. 12. 2007, https://money.cnn.com/2007/12/21/news/newsmakers/blankfein_bonus/ (letzter Aufruf: 1. 6. 2022).

50 Vgl. »Blankfein Says He's Just Doing ›God's Work‹« in: *New York*

Times, 9. 11. 2009: https://dealbook.nytimes.com/2009/11/09/goldman-chief-says-he-is-just-doing-gods-work/ (letzter Aufruf: 1. 6. 2022).

51 Ein eindrucksvolles Beispiel für die herablassende Selbstverständlichkeit, mit der diese oberflächliche Geschichte immer wiederholt wird und damit die längst viel differenziertere Diskussion in internationalen Institutionen, Thinktanks und Unternehmenskreisen nicht nur ignoriert, sondern diffamiert, findet sich hier: https://m.faz.net/aktuell/wirtschaft/bundesregierung-will-wohlstand-anders-messen-mehr-wachstum-wagen-17744202.html. Wer sich für die differenzierte Diskussion interessiert, kann beim New Economy Forum folgenden OECD-Report von Michael Jacobs auch auf Deutsch herunterladen: https://newforum.org/innovation-lab/jenseits-des-wachstums-auf-dem-weg-zu-einem-neuen-okonomischen-ansatz/ (letzter Aufruf: 1. 6. 2022).

52 Vgl. Johannes Krause/Thomas Trappe: Hybris. Die Reise der Menschheit: zwischen Aufbruch und Scheitern, Berlin 2021. Die beiden Autoren kommen nach einem knapp 300-Seiten-Ritt durch die genetischen, klimatischen und epidemiologischen Einflüsse auf unsere Entwicklung zu einem ernüchternden Schluss: Die »Biologie eines Wesens, das seine einmalige Erfolgsgeschichte allein einem unfassbar kompetitiven Organ zwischen seinen Ohren verdankt« (S. 291), stünde einem gerechten Teilen und Regenerieren der begrenzten Ressourcen leider entgegen. Da unsere Kultur, »deren Logik des Höher, Weiter, Besser« (S. 292), nicht nur Folge unserer genetischen Entwicklung, sondern auch deren Voraussetzung gewesen sei, werde die »Rettung der menschlichen Zivilisation (…), wie sollte es anders sein, eine kulturelle Leistung sein – eine, von der unsere Nachfahren vielleicht genauso ehrfürchtig berichten, wie wir heute über die ersten Höhlenmalereien der Steinzeitmenschen reden.« (S. 298).

53 Die Präsentation ist öffentlich zugänglich unter: https://assets.bwbx.io/documents/users/iqjWHBFdfxIU/rim9z3X.NpYk/vo (letzter Aufruf: 1. 6. 2022).

54 Ebenda.

55 Vgl. Marcus Theurer: »Kritik am Wechsel zu Goldman Sachs«, *FAZ*, aktualisiert am 10. 07. 2016, https://www.faz.net/aktuell/wirtschaft/menschen-wirtschaft/kritik-an-wechsel-von-jose-manuel-barroso-zu-goldman-sachs-14333977.html (letzter Aufruf: 1. 6. 2022).

56 Natürlich gilt auch das Argument, dass wir im Vergleich zu früher heute länger leben und besser medizinisch überwacht werden. Dennoch liegen eindeutige Studien zu den Folgen von ungesunder Ernährung und Bewegungsmangel vor, genauso wie diskutiert wird, ob Anbieter von Fast Food und Fertignahrung dafür eine Verantwortung tragen oder ob die Menschen überhaupt die freie Wahl

haben. In diesen Debatten sollten auch die Studien zu Marktmacht, Preisdumping und Marketing berücksichtigt werden. Der Wissenschaftliche Beirat der Bundesregierung Globale Umweltveränderungen hat diese Debatte 2021 in einem vierseitigen Impulspapier zusammengefasst: https://www.wbgu.de/de/publikationen/publikation/impulspapier-health. Im Dezember 2019 erschien im internationalen medizinischen Journal *The Lancet* zum Thema Gesundheit und Ernährung eine gute Zusammenfassung der Debatte aus systemischer Sicht: »The Double Burden of Malnutrition (Die doppelte Last der Fehlernährung)«: https://www.thelancet.com/series/double-burden-malnutrition (letzter Aufruf: 1. 6. 2022).

57 Siehe etwa Tim Jackson: »Der ›abnehmende Grenznutzen‹ von Gütern (und des Einkommens selbst) spiegelt die Tatsache wider, dass ein Mehr an etwas in der Regel weniger zusätzliche Befriedigung bringt«, vgl. Tim Jackson: Prosperity without Growth, London, Sterling 2009, S. 38; oder auch: Tim Jebb u. a.: »Happiness, income satiation and turning points around the world«, in: *Nature Human Behaviour*, Bd. 2, Januar 2018, S. 33–38 https://www.nature.com/articles/s41562-017-0277-0 (letzter Aufruf: 1. 6. 2022).

58 Mit derartigen Befunden haben der Soziologe Martin Schröder und sein Team die gesamten seit Mitte der 1980er-Jahre im Deutschen Institut für Wirtschafsforschung erhobenen Umfragedaten des Sozioökonomischen Panels ausgewertet: »Wann sind wir wirklich zufrieden? Überraschende Erkenntnisse zu Arbeit, Freizeit, Liebe, Kindern, Geld«, München 2020. Die Datensätze umfassen Fragen zu Arbeit, Freizeit, Einkommen, Beziehungen, Wertvorstellungen und sind in ihrem Umfang international einzigartig. Auf der Webseite https://www.leben-in-deutschland.de/ finden sich themenbezogene Auswertungen. Hintergrundinformationen zu Methodik und Prozessen können über die Webseite des DIW eingesehen werden: https://www.diw.de/de/soep (letzter Aufruf: 1. 6. 2022)

59 Depressionen sind natürlich durch unterschiedliche Einflüsse geprägt und kommen nicht nur in reichen Ländern vor. Eine Erläuterung der Symptomatik und Länderrankings finden sich hier: https://worldpopulationreview.com/country-rankings/depression-rates-by-country. Beobachtet wird, dass die Zahlen gerade in reichen Ländern zunehmen, bei denen durch bessere Gesundheit und materielle Absicherung das Gegenteil zu erwarten wäre. Zum Teil mag das an besserer Diagnose liegen. Burn-out als eine Überlastungsdiagnose wird allerdings direkt mit sozialen und kulturellen Ansprüchen oder zu vielen Aufgaben in Verbindung gebracht, laut einer Studie der Organisation Development Dimensions International hatten in der Pandemie 60 Prozent der Führungskräfte diese

Symptome. Siehe den zusammenfassenden Artikel bei Forbes: https://www.forbes.com/sites/edwardsegal/2021/02/17/leaders-and-employees-are-burning-out-at-record-rates-new-survey/?sh=62842f964999. Interessant ist, welche Sorgen durch das Überlastungsgefühl ausgelöst wird: die »Fähigkeit, zu konkurrieren und erfolgreich zu sein«. (letzter Aufruf: 1. 6. 2022).

60 Jeremy Bentham: Eine Einführung in die Prinzipien der Moral und der Gesetzgebung, hrsg. von Otfried Höffe, Tübingen 1992, S. 55.

61 Mill: Principles, Chapter IV, Of the Stationary State, § 2.

62 Ebenda.

63 John Maynard Keynes: »Wirtschaftliche Möglichkeiten für unsere Enkelkinder«, in: Norbert Reuter: Wachstumseuphorie und Verteilungsrealität. Wirtschaftspolitische Leitbilder zwischen Gestern und Morgen, 2. vollständig überarbeitete und aktualisierte Auflage, Marburg 2007. Online: https://kritisches-netzwerk.de/sites/default/files/John_Maynard_Keynes_Wirtschaftliche_Moeglichkeiten_fuer_unsere_Enkelkinder_1928.pdf (letzter Aufruf: 1. 6. 2022).

64 Ebenda, S. 141.

65 Ebenda, S. 142.

66 Fabrizio Zilibotti: Economic Possibilities for our Grandchildren. 75 years After: A Global Perspective, in: Lorenzo Pecchi/Gastavo Piva (Hrsg.): Revisiting Keynes. Economic Possibilities for our Grandchildren, Cambridge 2010, S. 28.

67 Laut Our World in Data arbeiteten Deutsche im Jahr 1929 insgesamt 2128 Stunden, im Jahr 2017 dagegen nur noch 1354 Stunden. Das ist der geringste Wert weltweit. In Großbritannien lagen die Werte bei 2257 zu 1670 Stunden, in den USA bei 2316 zu 1757 Stunden. https://ourworldindata.org/working-more-than-ever (letzter Aufruf: 1. 6. 2022).

68 Laut Weltbank beförderte der internationale Luftverkehr im Jahr 2019 insgesamt 4,5 Milliarden Menschen. Siehe: https://data.worldbank.org/indicator/IS.AIR.PSGR. Die Weltbevölkerung lag im Jahr 1930 bei 2,1 Milliarden Menschen. Siehe: https://ourworldindata.org/world-population-growth#how-has-world-population-growth-changed-over-time (letzter Aufruf: 1. 6. 2022).

69 Julia Hobsbawm: Fully Connected. Surviving and Thriving in an Age of Overload, London u. a. 2017, S. 18.

70 Lewis Carroll: Alice hinter den Spiegeln, Wien/Leipzig/New York 1923, S. 26.

71 Fred Hirsch: Social Limits to Growth, Cambridge/Mass, 1976. Auf Deutsch erschienen unter: Die sozialen Grenzen des Wachstums. Eine ökonomische Analyse der Wachstumskrise, Reinbek bei Hamburg 1980.

72 Hirsch: Social Limits, S. 7. Mit einem kleinen Seitenhieb auf die moderne Ökonomie hält Hirsch fest, dass in einer positionalen Gesellschaft im Zweifel eben nicht das Beste, sondern das am besten Positionierte den Ton angibt: »Die Produkte der Wirtschaftszahlen-Fabrik erfreuen sich einer regen Nachfrage; und der wirtschaftliche Anreiz, die effektive Nachfrage zu bedienen, ist für die Wirtschaft selbst nicht aufgehoben. Auch die Ökonomen sind nicht vor dem Instinkt der Gewerkschafter gefeit; auch sie beurteilen den sozialen Wert ihrer Leistung nach dem Wohlstand und dem Ansehen, das sie ihrem Beruf bringt.«, ebenda.

73 Ebenda, S. 10, Hervorhebungen von der Autorin. Hier ist wichtig zu unterscheiden, dass Hirsch sein Buch vor dem Aufstieg des globalisierten Finanzkapitalismus geschrieben hat. In wenigen Jahren Millionen oder gar Milliarden mit einem Produkt oder Song verdienen zu können, war damals noch nicht gängig.

74 Diese Beobachtung stellt auch Karl Polanyi ins Zentrum seines 1944 erschienen und oft zitierten Buchs »*The Great Transformation*«: Märkte gab es immer in unterschiedlichen Formen und eingebettet in übergeordnete gesellschaftliche Prinzipien. Die Utopie, ganze Gesellschaften als Märkte zu organisieren, hält er für eine grundlegende Denkfigur, nach der bisherige Gesellschaftsstrukturen neu ausgerichtet wurden, in denen Mensch, Natur und Geld dann als Waren wahrgenommen und organisiert werden.

75 Hirsch: Social Limits, S. 183.

76 Vgl. ebenda, S. 188 (zu Hayek und Burke), S. 8 (zu den individuellen Bewertungen).

77 Ebenda, S. 8, S. 190.

78 Hier zitiert Hirsch den US-amerikanischen Ökonom William Vickrey. Vgl. Hirsch: Social Limits, S. 189.

79 Dan Buettner, der die Titelstory damals für *National Geographic* schrieb, hat seine Erkenntnisse aus der Recherche später weiter vertieft und in mehreren Büchern verarbeitet und ein eigenes Institut namens Blue Zones gegründet. Eine ausführlichere Beschreibung der Gemeinsamkeiten der Regionen findet sich hier: Dan Buettner: »Power 9. Reverse Engineering Longevity« https://www.bluezones.com/2016/11/power-9/ (letzter Aufruf: 1. 6. 2022).

80 Mihály Csíkszentmihályi: Flow. Das Geheimnis des Glücks, Stuttgart 2015, S. 16 f.

81 Ebenda, S. 233–235. Interessanterweise kam der Forscher mit einer Fragestellung zu diesem Ergebnis, die gar nicht auf individuelles Wohlergehen ausgerichtet war. Vielmehr schwebte ihm eine evolutionäre Betrachtung von modernen Gesellschaften im 21. Jahrhundert vor. Er beobachtete Parallelen zwischen dem Differenzierungs-

und Konkurrenzdruck in menschlichen Gemeinschaften und dem evolutionären Druck von Organismen, sich aus ihrem Umfeld so viel Energiezufuhr wie möglich zu sichern. Wird dem Druck nicht durch einhegende Aktivitäten – balancierende Rückkopplungsschleifen – entgegengewirkt, kann es zum Zusammenbruch der Umwelt kommen. Nach Csíkszentmihályi sind die harmoniesteigernden Tätigkeiten bei Menschen zum Glück oft mit einem Flow-Erleben gekoppelt (Vgl. ebenda, S. 232).

82 Ebenda, S. 207.

83 Vgl. ebenda, S. 232–248. Csíkszentmihályi ergänzt: »Der Durchschnittmensch setzt eine bestimmte Aktivität nur fort, wenn sie Flow-Erlebnisse bietet – oder wenn er durch äußere Belohnungen oder Bestrafungen dazu veranlasst wird«, hier S. 248.

84 Ebenda, S. 232.

85 Zu diesem Gedankenexperiment siehe auch den Bericht des Vermögensverwaltungsunternehmens IIFL Wealth: IIFL Wealth Management Wealth Index 2018, https://www.iiflwealth.com/wealth-x-2018 (letzter Aufruf: 1. 6. 2022).

86 Im Dschungel, in der Wüste, in Kulturen oder Orten mit Zeitbanken wäre das eine andere Frage. Zur Idee des Aufbaus von lokalen Zeitbanken als »Vierte Säule der Altersvorsorge« siehe: http://vzfbe.org/zeitbank-modelle-in-deutschland/, für eine Liste mit Zeitbanken in Deutschland, Österreich und der Schweiz (DACH): https://www.alster-institut.de/verzeichnis-zeitbanken-in-deutschland/ (letzter Aufruf: 1. 6. 2022).

87 Dieses Gedankenspiel findet sich ähnlich im Vorwort des Inclusive Wealth Report der UN von 2018, S. 4, https://wedocs.unep.org/bitstream/handle/20.500.11822/26776/Inclusive_Wealth_ES.pdf?sequence=1&isAllowed=y (letzter Aufruf: 1. 6. 2022).

88 Vgl. Andrew T. Jebb u. a.: »Happiness, income satiation and turning points around the world«, in: *Nature Human Behaviour*, Bd. 2, Januar 2018, S. 33- https://www.nature.com/articles/s41562-017-0277-0 (letzter Aufruf: 1. 6. 2022).

89 Vgl. die Die OECD-Initiative für ein besseres Leben und das Arbeitsprogramm zur Messung von Wohlbefinden und Fortschritt https://www.oecd.org/sdd/OECD-Better-Life-Initiative.pdf (letzter Aufruf 1. 6. 2022), S. 3.

90 Sir Partha Dasgupta: The Economics of Biodiversity, 2021, https://www.gov.uk/government/publications/final-report-the-economics-of-biodiversity-the-dasgupta-review (letzter Aufruf: 1. 6. 2022).

91 Dieser Ansatz wird auch als anthropozentrisch kritisiert, da andere Lebewesen primär zählen, wenn sie für Menschen Bedeutung ha-

ben. Die Autor:inen der Dasgupta-Studie erkennen diese Sichtweise als limitiert an und haben einen Annex mit abweichenden Weltbildern, die Natur einen eigenen Wert oder auch Rechte zugestehen. Sie nutzen die anthropozentrische Sichtweise aus pragmatischen Gründen, denen ich mich anschließen möchte. Wenn wir es schaffen, diese Wertschöpfung für Menschen ins Bewusstsein zu rufen und zu schützen, können damit auch darüber hinausgehende Werte für unterschiedliche Kulturen und Gemeinschaften besser geschützt und verhandelt werden.

92 Ebenda, S 33.

93 Vgl. Nils Klawitter/Maria Marquart: »Kriegswirtschaft statt Klimaschutz«, in: Spiegel, 13/2022, 26. 3. 2022. Wer sich detailliert mit dem Fleischsystem, seinen weiteren ökologischen Kosten wie Wasser- und CO_2-Verbrauch und Risiken durch den hohen Medikamenteneinsatz beschäftigen möchte, findet im Fleischatlas 2021 der Heinrich Böll Stiftung umfangreiche Informationen – auch zu Alternativen: https://www.boell.de/de/de/fleischatlas-2021-jugend-klima-ernaehrung (letzter Aufruf: 1. 6. 2022) Die Angabe zu den Nutzflächen findet sich auf S. 22.

94 Siehe die Darstellungen zur »Meat and Dairy Production (Fleisch- und Molkereiproduktion)« auf der Website von Our World in Data: https://ourworldindata.org/meat-production#productivity-yield-per-animal (letzter Aufruf: 1. 6. 2022).

95 Neben den Beispielen aus dem ersten Teil des Buches sei hier insbesondere auf die von den Vereinten Nationen vorangetriebenen Buchhaltungsstandards für Naturalkapital (System of Environmental Economic Accounting, SEEA, https://seea.un.org/) hingewiesen. Die Green Economy Coalition wiederum ist das weltweit größte Netzwerk diverser Akteursgruppen, das Konzepte und politische Prozesse begleitet und auswertet und auch die Kritik an der Ökonomisierung natürlicher Prozesse aufnimmt: www.greeneconomycoalition.org. Für Unternehmen ist besonders die Capitals Coalition interessant (https://capitalscoalition.org/), die auch ein Protokoll für die Berücksichtigung in der Buchhaltung verfasst hat. Zu Stand und Forschungsfragen der Makroökonomischen Modellierung siehe: Peter A. Victor/Tim Jackson: »Overview of Macroeconomic Modeling. A research agenda for ecological macroeconomics«, in: Robert Costanza u. a.: Sustainable Wellbeing Futures, Cheltenham/Northampton 2020, hier besonders S. 36. Siehe auch den 2013 am WIFO erstellten Literaturüberblick zu unterschiedlichen Denkschulen und in der sozial-ökologischen Transformationsforschung: http://hdl.handle.net/10419/12569 (letzter Aufruf: 1. 6. 2022).

96 Zu den Verbindungen zwischen Ökosystemen und den Zusammenhängen zwischen ökologischer und menschlicher Gesundheit und Verletzlichkeit siehe z. B. auch den IPCC Report »Climate Change 2022: Impacts, Adaptation and Vulnerability«, https://www.ipcc.ch/report/sixth-assessment-report-working-group-ii/ (letzter Aufruf: 1. 6. 2022).

97 Ein Artikel zum Multisolving durch bessere Landwirtschaft ist kürzlich im *Handelsblatt* erschienen: https://nachrichten.handelsblatt.com/5b07ee17e2c4e672b956f81a8d269ae2cbd6248dbef89-8642bbcad23172dae2594ca977a0961faba285c521c7c51f2fa028-415162?utm_source=web-frontend&xing_share=news (letzter Aufruf: 1. 6. 2022).

98 Siehe die Science Task Force der Weltnaturschutzunion (IUCN): Science-based ecosystem restoration for the 2020s and beyond. Gland 2021, S. 26.

99 Siehe den New Nature Report II des Weltwirtschaftsforums: https://www.weforum.org/reports/new-nature-economy-report-ii-the-future-of-nature-and-business (letzter Aufruf: 1. 6. 2022).

100 Siehe beispielsweise die Präsentation der Wellbeing Economy Alliance: Measuring the Wellbeing Economy https://wellbeingeconomy.org/wp-content/uploads/WeAll-BRIEFINGS-Measuring-the-Wellbeing-economy-v6.pdf (letzter Aufruf: 1. 6. 2022).

101 Es gibt auch hier unterschiedliche Initiativen wie die zur Bilanzierung ökologischer und sozialer Werte, siehe Capitalcoalition, Richtig Rechnen, Quarta Vista, BCorporations, Gemeinwohlökonomie oder auch die UN-Prinzipien für Verantwortliches Investieren. Neben den verbesserten Zahlenwerken ist auch die Frage nach dem richtigen regulativen Rahmen für unternehmerisches Berichten und Handeln wichtig, wie der Deutsche Nachhaltigkeitsrat in einer Stellungnahme zusammengefasst hat: https://www.nachhaltigkeitsrat.de/wp-content/uploads/2022/04/20220321_RNE-Stellungnahme-Nachhaltigkeitsberichterstattung.pdf. In Großbritannien findet die Diskussion als Initiative »Better Business Act« statt: https://betterbusinessact.org/about/#theact. Diese will durch die Erweiterung der treuhänderischen Pflicht von Unternehmen die starke Fokussierung auf Shareholder und ihre Gewinne reduzieren und die eigentliche Bestimmung der Unternehmen stärken. Eine Übersicht zu diesen Entwicklungen bietet die *Financial Times:* https://www.ft.com/future-company?utm_source=Economic+Change+Unit&utm_campaign=947603310b-Biden_COPY_01&utm_medium=email&utm_term=0_6101fe9ecd-947603310b-239339002&mc_cid=947603310b&mc_eid=9b9b80c5a1 (letzter Aufruf: 1. 6. 2022).

102 Vgl. die Darstellung bei Principles for Responsible investment:

https://www.unpri.org/about-us/what-are-the-principles-for-responsible-investment (letzter Aufruf: 1. 6. 2022).

103 Ein Beispiel für eine angenehm differenzierte und auf Verständigung ausgerichtete Beschreibung der von den Autor:innen als nicht mit nachhaltigen Zukünften vereinbaren Charakteristika des heutigen Kapitalismus bieten z. B. Ulrich Brand u. a.: »From planetary to societal boundaries: an argument for collectively defined self-limitation«, in: Sustainability: Science, Practice and Policy, Bd. 17, Heft1, Juli 2021, S. 265–292, https://www.tandfonline.com/doi/full/10.1080/15487733.2021.1940754 (letzter Aufruf: 1. 6. 2022).

104 Dieser Ausspruch wird Joseph Weizenbaum zugeschrieben, vgl. den Jahresbericht des Weizenbaum Instituts 2018/2019 https://www.weizenbaum-institut.de/media/Publikationen/Jahresberichte/191105_jahresbericht-web_final.pdf (letzter Aufruf: 1. 6. 2022).

105 Vgl. den Jahresbericht von Meta: https://investor.fb.com/investor-news/press-release-details/2018/Facebook-Reports-Fourth-Quarter-and-Full-Year-2017-Results/default.aspx (letzter Aufruf: 1. 6. 2022).

106 Der Stadtplaner Georg Franck prägte den Begriff 1998 in seinem Buch: »Ökonomie der Aufmerksamkeit. Ein Entwurf«, München 1998.

107 Als Erstes berichtete das *Wall Street Journal* über die Veränderung des Algorithmus und nutzte dazu die Dokumente, die es von der Whistleblowerin Frances Haugen zugespielt bekam. Später wurden auch andere Medien von Haugen mit internem Material über Facebook informiert. https://www.wsj.com/articles/facebook-algorithm-change-zuckerberg-11631654215?mod=article_inline (letzter Aufruf: 1. 6. 2022).

108 Vgl. Philipp Gollmer/Ruth Fulterer: »Facebook ändert seinen Namen, doch die Grundprobleme seines Algorithmus bleiben. Wir zeigen, welche das sind und was man dagegen tun könnte«, in: *NZZ*, 19. 10. 21, https://www.nzz.ch/technologie/wieso-der-facebook-algorithmus-hass-und-falschinformationen-verbreitet-und-wie-angestellte-versuchten-das-zu-aendern-ld.1652201 (letzter Aufruf: 1. 6. 2022).

109 Die Umstellung, die Mark Zuckerberg mit einem Post auf Facebook ankündigte, fand weites mediales Echo, siehe den Artikel bei *Forbes*, 11. 01. 2018: https://www.forbes.com/sites/kathleenchaykowski/2018/01/11/facebook-focuses-news-feed-on-friends-and-family-curbing-the-reach-of-brands-and-media/?sh=586692265b69 (letzter Aufruf: 1. 6. 2022).

110 Die Ergebnisse des Experiments wurden von dem Mitarbeiter in

einem Report mit dem Titel »Carol's Journey to QAnon« zusammengefasst: https://www.nbcnews.com/tech/tech-news/facebook-knew-radicalized-users-rcna3581 (letzter Aufruf: 1. 6. 2022).

111 Mitschrift des Statements von Frances Haugen am 05. 10. 2021 vor dem Unterausschuss für Verbraucherschutz, Produktsicherheit und Datensicherheit des US-Senats: https://www.commerce.senate.gov/services/files/FC8A558E-824E-4914-BEDB-3A7B1190BD49 (letzter Aufruf: 1. 6. 2022).

112 Sheera Frenkel: »A highlight: Frances Haugen's inside knowledge makes this hearing different«, in: *New York Times*, 5. 10. 2021, https://www.nytimes.com/2021/10/05/technology/facebook-frances-haugen-testimony.html (letzter Aufruf: 1. 6. 2022).

113 Wissenschaftlicher Beirat der Bundesregierung Globale Umweltveränderungen (WBGU): Unsere gemeinsame digitale Zukunft, Berlin 2019, S. 102. Vgl. dazu: Friedrich Rapp: Analytische Technikphilosophie. Freiburg/München 1978; Jan Zalasiewicz u. a.: »Scale and diversity of the physical technosphere: a geological perspective«, in: *The Anthropocene Review*, 2017, 4/1, S. 9–22.

114 Vgl. Albert Borgmann: Technology and the character of contemporary life. A philosophical inquiery, Chicago 1984, hier S. 40 ff.

115 Vgl. S. 44. Für eine Darstellung des Denkens und der Konzepte von Borgmann siehe den wunderbaren, kapitelweise strukturierten Blog von Jonathan Lipps: https://blog.jlipps.com/2011/05/blogging-borgmann-overview-technology-and-the-character-of-contemporary-life/ (letzter Aufruf: 1. 6. 2022).

116 Masahiro Sugiyama/Hiroshi Deguchi u. a.: »Unintended Side Effects of Digital Transition: Perspectives of Japanese Experts«, in: Sustainability 9/12, November 2017, hier S. 6, https://www.researchgate.net/publication/321349815_Unintended_Side_Effects_of_Digital_Transition_Perspectives_of_Japanese_Experts (letzter Aufruf: 1. 6. 2021).

117 Andrew McAfee: Less is more. How degrowth will save the world, New York u. a. 2019. In Deutschland erschien das Buch ein Jahr später: ders.: Mehr aus Weniger. Die überraschende Geschichte, wie wir mit weniger Ressourcen zu mehr Wachstum und Wohlstand gekommen sind und wie wir jetzt unseren Planeten retten, München 2020.

118 Ebenda, S. 97 ff.

119 Ebenda, S. 14.

120 Vgl. den rege diskutierten Tweet von Jason Hickel: https://twitter.com/jasonhickel/status/1405090430367248396 (letzter Aufruf: 1. 6. 2022).

121 Eine Übersicht aus systemischer Sicht, die diskutiert, wie notwen-

dig eine absolute Reduktion von Materialverbrauch aus ökologischer Sicht ist und wie erfolglos relative Reduktionsstrategien ohne umfassenden sozio-kulturellen und institutionellen Wandel sind, findet sich hier: Lewis Akenji u. a.: »Ossified materialism: introduction to the special volume on absolute reductions in materials throughput and emissions«, in: *Journal of Cleaner Production*, Sonderheft, 20. 09. 2016, S. 1–12.

122 Alle Zahlen sind dem im Jahr 2019 veröffentlichten Bericht »Decoupling Debunked« des Europäischen Umweltbüros EEB entnommen, einem Dachverband von 160 Umweltorganisationen aus 35 europäischen Ländern. https://eeb.org/decoupling-debunked1/; sehr aufschlussreich sind auch die Statistiken des Projekts »Materialflows« der Wirtschaftsuniversität Wien: www.materialflows.net (letzter Aufruf: 1. 6. 2022).

123 Der weltweite Wasserverbrauch stieg von 3,8 Trillionen Kubikmeter im Jahr 2000 auf vier Trillionen Kubikmeter. Der weltweite Energieverbrauch von 109 TWh im Jahr 2000 auf 162 TWh im Jahr 2019. Vgl.: https://ourworldindata.org (letzter Aufruf: 1. 6. 2022).

124 Siehe der Bericht des Umweltprogramms der Vereinten Nationen (UNEP): Global Material Flows and Resource Productivity. Assessment Report for the UNEP International Resource Panel, 2016, S. 6–7, https://www.resourcepanel.org/reports/global-material-flows-and-resource-productivity-database-link. Vgl. außerdem das Umweltprogramm der Vereinten Nationen (UNEP): The use of natural resources in the economy: A Global Manual on Economy Wide Material Flow Accounting. Nairobi, Kenya 2011. Zur Unterscheidung der Messgrößen und welche Fragen sie jeweils zu beantworten helfen siehe S. 117 ff., insbesondere die Grafik auf S. 122 verdeutlicht, wie sich die Einschätzungen durch diese Auswahlen verändern werden. Ein Zugang zu kurzen Erklärvideos oder den Datenbanken der Material Flows unterschiedlicher Länder findet sich hier: www.resourcepanel.org (letzter Aufruf: 1. 6. 2022).

125 Wer die Ressourcennutzung Deutschlands besser kennenlernen möchte, kann das in dem Bericht des Umweltbundesamtes von 2018 tun: https://www.umweltbundesamt.de/publikationen/die-nutzung-natuerlicher-ressourcen-bericht-fuer Eine Diskussion des ökologischen und sozialen Spannungsfeldes in der Ressourcengewinnung findet sich beim Umweltbundesamt, das im Mai 2021 auch eine Ressourcenkommission eingerichtet hat: https://www.umweltbundesamt.de/themen/abfall-ressourcen/ressourcennutzung-ihre-folgen (letzter Aufruf: 1. 6. 2022).

126 Siehe Megan Graham: »Digital ad spend grew 12 % in 2020 despite hit from pandemic«, in: CNN, 4. 7. 2021, https://www.cnbc.com/

2021/04/07/digital-ad-spend-grew-12percent-in-2020-despite-hit-from-pandemic.html (letzter Aufruf: 1. 6. 2022).

127 Für weitere Informationen zum Rebound-Effekt siehe das Umweltbundesamt: https://www.umweltbundesamt.de/themen/abfall-ressourcen/oekonomische-rechtliche-aspekte-der/rebound-effekte oder auch das umfassende Buch zu diesem Thema von Tilman Santarius: Der Rebound-Effekt. Ökonomische, psychische und soziale Herausforderungen der Entkopplung von Energieverbrauch und Wirtschaftswachstum, Berlin 2015.

128 Siehe Amanda Mull: »Stop Shopping. America needs you to buy less junk«, in: *Atlantic*, Oktober 2021, https://www.theatlantic.com/technology/archive/2021/10/stop-shopping-global-supply-chain-shipping-delays/620465/ (letzter Aufruf: 1. 6. 2022).

129 Vgl. ebenda.

130 Jason Hickel: Weniger ist mehr. Warum der Kapitalismus den Planeten zerstört und wir ohne Wachstum glücklicher sind, München 2022, S. 181.

131 Jimmy Carters Rede anlässlich der feierlichen Einweihung der Sonnenkollektoren siehe: https://energyhistory.yale.edu/library-item/president-jimmy-carters-remarks-white-house-solar-panel-dedication-ceremony-1979 (letzter Aufruf: 1. 6. 2022).

132 So sagte Günther Klätte, Vorstand bei RWE, das sowohl einer der Teilhaber als auch Betreiber der Anlage war, offenbar auf einer Hauptversammlung des Unternehmens: Man brauche diese Anlage, »um zu beweisen, dass es nicht geht«. Sie sei »so etwas wie ein pädagogisches Modell, um Kernkraftgegner zum wahren Glauben zu bekehren«. Vgl. »Die grünen Growiane«, in: *Die WELT*, Nr. 50, 28. 02. 1981, S. 9.

133 Siehe seine Äußerung im Podcast »Recode Decode« mit der Journalistin Kara Swisher: https://www.vox.com/recode/2019/5/6/18530860/tristan-harris-human-downgrading-time-well-spent-kara-swisher-recode-decode-podcast-interview (letzter Aufruf: 1. 6. 2022).

134 Eine kleine Sammlung des Schadens und der Kosten, die der Wettbewerb der Technologieriesen um unsere Aufmerksamkeit verursacht, hat die Stiftung von Humane Technology zusammengestellt: https://ledger.humanetech.com/ (letzter Aufruf: 1. 6. 2022).

135 Johann Hari: »›Heutzutage kann man kein normales Gehirn besitzen‹ – der moderne Mensch leidet an einem kollektiven Aufmerksamkeitsdefizit. Wie gewinnen wir unser Denken zurück?«, in: *NZZ*, 26. 1. 2022, https://www.nzz.ch/feuilleton/aufmerksamkeit-die-moderne-welt-ist-gift-fuers-hirn-was-tun-ld.1666054?utm_source=pocket-newtab-global-de-DE (letzter Aufruf: 1. 6. 2022).

136 Vgl. Brian Arthur: The Nature of Technology. What it is and how it evolves, New York/London/Toronto/Sydney 2011, S. 23.
137 Borgmann: Technology and the character of temporary life, S. 197, S. 219.
138 Siehe die Webpräsenz des Unternehmens: https://www.triodos.com/know-where-your-money-goes (letzter Aufruf: 1. 6. 2022).
139 Ein deutsches Netzwerk zwischen Protagonist:innen der Digitalisierung und der nachhaltigen Entwicklung ist beispielsweise das Bits & Bäume: https://berlin.bits-und-baeume.org (letzter Aufruf: 1. 6. 2022).
140 Siehe die Webpräsenz des Netzwerks: www.globalcommonsalliance.org (letzter Aufruf: 1. 6. 2022).
141 Zum Leben Audrey Tangs siehe Iris Chiu: »Digital Minister Audrey Tang: Taiwan's ›Genius‹ and her Unique Past«, auf der Website der Förderorganisation The Nippon Foundation, 4. 10. 2020, https://www.nippon.com/en/japan-topics/g00837/digital-minister-audrey-tang-taiwan%E2%80%99s-genius-and-her-unique-past.html (letzter Aufruf: 1. 6. 2022).
142 Siehe das Gespräch mit Audrey Tang auf der Website der Plattform *Framer Framed*: https://framerframed.nl/en/dossier/audrey-tang-we-have-to-keep-defining-what-is-the-inter-in-internet/ (letzter Aufruf: 1. 6. 2022).
143 Siehe Jonas Glatthard/Bruno Kaufmann: »Audrey Tang, wie werden soziale Medien sozial?«, Swissinfo, 12.5.201: https://www.swissinfo.ch/ger/politik/interview-mit-audrey-tang_audrey-tang--wie-werden-soziale-medien-sozial-/46585024 (letzter Aufruf: 1. 6. 2022).
144 Siehe das Gespräch mit Audrey Tang auf der Website der Plattform *Framer Framed*: https://framerframed.nl/en/dossier/audrey-tang-we-have-to-keep-defining-what-is-the-inter-in-internet/ (letzter Aufruf: 1. 6. 2022).
145 Vgl. Iris Chiu: »Digital Minister Audrey Tang: Taiwan's ›Genius‹ and her Unique Past«, auf der Website der Förderorganisation The Nippon Foundation, 4. 10. 2020, https://www.nippon.com/en/japan-topics/g00837/digital-minister-audrey-tang-taiwan%E2%80%99s-genius-and-her-unique-past.html (letzter Aufruf: 1. 6. 2022).
146 Ebenda.
147 Siehe den Podcast »Your Undivided Attention« des Center for Human Technology mit Audrey Tang und Tristan Harris, 23. 7. 2021, https://www.humanetech.com/podcast/23-digital-democracy-is-within-reach (letzter Aufruf: 1. 6. 2022).
148 So kauften chinafreundliche Unternehmer Medien in Taiwan auf, die dann die Propaganda der Volksrepublik verbreiteten. Oder

Hunderttausende Nutzer:innen mit gefälschten Profilen verbreiteten Falschinformationen in sozialen Medien, was dem prochinesischen Kandidaten in der Wahl 2020 zunächst einen gewaltigen Rückhalt bescherte. Siehe Frédéric Krumbein: »Taiwans bedrohte Demokratie hält Kurs«, Stiftung Wissenschaft und Politik, https://www.swp-berlin.org/10.18449/2020A05/ (letzter Aufruf: 1. 6. 2022).

149 Jonas Glatthard/Bruno Kaufmann: »Audrey Tang, wie werden soziale Medien sozial?«, Swissinfo, 12.5.201: https://www.swissinfo.ch/ger/politik/interview-mit-audrey-tang_audrey-tang--wie-werden-soziale-medien-sozial-/46585024 oder auch im Podcast »Your Undivided Attention« des Center for Human Technology mit Audrey Tang und Tristan Harris, 23. 7. 2021, https://www.humanetech.com/podcast/23-digital-democracy-is-within-reach (letzter Aufruf: 1. 6. 2022).

150 Vgl. Audrey Tang: »Social Innovation in Taiwan«, in: *medium*, 11. 2. 2018, https://medium.com/@audrey.tang/social-enterprise-in-taiwan-3eb96d4dc8a7 (letzter Aufruf: 1. 6. 2022).

151 Siehe Alexander Fanta: »Blöd der Lobbyist, der jetzt noch E-Mails schreibt«, netzpolitik, 18. 1. 2022, https://netzpolitik.org/2022/eu-informationsfreiheit-bloed-der-lobbyist-der-jetzt-noch-e-mails-schreibt/?utm_source=pocket-newtab-global-de-DE (letzter Aufruf: 1. 6. 2022).

152 Laut dem Index des *Economist* liegt Taiwan auf der Liste der Demokratien weltweit auf Platz 11, während die Schweiz und Deutschland auf den Plätzen 12 und 14 liegen. Vgl. den »Democracy Index 2020. In sickness and in health« der Economist Intelligence Unit, London 2021, S. 29. Zur Liste der »Global Thinkers« der amerikanischen Zeitschrift *Foreign Policy* vgl.: https://foreignpolicy.com/2019-global-thinkers/ (letzter Aufruf: 1. 6. 2022).

153 Zu diesem Thema und der wenig reflektierten Verbindung zwischen kulturellen Erzählungen, exponentiell orientiertem Finanzkapital und technologischen Entwicklungen siehe das Buch des Kognitionspsychologen und Digitalisierungsexperten Christian Stöcker: Das Experiment sind wir. Unsere Welt verändert sich so atemberaubend schnell, dass wir von Krise zu Krise taumeln. Wir müssen lernen, diese enorme Beschleunigung zu lenken, München 2020.

154 Meadows: Die Grenzen des Denkens, S. 233.

155 Siehe Lauren Joseph: »It moved fast and broke things, now Silicon Valley must rebuild trust«, Weltwirtschaftsforum, 29. 11. 2018, https://www.weforum.org/agenda/2018/11/why-move-fast-and-break-things-doesn-t-cut-it-anymore/ (letzter Aufruf: 1. 6. 2022).

156 Vgl. Brian Eckhouse: »Chip Shortage Hits Solar Sector With Enphase Citing Constraints«, BNN Blomberg, 9. 2. 2021, https://www.bnnbloomberg.ca/chip-shortage-hits-solar-sector-with-enphase-citing-constraints-1.1561491. Bei den Autoherstellern sind die großen, teuren und luxuriösen Wagen priorisiert worden. https://www.motortrend.com/news/automotive-car-industry-semiconductor-chip-shortage-reasons-solution/ (letzter Aufruf: 1. 6. 2022).

157 Das Konzept Social License to Operate ist zunächst in den Sektoren Bergbau- und Rohstoffgewinnung aufgekommen, als Proteste gegen die Umwelt- und Gesundheitsgefahren für die lokale Bevölkerung oder auch deren Vertreibung zunahmen. Es umfasst Fairness in den Verfahren und der Verteilung sowie Vertrauen in die Führung eines Unternehmens und beeinflusst dessen Akzeptanz in der Gesellschaft. Siehe die Arbeitsdefinition der Europäischen Union unter https://rmis.jrc.ec.europa.eu/?page=social-licence-to-operate-b86e6d. Für Firmen des Silicon Valley, insbesondere Akteuren der Plattform-Ökonomie, ist diese Diskussion mit denselben drei Kategorien entflammt, allerdings bezogen auf den Umgang mit den »sozialen Ressourcen,« also dem menschlichen System, aus dem sie schöpfen. Auch im Bereich des sich nun stark verbreitenden ESG-Reporting (höhere Transparenz über die Umwelt-, die sozialen und die Governance-Effekte eines Geschäftsmodells), liegen die Herausforderungen im Technologiesektor eher bei den letzteren beiden Themen. Die ESG-Bewertungen von Standard & Poors Global zum Beispiel vergeben an Meta (Facebook) nur 11 und 10 von 100 Punkten, Apple bekommt bei Sozialem 10, während Twitter mit 7 Punkten ganz unten bei den großen Firmen steht: https://www.spglobal.com/marketintelligence/en/news-insights/latest-news-headlines/big-tech-navigates-operating-social-pressures-amid-russia-ukraine-conflict-69208478 (letzter Aufruf: 1. 6. 2022).

158 Die Stiftung Verantwortungseigentum betreibt eine Webpräsenz https://purpose-economy.org/de/ und hat ein Überblickspapier auf Deutsch verfasst: file:///Users/majagopel/Downloads/purpose_online_may2020_lowres.pdf, S. 106; für die Diskussion eines Paradigmenwechsels in der Rechtsform und Ausrichtung von Unternehmen und Konzernen in Großbritannien siehe zum Beispiel das Forschungsprojekt zur Zukunft der Firma von The British Academy 2019 https://www.thebritishacademy.ac.uk/programmes/future-of-the-corporation/ oder auch das Politikpapier des Big Innovation Center zu The Purposeful Company: https://thepurposefulcompany.org (letzter Aufruf: 1. 6. 2022).

159 Regierungserklärung Ludwig Erhard vom 18. Oktober 1963, zitiert

nach: Karl-Rudolf Korte: Das Wort hat der Herr Bundeskanzler. Eine Analyse der Großen Regierungserklärungen von Adenauer bis Schröder, Wiesbaden 2002, S. 330.

160 Laut dem Property Index des Wirtschaftsprüfers »Deloitte« lag der Kaufpreis für eine Wohnimmobilie in Paris im Jahr 2021 bei durchschnittlich 12 917 Euro pro Quadratmeter und der durchschnittliche Mietpreis pro Quadratmeter bei 28,60 Euro – und damit höher als in jeder anderen europäischen Hauptstadt. Vgl.: https://www2.deloitte.com/content/dam/Deloitte/de/Documents/real-estate/Deloitte_Property%20Index%202021.pdf, S. 20 und 28. (letzter Aufruf: 1. 6. 2022).

161 Vgl. die Länderinformationen der Economist Intelligence Unit: Worldwide Cost of Living 2021, London 2021. Siehe https://files.static-nzz.ch/2021/12/01/5fef9ee8-c25d-4291-8c5f-7c266524f809.pdf (letzter Aufruf: 1. 6. 2022).

162 Laut dem Verkehrsinformationsanbieter INRIX war Paris neben Rom die Stauhauptstadt in Europa. Hier standen die Autofahrer 165 Stunden im Stau. In der deutschen Stauhauptstadt München waren es hingegen »nur« 87 Stunden. Vgl.: https://inrix.com/press-releases/2019-traffic-scorecard-german/ (letzter Aufruf: 1. 6. 2022).

163 Vgl. E. Brunotte u. a.: Lexikon der Geographie, 4 Bände, Heidelberg 2002. Der Eintrag zum Lemma »Leitbild« siehe https://www.spektrum.de/lexikon/geographie/leitbild/4696: »Als Leitbild wird in der Raumplanung ein erwünschter künftiger Zustand als zu erstrebendes Ziel formuliert, der durch entsprechendes Handeln erreicht werden soll. Der Zeithorizont bleibt offen, alle Maßnahmen sollen auf das formulierte Leitbild hin koordiniert werden.« Für die historischen und kulturell variierenden Varianten von städtischen Leitbildern lohnt sich ein Blick in das WBGU Hauptgutachten 2016 zum Thema Urbanität: https://www.wbgu.de/de/publikationen/publikation/der-umzug-der-menschheit-die-transformative-kraft-der-staedte, S. 58–68 (letzter Aufruf: 1. 6. 2022). Der Fokus auf Suburbanisierung, Segmentierung nach Nutzung und oft autogerechte Infrastrukturplanung setzte sich erst Mitte des 20. Jahrhunderts durch, treibend aus den USA, vgl. das Gutachten S. 64 und S. 68.

164 Siehe Bundesministerium des Innern und für Heimat (BMI): Neue Leipzig Charta, verabschiedet beim Informellen Ministertreffen Stadtentwicklung am 30. 11. 2020, S. 1, https://www.nationale-stadtentwicklungspolitik.de/NSPWeb/SharedDocs/Publikationen/DE/Publikationen/die_neue_leipzig_charta.pdf;jsessionid=43D372071OBCDFB47E42BDE6B30D8786.live11311?__blob=-publicationFile&v=7 (letzter Aufruf: 1. 6. 2022).

165 Vgl. Marlene Thiele: »Wo Autos nur noch geduldet werden«, in: *Zeit*, 10. 3. 2020, https://www.zeit.de/mobilitaet/2020-03/verkehrswende-paris-buergermeisterwahl-fahrradstadt-anne-hidalgo (letzter Aufruf: 1. 6. 2022).

166 Es gibt viele Berichte über die Pariser Verkehrswende und das Konzept der »15-Minuten-Stadt« von Bürgermeisterin Anne Hidalgo. Neben dem bereits erwähnten Text aus der *Zeit* finde ich diese beiden besonders ausgewogen und differenziert: https://www.politico.eu/article/anne-hidalgo-paris-mayor-urban-revolution/ und https://www.bauwelt.de/dl/1700606/artikel.pdf (letzter Aufruf: 1. 6. 2022).

167 Vgl. Claas Tatje, »Der Verkehrswender«, in: *Zeit*, 3. 1. 2022, https://www.zeit.de/2022/01/belit-onay-verkehrswende-hannover-autoverkehrspolitik (letzter Aufruf: 1. 6. 2022).

168 Vgl. Emil Nefzger: »Sein Traum von einer autofreien Stad«, in: *Spiegel*, 24. 6. 2020, https://www.spiegel.de/auto/hannover-autofrei-oberbuergermeister-belit-onay-stoesst-auf-widerstand-a-7121a95e-6424-4207-8f16-49764a8dd3fa (letzter Aufruf: 1. 6. 2022).

169 Vgl. Sören Götz, »Man muss Autofahren ja nicht gleich verbieten«, in: *Zeit*, 18. 5. 2022, https://www.zeit.de/mobilitaet/2022-05/berlin-autofrei-innenstadt-volksentscheid-senat (letzter Aufruf: 1. 6. 2022).

170 Vgl. Clea Caulcutt: »Anne Hidalgo's sack of Paris«, in: *Politico*, 15. 12. 2021, https://www.politico.eu/article/anne-hidalgo-paris-mayor-urban-revolution/ (letzter Aufruf: 1. 6. 2022).

171 Vgl. »Paris: The 15-minute city makes timely progress«, in: *smart-transport*, https://www.smarttransport.org.uk/case-studies/europe/paris-the-15-minute-city-makes-timely-progress (letzter Aufruf: 1. 6. 2022).

172 Vgl. C. Moreno u. a.: »Introducing the ›15-Minute City‹: Sustainability, Resilience and Place Identity in Future Post-Pandemic Cities, in: *smart cities*, 8. 1. 2021, https://www.mdpi.com/2624-6511/4/1/6 (letzter Aufruf: 1. 6. 2022).

173 Kim Willsher, »Paris mayor unveils ›15-Minute City‹ plan in re-election campaign«, in: *The Guardian*, 7. 2. 2020, https://www.theguardian.com/world/2020/feb/07/paris-mayor-unveils-15-minute-city-plan-in-re-election-campaign (letzter Aufruf: 1. 6. 2022).

174 Als das *Time*-Magazin Anne Hidalgo im Jahr 2020 auf seine berühmte Liste der einflussreichsten Persönlichkeiten weltweit setzte, schrieb der ehemalige US-Präsident und Klimaaktivist Al Gore die Begründung. Vgl. https://time.com/collection/100-most-influential-people-2020/5888321/anne-hidalgo/ (letzter Aufruf: 1. 6. 2022).

175 Meadows: Die Grenzen des Denkens S. 124.

176 Der räumliche Ansatz findet zurzeit starke Aufmerksamkeit in unterschiedlichen Innovationsbereichen, die sich der Multifunktionalität von Flächen widmen. Für ländliche Gegenden – oder auch das Zusammenspiel zwischen Stadt und Land – hat sich der Landschafts-Ansatz zum Ziel gesetzt, unterschiedliche Bedürfnisse wieder integriert zu bedienen und damit aus dem vorherigen Trend der simplifizierenden und segregierenden Intensivierung der Landnutzung und der Urbanisierung wieder auszubrechen. Die Europäische Landschaftskonvention (ELC) von 2000 definiert Landschaften dabei als »ein Gebiet, als solches von Menschen wahrgenommen, dessen Charakter das Ergebnis der Wirkungen und Interaktionen natürlicher und/oder menschlicher Faktoren« ist. Für eine Übersicht dieser Ansätze und Forschungsnetzwerke siehe zum Beispiel: Marc Antrop u. a.: »How landscape ecology can promote the development of sustainable landscapes in Europe: the role of the European Association for Landscape Ecology (IALE-Europe) in the twenty-first century«, in: *Landscape Ecol*, 18. 10. 2013, Heft 28, S. 1641–1647, https://dspace.uevora.pt/rdpc/bitstream/10174/10255/1/Antrop%20et%20al%202013.pdf. Das deutsche IALE-Netzwerk findet sich unter https://iale.de/international.html (letzter Aufruf: 1. 6. 2022).

177 Seit Kriegsende ist die Fichte der häufigste Baum im deutschen Wald und der wichtigste Baum für die deutsche Forstwirtschaft. Vgl. die Informationen auf der Webseite der Stiftung Unternehmen Wald: https://www.wald.de/waldwissen/laubbaum-nadelbaum/nadelbaumarten/die-fichte-picea-abies-l/ (letzter Aufruf: 1. 6. 2022).

178 Siehe die Informationen auf dem Portal für Förster, Forstunternehmer und Waldbesitzer: https://www.forstpraxis.de/kleines-einmaleins-des-borkenkaefers/ (letzter Aufruf: 1. 6. 2022).

179 Laut Bundesministerium für Ernährung und Landwirtschaft müssen in Deutschland etwa 2770 Quadratkilometer Wald wiederaufgeforstet werden. Der Bodensee hat eine Fläche von 536 Quadratkilometern. Vgl. https://www.bmel.de/DE/themen/wald/wald-in-deutschland/wald-trockenheit-klimawandel.html (letzter Aufruf: 1. 6. 2022).

180 Vgl. Andreas Reckwitz: »Die Politik der Resilienz und ihre vier Probleme«, in: *Spiegel*, 5. 3. 2021, https://www.spiegel.de/psychologie/corona-und-politische-resilienz-was-wir-aus-der-krise-lernen-sollten-a-3cea4d87-0002-0001-0000-000176138623 (letzter Aufruf: 1. 6. 2022).

181 Ebenda.

182 Ebenda.

183 Westley u. a.: Tipping toward Sustainability, S. 763.

184 Vgl. Jamila Haider u. a.: »Rethinking resilience and development: A coevolutionary perspective«, in: Ambio, Bd. 50, 10. 2. 2021, S. 1304–1312, https://link.springer.com/article/10.1007/s13280-020-01485-8 (letzter Aufruf: 1. 6. 2022).

185 Vgl. den von der EU herausgegebenen Bericht: Anna Rita Manca/Peter Benczur/Enrico Giovannini: Building a scientific narrative towards a more resilient EU society. Teil 1: A conceptual framework, Luxemburg 2017, https://publications.jrc.ec.europa.eu/repository/handle/JRC106265 (letzter Aufruf: 1. 6. 2022).

186 Vgl. die Ökodesign-Richtlinie der Europäischen Union, Verordnung Nr. 666/2013, siehe der Eintrag bei EU-Lex: https://eur-lex.europa.eu/legal-content/DE/TXT/?uri=CELEX:32013R0666&br=ro& (letzter Aufruf: 1. 6. 2022).

187 Die OECD hat das Ergebnis einer Wirtschaft des Wohlergehens (Wellbeing Economy) in folgenden vier Punkten charakterisiert: 1. Bietet Menschen erweiterte Möglichkeiten für soziale Aufwärtsmobilität und die Verbesserung ihres Lebens entlang der ihnen wichtigen Dimensionen; 2. Sichert ab, dass diese Möglichkeiten zum Wohlergehen aller Segmente der Gesellschaft beitragen; 3. Reduziert Ungleichheiten; 4. Fördert ökologische und soziale Nachhaltigkeit. Vgl. OECD Working Paper 102, The Economy of Wellbeing. Creating Opportunities for People's Wellbeing and Growth, 2019, S. 21, https://www.oecd.org/officialdocuments/publicdisplaydocumentpdf/?cote=SDD/DOC(2019)2&docLanguage=En (letzter Aufruf: 1. 6. 2022).

188 Die Formulierung ist einem Buch entlehnt, das der englische Ökonom und Umweltforscher Peter Victor geschrieben hat: Managing without Growth. Slower by Design, not Disaster, Cheltenham 2019.

189 Vertiefende Informationen zu den vier Schritten finden sich unter anderem bei Frances Westley u. a.: Tipping Toward Sustainability; oder bei Derk Loorbachs Arbeiten zu Transition Management for Sustainable Development: A Prescriptive, Complexity-Based Governance Framework, 2009, in: *Governance*, Bd. 23/1, 23. 12. 2009, S. 161–183. Mit mehr Praxisorientierung beschreiben die Logik zum Beispiel Dominic Hofstetter vom Europäischen Knowledge Innovation Center Klima (Climate-KIC): https://www.climate-kic.org/opinion/innovating-in-complexity/. Das Wuppertal Institut hat ein Handbuch zu einem System Innovation Lab verfasst: Maja Göpel u. a.: System Innovation Lab, https://www.maja-goepel.de/wp-content/uploads/2020/03/SysInnoLab_2016_Handbook.pdf. Zu Fragestellungen und Strategien für systemische Innovationsstrategien um die vier Schritte herum siehe auch David Peter Stroh: Sys-

tem Thinking for Social Change. A Practical Guide to Solving Complex Problems, Avoiding Unintended Consequences and Achieving Lasting Results von Peter Stroh, Vermont 2015.

190 Meadows: Die Grenzen des Denkens, S. 269.

191 Informationen zur Stiftung World Future Council (WFC) und ihrer Arbeitsweise siehe: https://www.worldfuturecouncil.org/de/future-policy-award/ (letzter Aufruf: 1. 6. 2022).

192 Siehe das Grid-Portal für Belo Horizonte: https://belohorizontegrid.com/de/info#Food_security (letzter Aufruf: 1. 6. 2022).

193 Vgl. Anita Makri: »Fighting hunger locally, from the ground up«, in: Nature, 24. 9. 2021, https://media.nature.com/original/magazine-assets/d41586-021-02412-x/d41586-021-02412-x.pdf (letzter Aufruf: 1. 6. 2022).

194 Philipp Stierand: »Speiseräume. Die Ernährungswende beginnt in der Stadt«, München 2014, S. 154, https://www.oekom.de/_files_media/titel/leseproben/9783865816702.pdf (letzter Aufruf: 1. 6. 2022).

195 Ebenda.

196 Für eine Zusammenfassung der Auswahlkriterien des Future Policy Awards und auch zu den weiteren ausgezeichneten Gewinnern im Thema Nahrungssicherheit im Jahr 2009 und ihren Gemeinsamkeiten, siehe https://www.worldfuturecouncil.org/de/future-policy-award-2009-celebrating-belo-horizonte-food-security-programme-de/ (letzter Aufruf: 1. 6. 2022).

197 Siehe das Presse-Clipping der Stadtverwaltung von Belo Horizonte, S. 11, https://publicadministration.un.org/unpsa/Portals/0/UNPSA_Submitted_Docs/2020/50c1df6f-4f0f-4cb1-91e9-7ff3a6b9ea76/News%20Clipping_BELOHORIZONTE_30112019_120704_3a320284-6e34-4da4-96b8-30eccce694f7.pdf?ver=1441-04-03-120704-600 (letzter Aufruf: 1. 6. 2022).

198 Siehe World Future Council (WFC): Celebrating the Belo Horizonte Food Security Programme, Hamburg 2009, https://epub.sub.uni-hamburg.de/epub/volltexte/2014/26950/pdf/Future_Policy_Award_brochure.pdf (letzter Aufruf: 1. 6. 2022).

199 Anita Makri: »Fighting hunger locally, from the ground up«, in: *Nature*, 24. 9. 2021, https://media.nature.com/original/magazine-assets/d41586-021-02412-x/d41586-021-02412-x.pdf (letzter Aufruf: 1. 6. 2022).

200 Siehe die Broschüre der Bertelsmann Stiftung: https://www.bertelsmann-stiftung.de/fileadmin/files/BSt/Presse/imported/downloads/xcms_bst_dms_32411_33370_2.pdf (letzter Aufruf: 1. 6. 2022).

201 Siehe die Darstellung von Eric Liu und Nick Hanauer: Complexity Economics Shows Us Why Laissez-Faire Economics Always Fails,

https://www.economics.com/complexity-economics-shows-us-that-laissez-faire-nickhanauer (letzter Aufruf: 13. 7. 2022).

202 Ebenda.

203 Ein kleines Buch zu diesen Erfahrungen haben Patrizia Nanz, Charles Taylor und Madeleine Beaubien Taylor veröffentlicht: Das wird unsere Stadt. Bürger:innen erneuern die Demokratie, Hamburg 2022. Gesine Schwan hat in ihrem Buch zur Globalisierung ihre dekadenlange Arbeit zur Demokratie zusammengefasst und betont ebenfalls die Relevanz der lokalen Ebene, siehe Gesine Schwan: Politik trotz Globalisierung, Darmstadt 2021. Das Berlin Institut für Partizipation stellt unterschiedliche Formate wie auch die Trialoge vor: https://www.bipar.de/trialog/ (letzter Aufruf: 1. 6. 2022).

204 Für den Hackaton »Wir versus Virus« der Bundesregierung siehe https://wirvsvirushackathon.org inklusive eines von Johanna Mair und Thomas Gegenhuber an der Hertie School of Governance vorgenommenen Evaluationsberichtes unter: https://www.hertie-school.org/en/news/detail/content/new-policy-brief-evaluates-how-open-social-innovation-can-expedite-solutions-to-urgent-public-policy-problems; für die Initiative Update Deutschland siehe https://updatedeutschland.org/ und für die Methode Open Social Innovation https://updatedeutschland.org/open-social-innovation/ (letzter Aufruf: 1. 6. 2022).

205 Siehe beispielsweise die Bund-Länder-Initiative Innovative Hochschule https://www.innovative-hochschule.de/; sowie die Reallabore-Strategie des Bundesministeriums für Wirtschaft und Klimaschutz https://www.bmwk.de/Redaktion/DE/Dossier/reallabore-testraeume-fuer-innovation-und-regulierung.html https://www.reallabor-netzwerk.de/zentrale-begriffe/was-ist-ein-reallabor/ (letzter Aufruf: 1. 6. 2022).

206 www.transitionsnetwork.org oder https://www.transformations-community.org/ oder https://nachhaltigeswirtschaften-soef.de/synthese-reallabore für forschungsgetriebene Initiativen. Auf folgenden Webseiten sind Auswertungen und Design-Empfehlungen zu finden: https://thegovlab.org https://www.nesta.org.uk/feature/innovation-methods/public-and-social-labs/ oder https://www.nesta.org.uk/toolkit/innovation-teams-and-labs-a-practice-guide/ https://www.systemsinnovation.io/ (letzter Aufruf: 1. 6. 2022).

207 Regierungserklärung Ludwig Erhard vom 18. Oktober 1963, zitiert nach: Karl-Rudolf Korte: Das Wort hat der Herr Bundeskanzler, S. 330.

208 Eine Anwendung dieser Perspektive auf das heutige Amerika und die Rolle von Bildung und Medien in einer deliberativen Demo-

kratie ist bei der Stiftung The Consilience Project erschienen, die sich mit Fragen der globalen Risikominimierung und des Designs von Governance-Lösungen beschäftigt: https://consilienceproject.org/democracy-and-the-epistemic-commons/ (letzter Aufruf: 1. 6. 2022).

209 Geoff Mulgan: The Imaginary Crisis (and how we might quicken social and public imagination), London 2020, S. 14.

210 Vgl. Vaclav Smil: Energy and Civilization. A History, Cambridge (Massachusetts)/London 2017, S. 27.

211 Der Heizwert von handelsüblichem Diesel beträgt etwa 35 Megajoule pro Liter. Bei zwei Tankfüllungen à 70 Litern kommt man auf etwa jene 5 Gigajoule, die ein Mensch als Jäger:in und Sammler:in vor mehr als zehntausend Jahren schätzungsweise verbrauchte.

212 Vgl. der Chart von Our Finite World: »World per Capita Energy Consumption«, https://ourfiniteworld.com/2012/03/12/world-energy-consumption-since-1820-in-charts/ (letzter Aufruf: 1. 6. 2022).

213 Die Idee ist, auf der Grundlage der Anzahl Kilojoule, die ein Mensch pro Tag für Aktivitäten aufbringen kann, auszurechnen, wie viele Personen wir eigentlich für die Arbeit bräuchten, die unsere Lebensstile in Anspruch nehmen. Für die ersten Überlegungen und die Definition siehe Buckminster Fuller: The World Game. Integrative Resource Utilization Tool, Carbondale (Illinois) 1961, hier S. 99. Ein Comic, der die Idee dahinter wunderbar illustriert, findet sich hier: https://www.stuartmcmillen.com/de/comic/energiesklaven/#page-6 (letzter Aufruf: 1. 6. 2022).

214 Vgl. Harald Lesch/Karlheinz A. Geißler/Jonas Geißler: Alles eine Frage der Zeit. Warum die Zeit-ist-Geld-Logik Mensch und Natur teuer zu stehen kommt, München 2021, S. 12 f.

215 Alle Angaben stammen aus einer Online-Publikation zum Energieverbrauch pro Kopf bei »Our World in Data«, einem Statistikprojekt der Universität Oxford: https://ourworldindata.org/per-capita-energy (letzter Aufruf: 1. 6. 2022).

216 Siehe von den 17 Nachhaltigkeitszielen der Agenda 2030 der Vereinten Nationen das Unterziel 10.1 zur Reduktion von Ungleichheiten: »Bis 2030 nach und nach ein über dem nationalen Durchschnitt liegendes Einkommenswachstum der ärmsten 40 Prozent der Bevölkerung erreichen und aufrechterhalten«, https://sdg-indikatoren.de/10/ (letzter Aufruf: 1. 6. 2022).

217 Siehe die Webpräsenz zum Projekt: https://lili.leeds.ac.uk; sowie den Aufsatz von Joel Millward-Hopkins/Julia K. Steinberger: »Providing decent living with minimum energy: A global scenario«, in: *Global Environmental Change*, November 2020, https://www.scien-

cedirect.com/science/article/pii/S0959378020307512 (letzter Aufruf: 1. 6. 2022).

218 Die durchschnittliche Wohnfläche pro Person betrug im Jahr 2020 in Deutschland 47,4 Quadratmeter. Vgl. das Umweltbundesamt: https://www.umweltbundesamt.de/daten/private-haushalte-konsum/wohnen/wohnflaeche#zahl-der-wohnungen-gestiegen (letzter Aufruf: 1. 6. 2022).

219 Der durchschnittliche Wasserverbrauch in Deutschland lag im Jahr 2020 bei 123 Litern pro Person. Vgl. das Umweltbundesamt: https://www.umweltbundesamt.de/daten/private-haushalte-konsum/wohnen/wassernutzung-privater-haushalte#deutschlands-wasserfussabdruck (letzter Aufruf: 1. 6. 2022).

220 Der Pro-Kopf-Verzehr von Fleisch lag in Deutschland im Jahr 2020 bei 57,4 Kilo. Vgl. das Bundesministerium für Ernährung und Landwirtschaft: https://www.bmel-statistik.de/ernaehrung-fischerei/versorgungsbilanzen/fleisch (letzter Aufruf: 1. 6. 2022).

221 Mathias Binswanger: Die Tretmühlen des Glücks. Wir haben immer mehr und werden nicht glücklicher. Was können wir tun?, Freiburg 2006.

222 Siehe die Daten zum Anstieg der weltweiten CO_2-Emission bei »Our World in Data«: https://ourworldindata.org/co2-emissions (letzter Aufruf: 1. 6. 2022).

223 Siehe die Daten zur CO_2-Emission seit Mitte des 18. Jahrhunderts bei »Our World in Data«: https://ourworldindata.org/contributed-most-global-co2 (letzter Aufruf: 1. 6. 2022).

224 Siehe den Bericht des World Inequality Lab – eines Zusammenschlusses von über 100 Sozialwissenschaftler:innen weltweit an der Ecole d'économie de Paris – zum Klimawandel und der globalen Ungleichheit der Kohlenstoffemissionen 1990–2020, insbesondere S. 2 f. und S. 21: https://wid.world/document/climate-change-the-global-inequality-of-carbon-emissions-1990-2020-world-inequality-lab-working-paper-2021-21/ (letzter Aufruf: 1. 6. 2022).

225 Für einen Überblick zu der Forschung, die diese Frage durch Modelle zu bearbeiten sucht, siehe die Webseite des Anthroökologie-Labors der University of Maryland: https://anthroecology.org/project/anthroecology/. Einen Überblicksartikel zu dieser Forschung und den Mustern, die sie dafür zur Grundlage nehmen, findet sich bei https://link.springer.com/article/10.1007/s11625-017-0513-6 (letzter Aufruf: 1. 6. 2022).

226 Der Schutz bezieht sich auf Land- und Meeresflächen und ist nicht nur ein Vorschlag aus der Forschung, sondern bereits politische Forderung, zum Beispiel des EU-Parlaments: https://www.europarl.europa.eu/news/de/press-room/20210604IPR05513/biodiver-

sitat-parlament-fordert-verbindliche-ziele-fur-artenschutz (letzter Aufruf: 1. 6. 2022).

227 Christoph Möllers: Freiheitsgrade, Berlin 2020, S. 58.

228 Ebenda, S. 152.

229 Vgl. Martin Schürz: Überreichtum, Frankfurt am Main 2019.

230 Ebenda, S. 12 und S. 127.

231 Ebenda, S. 52.

232 Der »World Inequality Report 2022« des World Inequality Lab bietet eine Übersicht der Entwicklungen von Steuerverhalten und -politik über die letzten Dekaden sowie der Verteilung von Einkommen und Besitz und zeigt auf, wie sich strukturell ein Bild ähnlich feudaler Strukturen vor dem 20. Jahrhundert herausbildet: https://wid.world/document/world-inequality-report-2022/. Die gesamte Datenbank findet sich im World Inequality Database (WID): https://wid.world (letzter Aufruf: 1. 6. 2022).

233 Siehe den differenzierten Bericht über unterschiedliche Varianten in der *FAZ* vom 16. 01. 2014, als Malta diese Praxis beschlossen hat: https://www.faz.net/aktuell/politik/malta-eu-parlament-ruegt-verkauf-von-staatsbuergerschaften-12754797.html; sowie die aktuellen Vorstöße des EU-Parlaments, die durch Sanktionen gegen Oligarchen wieder Rückenwind bekommen haben: https://www.rnd.de/politik/staatsbuergerschaft-kaufen-eu-parlament-will-europaweites-verbot-von-goldenen-paessen-E2HN52TARKYYB-CCXACGKUHAZ6Y.html (letzter Aufruf: 1. 6. 2022).

234 Riane Eisler: Die verkannten Grundlagen der Ökonomie, S. 39 f.

235 Ebenda, S. 39.

236 Ebenda.

237 Nachdem die Impfstoffproduktion im November 2020 begonnen hatte, hatten die verschiedenen Hersteller im Dezember 2021 insgesamt bereits fast 11 Milliarden Dosen produziert. Siehe die folgende Auswertung der Daten: https://globalcommissionforpost-pandemicpolicy.org/covid-19-vaccine-production-to-december-31st-2021/ (letzter Aufruf: 1. 6. 2022).

238 Vgl. Asher Mullard: »Reiche Länder sichern sich Corona-Impfungen«, in: *spektrum.de*, 3. 12. 2020, https://www.spektrum.de/news/der-covid-19-impstoff-wird-ungleich-verteilt-werden/1803563 (letzter Aufruf: 1. 6. 2022).

239 »Arm zu sein, ist in Krisenzeiten besonders kostspielig« heißt ein Interview mit Achim Steiner, dem Leiter des Entwicklungsprogramms der Vereinten Nationen (UNDP) zu dieser Frage. Hier führt er aus, warum es in einer komplex verflochtenen Welt einfach keine Option mehr ist, sich auf sich selbst zu beziehen und zu glauben, keine negativen Konsequenzen zu spüren: https://www.zeit.

de/kultur/2022-05/achim-steiner-russland-ukraine-krieg-vereinte-nationen-ernaehrungskrise-multilateralismus/seite-2 (letzter Aufruf: 1. 6. 2022).

240 Siehe die Daten zu den Impfungen bei »Our World in Data«: https://ourworldindata.org/covid-vaccinations (letzter Aufruf: 1. 6. 2022).

241 Vgl. die Meldung zum Impfnationalismus der Internationalen Handelskammer vom 25. 1. 2021: https://iccwbo.org/media-wall/news-speeches/study-shows-vaccine-nationalism-could-cost-rich-countries-us4-5-trillion/ (letzter Aufruf: 1. 6. 2022).

242 So hatte beispielsweise Kanada im Januar 2022 weniger als die Hälfte der vereinbarten Impfstoffmenge an COVAX, die Initiative der Weltgesundheitsorganisation, geliefert, während es für die eigene Bevölkerung so viel Impfstoff bestellt hatte, dass sich alle Jugendlichen und Erwachsenen dreizehnmal hätten impfen lassen können. Vgl. die Übersicht in der *Zeit*: https://www.zeit.de/wissen/2022-01/weltweite-impfstoffverteilung-corona-pandemie-ungleichheit (letzter Aufruf: 1. 6. 2022).

243 Vgl. Maxence Peigné: »EU beugt sich bei geheimen Impfstoffpreisverhandlungen den Forderungen der Pharmaindustrie«, in: *Investigate Europe*, 23. 9. 2021, https://www.investigate-europe.eu/de/2021/eu-negotiators-covid-19-vaccine-price-moderna-pfizer/ (letzter Aufruf: 1. 6. 2022).

244 Siehe den Film, den die Aktionsplattform Global Citizens auf ihrem YouTube-Kanal zeigt: https://www.youtube.com/watch?v=erHXKP386Nk (letzter Aufruf: 1. 6. 2022).

245 Für eine kurze Übersicht der Definition und Zuordnung nach den Nutzungs- und Ausschlusskriterien siehe die Bundeszentrale für Politische Bildung: https://www.bpb.de/kurz-knapp/lexika/lexikon-der-wirtschaft/20244/oeffentliche-gueter/ (letzter Aufruf: 1. 6. 2022).

246 »Kooperation ist der neue Realismus« heißt es deshalb im Jahresbericht 2022 »Umwelt des Friedens« des schwedischen Sipri-Instituts, das sich auf die Erforschung globaler Risiken und Konfliktursachen spezialisiert hat. Vgl.: https://www.sipri.org/media/press-release/2022/world-stumbling-new-era-risk-concludes-sipri-report, (letzter Aufruf: 1. 6. 2022). Die dort genannten Prinzipien für Politikgestaltung lassen sich auch auf andere Organisationskontexte übertragen: 1. Schnellvorausdenken, sofort handeln. Die Schaffung eines friedlichen Umfelds erfordert eine weitsichtige Vision, aber auch rasches, kurzfristiges Handeln. 2. Kooperieren, um zu überleben und zu prosperieren. Die neue Ära der Risiken erfordert einen neuen Modus der Zusammenarbeit, um gemeinsa-

men Bedrohungen zu begegnen. 3. Das Unerwartete erwarten – vorbereitet sein, sich anzupassen. Kontinuierliche Vorausschau, weitsichtige Analysen und adaptive Umsetzung sind erforderlich, um den sich unvorhersehbar verändernden Risiken einen Schritt voraus zu sein. 4. Nur eine gerechte und friedliche Transformation wird gelingen. Beim Übergang in ökologisch nachhaltige Gesellschaften müssen wir vermeiden, dabei neue Risiken für den Frieden zu schaffen. 5. Von allen, für alle. Entscheidungsfindungsprozesse von den Vereinten Nationen bis hin zu kommunalen Projekten sollten die am meisten betroffenen Menschen einbeziehen.

247 Meadows: Die Grenzen des Denkens, S. 153.

248 Katharina Pistor: Der Code des Kapitals. Wie das Recht Reichtum und Ungleichheit schafft, Berlin 2020. Wer an einer kurzen Zusammenfassung interessiert ist, dem sei das Interview im *Deutschlandfunk* empfohlen: https://www.deutschlandfunk.de/reichtum-und-recht-juristin-katharina-pistor-erklaert-den-100.html (letzter Aufruf: 1. 6. 2022).

249 Siehe den Jahresbericht der Wyss Academy For Nature: https://www.wyssacademy.org/?lang=de (letzter Aufruf: 1. 6. 2022).

250 Siehe das Statement von Architects for Future: https://www.architects4future.de/statement (letzter Aufruf: 1. 6. 2022).

251 Siehe die Expertise für das WBGU-Hauptgutachten »Landwende im Anthropozän: Von der Konkurrenz zur Integration« von Cathrin Zengerling: Stärkung von Klimaschutz und Entwicklung durch internationales Handelsrecht, Berlin 2020, https://www.wbgu.de/fileadmin/user_upload/wbgu/publikationen/hauptgutachten/hg2020/pdf/Expertise_Zengerling.pdf (letzter Aufruf: 1. 6. 2022).

252 Siehe das SRU-Gutachten »Demokratisch regieren in ökologischen Grenzen. Zur Legitimation von Umweltpolitik«, 2019, https://www.umweltrat.de/SharedDocs/Downloads/DE/02_Sondergutachten/2016_2020/2019_06_SG_Legitimation_von_Umweltpolitik.html (letzter Aufruf: 1. 6. 2022).

253 Siehe: Josefine Koebe/Claire Samtleben/Annekatrin Schrenker/Aline Zucco: Systemrelevant und doch kaum anerkannt. Das Lohn- und Prestigeniveau unverzichtbarer Berufe in Zeiten der Coronakrise, 2020, https://www.diw.de/de/diw_01.c.743872.de/publikationen/diw_aktuell/2020_0028/systemrelevant_und_dennoch_kaum_anerkannt__das_lohn-_und_prestigeniveau_unverzichtbarer_berufe_in_zeiten_von_corona.html (letzter Aufruf: 1. 6. 2022).

254 Siehe Rupet Neat: »›Raise my taxes – now!‹: the millionaires who

want to give it all away«, in: The Guardian, 3. 4. 2021, https://www.theguardian.com/news/2021/apr/03/raise-my-taxes-now-the-millionaires-who-want-to-give-it-all-away (letzter Aufruf: 1. 6. 2022).

255 Graham Leicesters Büchlein *Transformative Innovation* ist ein Schatz an Einsichten und konkreten Vorschlägen für die Alltagspraxis, insbesondere für den öffentlichen Sektor.

256 Leicester: Transformative Innovation, S. 31.

257 Ebenda.

258 Dieses Zitat wird zwar oft Viktor Frankl zugeschrieben, geht aber offenbar auf einen seiner Schüler, Stephen Covey, Autor der *Seven Habits*-Bücher zurück, der es in einem Buch in einer Bibliothek in Hawaii entdeckte und besonders treffend für die Lehre Frankls fand. Vgl. der Befund von Jutta Clarke: »Quergedacht. Autonomie und Freiheit. Überlegungen mit Viktor Frank«, in: Journal für Schulentwicklung, 2018, https://www.academia.edu/42271560/Autonomie_und_Freiheit (letzter Aufruf: 1. 6. 2022).

Wer ist eigentlich wir?

1 Eric Young, zit. nach Frances Westley u. a.: Getting to Maybe. How the World is changed, Toronto 2007, S. XIV.

2 Bertrand Russell: What I Believe, London/New York 2014, S. 16.

3 Informationen zum Leipziger Zoo und der Kooperation mit dem Max-Planck-Institut für Evolutionäre Anthropologie siehe: https://www.zoo-leipzig.de/artikel/grosses-jubilaeum-20-jahre-pongoland-menschenaffen-wissenschaft-und-forschung-unter-einem-dach-1091/ (letzter Aufruf: 1. 6. 2022).

4 Alexander Mäder: »Experimente zu sozialen Fähigkeiten«, in: *Stuttgarter Zeitung*, 24. 11. 2011, https://www.stuttgarter-zeitung.de/inhalt.schimpansen-im-test-gescheitert-aber-trotzdem-schlau-page1.224621b3-ce27-43f8-89c3-4578546e21ca.html (letzter Aufruf: 1. 6. 2022).

5 Das Smithsonian Museum of Natural History bereitet Informationen zu den genetischen Unterschieden zwischen Menschenaffen und Menschen auf seiner Seite populär auf, siehe: https://humanorigins.si.edu/evidence/genetics (letzter Aufruf: 1. 6. 2022).

6 Vgl. Michael Tomasello: Die kulturelle Entwicklung des menschlichen Denkens. Zur Evolution der Kognition, Frankfurt am Main 2006, S. 14.

7 Zur Frage »Was macht uns menschlich?« hielt Michael Tomasello

im Juli 2019 einen Vortrag auf der Jahrestagung der »Association for Psychological Science«, vgl.: https://www.psychologicalscience.org/observer/tomasello-keynote (letzter Aufruf: 1. 6. 2022).

8 In einer Studie, die im Jahr 2007 im Fachblatt *Science* veröffentlicht wurde, verglichen Michael Tomasello und Kollegen die Denkleistung von Kindern im Alter von zweieinhalb Jahren mit der von Schimpansen und Orang-Utans in zum großen Teil identischen Aufgabenstellungen, vgl.: https://www.science.org/doi/10.1126/science.1146282 (letzter Aufruf: 1. 6. 2022).

9 Für Videomitschnitte der beschriebenen Testreihen siehe den bereits erwähnten Vortrag von Tomasello vor der »Association of Psychological Science«: https://www.psychologicalscience.org/observer/tomasello-keynote (letzter Aufruf: 1. 6. 2022).

10 Vgl. Michael Tomasello: Mensch werden. Eine Theorie der Ontogenese, Berlin 2020, S. 433.

11 Tomasello: Die kulturelle Entwicklung, S. 54.

12 Die Plattform »The Inspiration Journey« stellt Wissenschaftler:innen verschiedener Disziplinen und ihre Erkenntnisse in kurzen Videos vor. Unter dem Titel »What makes us human« waren darunter auch die Anthroplogen Alice Roberts und Michael Tomasello, siehe: https://vimeo.com/theinspirationjourney (letzter Aufruf: 1. 6. 2022).

13 Hannah Arendt: Vom Leben des Geistes, Bd. 1, Das Denken, München/Zürich 1989, S. 29.

14 Vgl. den Bericht von Nicholas Kulish und Rebecca R. Ruiz: »The Fortune of MacKenzie Scott«, in: *New York Times*, 10. 4. 2022, https://www.nytimes.com/2022/04/10/business/mackenzie-scott-charity.html (letzter Aufruf: 1. 6. 2022).

15 Vgl. den Bericht von Nicholas Kulish: »Giving Billions fast, MacKenzie Scott upends Philantrophy«, in: *New York Times*, 20. 12. 2020, https://www.nytimes.com/2020/12/20/business/mackenzie-scott-philanthropy.html (letzter Aufruf: 1. 6. 2022).

16 Vgl. die Reportage von Guido Mingels: »Sie verschenkt ihre Milliarden – ›bis der Safe leer ist‹«, in: *Spiegel*, 19. 2. 2021, https://www.spiegel.de/wirtschaft/unternehmen/mackenzie-scott-die-frau-die-ihre-milliarden-verschenkt-bis-der-safe-leer-ist-a-00000000-0002-0001-0000-000175447381 (letzter Aufruf: 1. 6. 2022).

17 Vgl. den Bericht von Kristin Stoller: »The Top 10 Richest Women in the World«, in: *Forbes*, 2020, https://www.forbes.com/sites/kristinstoller/2020/04/07/the-top-10-richest-women-in-the-world-2020/?sh=48131964776a (letzter Aufruf: 1. 6. 2022).

18 Guido Mingels: »Sie verschenkt ihre Milliarden – ›bis der Safe leer ist‹«, in: *Spiegel*, 19. 2. 2021, https://www.spiegel.de/wirtschaft/

unternehmen/mackenzie-scott-die-frau-die-ihre-milliarden-verschenkt-bis-der-safe-leer-ist-a-00000000-0002-0001-0000-000175447381 (letzter Aufruf: 1. 6. 2022).

19 Die Namen der Organisationen veröffentlichte MacKenzie Scott im Juli und Dezember 2020 jeweils auf *medium.com*, vgl.: https://mackenzie-scott.medium.com (letzter Aufruf: 1. 6. 2022).

20 Vgl. den Bericht von Maria Di Mento und Ben Gose: »Jeff Bezos, MacKenzie Scott, and Michael Bloomberg Top List of America's 50 Biggest Charity Donors« in: *The Chronicle of Philantrophy*, 9. 2. 2021, https://www.philanthropy.com/article/jeff-bezos-mackenzie-scott-and-michael-bloomberg-top-list-of-americas-50-biggest-charity-donors (letzter Aufruf: 1. 6. 2022).

21 Vgl. den Bericht von Nicholas Kulish und Maria Cramer: »$ 12 Billion to 1,257 Groups: MacKenzie Scott's Donations So Far«, in: *New York Times*, 23. 3. 2022, https://www.nytimes.com/2022/03/23/business/mackenzie-scott-philanthropy.html (letzter Aufruf: 1. 6. 2022).

22 Auf der Seite von The Giving Pledge finden sich Hintergründe zur Entstehung der Initiative, Porträts einzelner Mitglieder und Statistiken, aus welchen Ländern und Branchen sie jeweils kommen, siehe: https://givingpledge.org (letzter Aufruf: 1. 6. 2022).

23 Das Zitat stammt aus dem Brief, mit dem MacKenzie Scott am 25. 5. 2019 ihre Mitgliedschaft in The Giving Pledge ankündigt, siehe: https://givingpledge.org/pledger?pledgerId=393 (letzter Aufruf: 1. 6. 2022).

24 Das Zitat zum Zweck der Rockefeller-Stiftung ist der Selbstdarstellung der seit 1913 bestehenden Organisation entnommen, siehe: https://www.rockefellerfoundation.org/about-us/ (letzter Aufruf: 1. 6. 2022).

25 Vgl. den Report von Chuck Collins und Helen Flannery: »Gilded Giving 2020. How Wealth Inequality distorts Philantrophy and imperils Democracy«, August 2020, Institute for Policy Studies, Washington 2020, S. 3, https://inequality.org/wp-content/uploads/2020/07/Gilded-Giving-2020-July28-2020.pdf (letzter Aufruf: 1. 6. 2022).

26 Laut Dokumenten, die der amerikanischen Non-Profit-Organisation ProPublica zugespielt wurden, zahlten die 25 reichsten Amerikaner zwischen 2014 und 2018 auf ihre Vermögen weniger als vier Prozent Steuern. Vgl. den Bericht von Jesse Eisinger u. a.: The Secret IRS Files: Trove of Never-Before-Seen Records Reveal How the Wealthiest Avoid Income Tax, 8. 6. 2021, https://www.propublica.org/article/the-secret-irs-files-trove-of-never-before-seen-records-reveal-how-the-wealthiest-avoid-income-tax (letzter Aufruf: 1. 6. 2022).

27 Vgl.: Chuck Collins und Helen Flannery: »Gilded Giving 2020. How Wealth Inequality distorts Philantrophy and imperils Democracy«, August 2020, Institute for Policy Studies, Washington 2020, S. 8, https://inequality.org/wp-content/uploads/2020/07/Gilded-Giving-2020-July28-2020.pdf (letzter Aufruf: 1. 6. 2022).

28 Einen Überblicksartikel mit Forschungsergebnissen zu Spendenhöhen und dankenswerterweise auch einer Erklärung, wie unterschiedliche Methoden diese Ergebnisse beeinflussen, stammt von Michaela Neumayr und Astrid Pennerstorfer: »The Relation Between Income and Donations as a Proportion of Income Revisited: Literature Review and Empirical Application«, in: Nonprofit and Voluntary Sector Quarterly, 2020, Band 50/3, S. 551–577, https://journals.sagepub.com/doi/full/10.1177/0899764020977667 (letzter Aufruf: 1. 6. 2022).

29 MacKenzie Scott: »Seeding by Ceding«, in: *medium*, 15. 6. 2021, https://mackenzie-scott.medium.com/seeding-by-ceding-ea6de642bf (letzter Aufruf: 1. 6. 2022).

30 Vgl.: Chuck Collins und Helen Flannery: »Gilded Giving 2020. How Wealth Inequality distorts Philantrophy and imperils Democracy«, August 2020, Institute for Policy Studies, Washington 2020, S. 7 f., https://inequality.org/wp-content/uploads/2020/07/Gilded-Giving-2020-July28-2020.pdf (letzter Aufruf: 1. 6. 2022).

31 So gab David Beasley, der Chef des Welternährungsprogramms, beispielsweise dem Nachrichtensender CNN ein Interview zu dem Thema, von dem er am 27. 10. 2021 Ausschnitte über seinen Twitter-Account postete, siehe: https://twitter.com/WFPChief/status/1453398212837052422 (letzter Aufruf: 1. 6. 2022).

32 Eine Zusammenfassung der Planungen, wie viel Geld in welche Regionen fließen würde, um den millionenfachen Hungertod zu verhindern, veröffentliche das Welternährungsprogramm am 3. 11. 2021, siehe: https://www.wfp.org/stories/wfps-plan-support-42-million-people-brink-famine (letzter Aufruf: 1. 6. 2022).

33 Das amerikanische Wirtschaftsmagazin Forbes veröffentlicht für eine Reihe von sehr reichen Menschen eine tagesaktuelle Schätzung ihrer Vermögenswerte. Für Elon Musk siehe: https://www.forbes.com/profile/elon-musk/?sh=5294e1b87999 (letzter Aufruf: 1. 6. 2022).

34 Für Elon Musks Tweet auf die öffentliche Aufforderung des WFP-Chefs Beasley für die Hungernden zu spenden, siehe: https://twitter.com/elonmusk/status/1454808104256737289 (letzter Aufruf: 1. 6. 2022).

35 Vgl. Jerry Hirsch: »Elon Musk's growing empire is fueled by $ 4.9 billion in government subsidies«, in: *Los Angeles Times*, 30. 5. 2015,

https://www.latimes.com/business/la-fi-hy-musk-subsidies-20150531-story.html#page=1 (letzter Aufruf: 1. 6. 2022).

36 Die ganze Kommunikation zwischen den beiden findet sich auf Twitter, siehe: https://twitter.com/WFPChief/status/1456041431051735040?ref_src=twsrc%5Etfw (letzter Aufruf: 1. 6. 2022).

37 Vgl.: Dieter Thomä: Warum Demokratien Helden brauchen. Plädoyer für einen zeitgemäßen Heroismus, Berlin 2019.

38 Ebenda, S. 233 f.

39 Ebenda, S. 234 f.

40 Ebenda, S. 233.

41 Ebenda, S. 179.

42 Das Zitat ist einer Auflistung von Zitaten entnommen, die die BBC zu ihrem Gedenken veröffentlich hat: https://www.bbc.com/news/world-us-canada-27610770 (letzter Aufruf: 1. 6. 2022)

43 Karen O'Brien: You matter more than you think. Quantum social change for a thriving world, Oslo 2021, S. 102.

44 Ebenda.

45 Ebenda, S. 103.

46 Vgl. Garrett Hardin: Filters against Folly. How to survive despite Economists, Ecologists and the merely Eloquent, New York 1985, S. 15 ff.

47 Die drei Fragen sind angelehnt an jene, mit denen Hardin die drei Filter unterscheidet, die er *Literacy*, *Numeracy* und *Ecolacy* nennt. Vgl. Hardin: Filters against Folly, S. 25.

48 Stuart Kauffman: Investigations, Oxford 2000, S. 22.

49 Nassehi: Unbehagen, S. 318 und S. 325.

50 Jonas Salzgeber: Das kleine Handbuch des Stoizismus. Zeitlose Betrachtungen um Stärke, Selbstvertrauen und Ruhe zu erlangen, München 2019, S. 55.

51 Ebenda, S. 57.

Über die Autorin

Prof. Dr. Maja Göpel, geboren 1976, arbeitet seit 25 Jahren als Politökonomin und Nachhaltigkeitswissenschaftlerin an der Schnittstelle von Wissenschaft, Politik und Gesellschaft. Die gefragte Rednerin wurde 2019 zur Honorarprofessorin der Leuphana Universität Lüneburg berufen und war bis Ende 2020 Generalsekretärin des Wissenschaftlichen Beirats der Bundesregierung Globale Umweltveränderungen (WBGU). Maja Göpel ist Mitglied im Club of Rome, dem World Future Council, der Balaton Group, diverser Beiräte und Aufsichtsräte und Mit-Initiatorin der Initiative »Scientists for Future«. Nachdem ihr Buch *Unsere Welt neu denken* zum Nr.-1-Bestseller wurde, hat sie sich voll der Wissenschaftskommunikation verschrieben.